Wolf Christian Schröder

Fünf Minuten vor Erschaffung der Welt

Wolf Christian Schröder

Fünf Minuten vor Erschaffung der Welt

Roman

PalmArtPress
Berlin

Auf der Insel Amerika

1

Wollte jemals spät in der Nacht ein Privatdetektiv zu Ihnen? In einer schäbigen Pension, in Schöneberg, bei Regen? Und Sie hörten die Stimme eines Mannes auf dem Flur Ihren Namen rufen? Grissmann? Grissmann? Nein, Grissmann wohne hier nicht, Grissmann kenne sie nicht. Sie wecken ja die Gäste auf! so die Antwort der Zimmerwirtin. Und das Prasseln des Regens ans Fenster und die Schreie aus Zimmer Zwölf, Sie selbst in Dreizehn; Schreie, die Ihnen Angst einjagten, bis Sie merkten, es sind nur Albträume, die der Schläfer dort hat.

Stieg da nicht der Verdacht auf, Sie könnten Grissmann sein? Und hätte nicht dieser Detektiv, wäre er vorgelassen worden, Ihr Leben für immer verändert?

Ich aber, Grissmann, liege wach im Dunkel des Zimmers, das ein rotes und grünes Licht in Abständen überschwemmt. Es ist die Neonreklame am Nebenhaus: Eine nackte Frau, in einem Sektglas stehend. Grün das Glas, rot die Frau. Rot – Dunkel. Grün – Dunkel. Rot – Dunkel.

Und ich weiß, wer in Zimmer Zwölf liegt: Es ist ein Schulfreund von mir. Der es schwer gehabt hat im Leben, dem nichts gelungen ist, und so habe ich ihm versprochen, er darf mir von sich erzählen. Aber erzähle es morgen, hatte ich gesagt, dann haben wir mehr Zeit.

Das durch die Wand gedämpfte Schreien des Schläfers; die Männerstimme auf dem Flur mit meinem Namen: Das ist in dieser Sekunde mein Universum. All das und das feine Sirren, das manchmal hörbar wird – dieses Sirren, wenn das Schicksal nachdenkt, wie es weiter mit einem verfahren soll.

Er sei Privatdetektiv und müsse zu Grissmann. Es ginge um viel.

Ich aber denke nicht daran, mich zu erkennen zu geben. Aber vielleicht steckt der Keim, es zu tun, doch schon in mir. Neugier verspürte ich nicht …

Gestern habe ich wieder den Vortrag gehalten. Es geht um das Sammeln von Kinderreimen, von mündlichen Traditionen, wie Kinder sie sich untereinander weitergeben; oft über Jahrhunderte. Die bedroht oder schon verschwunden sind. Ich bin Heimatforscher.

Krautmann hatte mich gewarnt: Was werden Sie machen, wenn ich verschwinde? Ohne mich sind Sie ein Nichts!

Ja, ich erinnere mich gut an den kühlen Sommer, als das Verschwinden meines Mentors sich abzuzeichnen begann. Das Motto, das Krautmann seinem Einführungsvortrag für das neue Semester voranzustellen pflegte: „Wer einmal beginnt, die Heimat zu erforschen, der wird sie für immer verlieren“, hatte in diesem Jahr weniger fröhlich geklungen, – und auch den anderen Assistenten war die Wehmut darin aufgefallen. Wehmut, sagte ich. Verzweiflung, sagte Gesellius, mein Konkurrent und Freund. Er wird weggehen, wir bleiben zurück: Akademische Waisen. Das hatte ich in jenem Sommer immer wieder gedacht. Aber nur in Krautmanns Gegenwart: Kaum hatte ich das Institut verlassen, genoss ich das kühle ruhige Wetter und hatte vergessen, was mir drohte. Als sei ich ein Schüler oder Student, trieb ich mich in der Stadt herum, schwamm in dem für einen Sommer zu kalten Fluss. War ich erst draußen, fürchtete ich die Zukunft nicht.

Es sind die Volkshochschulen, die Kirchen, die Altenheime, die ich für meinen Vortrag zu interessieren versuche; jedenfalls in der Stadt. Auf dem Land miete ich Nebenzimmer in Wirtshäusern an. Ja, früher Wissenschaftler, nun nur noch ein reisender Artist, der den Boden unter den Füßen verloren hat.

In der Stadt sind es die Bettler und Obdachlosen, die zu meinem Vortrag kommen, und, von den Kirchen und Volkshochschulen hereingelassen, dürfen sie sich wärmen, solange ich spreche. Staunend sehen sie mich an, wenn ich alte Abzählreime zitiere, die heutzutage kein Kind mehr kennt. Denn nie sind Kinder heute ohne Aufsicht, und nur ohne Aufsicht kann diese Kultur sich entwickeln. Es ist eine Kultur von Wilden.

Auf dem Land wiederum sind es die Betrunkenen, die mir das Leben vergällen: Mit Gegröle, mit derben Scherzen, aber, und das ist für meine Forschung nicht uninteressant: Sie werfen noch immer mit Tomaten und faulen Äpfeln. Manchmal fürchte ich, ein Apfel könnte mich treffen und stecken bleiben in meinem Rücken, dort, wo ich ihn nicht herausziehen kann.

Gestern das Gähnen des jungen Großstadtpfarrers, uninteressiert an meiner Forschung. Auch wenn es ihn langweilt, hatte ich gedacht, so sind doch dreißig, vierzig Leute im Gemeindesaal, und eine blonde Frau mit zwei strahlend schönen Kindern in der ersten Reihe. Wie war sie in meinen Vortrag geraten? Ich hatte von den Abzählreimen gesprochen, die nun kein Kind mehr kenne, und Beispiele genannt – sie hatte sie lächelnd nachgemurmelt und ihre Kinder angestoßen: bis auch sie mir zuhörten und die Lippen bewegten. Und wie betrunken von meiner Wirkung hatte ich mich hinreißen lassen und war auf die dunkle Seite dieser Kultur zu sprechen gekommen, wo in Versen und Gedichten die kindliche Seele ihre Ahnungen von der Fortpflanzung und ihre Ängste davor zum Ausdruck bringt – da aber war sie aufgesprungen, hatte sich auf mich gestürzt und mit kleinen, harten Fäusten gegen meine Brust getrommelt: Nicht vor den Kindern!

Ihre Schläge waren die eines Boxers, schmerzhaft und kurz. Ein Mann war aus dem Publikum nach vorne gestürmt, hatte die Frau gepackt, hochgehoben und sie so aus dem Saal getragen. Weinend rannten die Kinder ihr nach, wie Gänsekinder.

Ich hatte geendet, die Zuhörer verliefen sich, als der Mann noch einmal zu mir kam.

Hier, sagte ich und holte mein Portemonnaie heraus, für meine Rettung.

Es war ein Bursche in meinem Alter, gekleidet in Jeans und T-Shirt, der Uniform der Deklassierten. Er war so groß wie ich, sein Haar jedoch voller als meins, das Gesicht nachdenklich oder wütend – ich vermochte das nicht zu sagen. Bartstoppeln überzogen das Kinn, die ersten grau, die anderen rot. Ein Großstadtbewohner, dachte ich, der viele Freunde im Viertel hat und doch nicht beliebt ist, ja, von seinen Freunden gehasst und verachtet wird.

Ich will kein Geld! rief der Bursche. Er schlug mir von unten gegen die Hand, so dass der Geldschein aufflog.

Kennst du mich nicht mehr?

Doch, doch, antwortete ich schnell, du bist wahrscheinlich ein alter Freund, ein Schulkamerad, den ich nicht gleich erkenne und dessen Namen ich vergessen habe.

Keiner von uns wusste, wer den Schein aufheben sollte.

Gregor, ich bin Gregor!

Ja, nun stand mein Schulkamerad wieder vor mir, wenn auch in zwei Gestalten: so, wie ich ihn erinnerte und so, wie er jetzt war, ein Strolch.

Gregor, natürlich! Ich schlug mir mit der Hand vor die Stirn. Natürlich, jetzt erkenne ich dich.

Ich ließ mir vom Pfarrer die Einnahmen aushändigen, es war lächerlich wenig, und ging mit meinem Freund hinaus in die Nacht. Draußen regnete es, und wir zögerten auf der Schwelle. Ein großer, schwerer Mann in einem Trenchcoat zwängte sich aus dem

Regen kommend wortlos zwischen uns hindurch. Sein nasser Mantel hatte uns gestreift.

Wie ist es dir ergangen im Leben, Georg?

Gregor besaß keinen Schirm, und ich musste ihn mit unter meinen nehmen. Er roch nach Schweiß und Bier.

Gut, antwortete ich. Und obwohl ich wusste, dass es nicht stimmte, fühlte ich dennoch, dass ich nicht log.

Wo wohnst du, Georg, hier in Berlin?

Im Hilton, sagte ich endlich. So lange meine Ersparnisse reichten, wolle ich auf nichts verzichten. Seien die Rücklagen aufgebraucht, werde man weitersehen.

Deinen Mut, deinen rohen Zugriff auf die Zukunft möchte ich haben! rief Gregor aus.

Er lachte. Früher war er ein Rebell gewesen. Auch ein Schläger und Grobian. Jetzt klang sein Lachen traurig.

Schweigend gingen wir durch den Regen, unser bisheriges Leben hinter uns herziehend wie eine lästige Schleppe. Ich wusste nicht, was ich mit meinem Retter anfangen sollte.

Wollen wir, rief ich schließlich in die regennasse Nacht, in ein gutes Lokal gut essen gehen?

Es regnete nun stärker, und er rückte unter dem Schirm näher an mich heran.

Er habe die Ankündigung zu meinem Vortrag an einem Aushang gelesen und sich entschieden, mich nach der langen Zeit wieder zu sehen.

Wind kam auf und blies Regen unter den Schirm, so dass er uns nicht mehr schützte. Die Straße war menschenleer. Bis zum Hilton war es weit.

Komm, sagte ich, wir waren vor einem Restaurant stehen geblieben. Ich klappte den Schirm zusammen, die bedrückende Enge darunter war beendet und ich öffnete die Tür. Gregor zögerte. Ich winkte ihm, voranzugehen. Ich klopfte verstohlen mit der Hand an meine Jacke und spürte das Geld darin.

Das Lokal war nach der Mode eingerichtet. Ich hatte eine Reportage darüber gelesen. Ja, es konnte sogar sein, dass man die Fotos zu diesem Artikel hier im „Epikur" geschossen hatte, und plötzlich kam mir ein Satz des Philosophen in den Sinn.

Haben Sie reserviert?

Nein, antwortete ich dem Kellner, aber es seien, wie ich sähe, viele Tische frei.

Heute ist niemand gekommen, antwortete der alte Mann mit einem verschmitzten Lächeln, niemand will bei uns essen in solch einer Regennacht. Wählen Sie einen Tisch!

Ich wählte einen Tisch in der Mitte, und wir saßen bereits, als mir der Satz des Epikur wieder einfiel: dass man zu Lebzeiten nicht auffallen, ja, sich verborgen halten solle, und ich wechselte den Tisch und setzte mich hinter einen Pfeiler. Wären andere Gäste da gewesen, sie hätten uns nun nicht gesehen.

Ja, sagte Gregor, hier fühle er sich wohler.

Der Kellner brachte die Speisekarten. Unendlich langsam schlurfte er durch den Raum. Ein alter Kellner, der einen noch älteren spielte.

Bestell, was du magst, rief ich.

Eine grundlose Heiterkeit war über mich gekommen, und plötzlich erinnerte ich mich, das gleiche Gefühl Jahre zuvor schon einmal gehabt zu haben: Ich war auf die Straße getreten und dort, am Straßenrand, hatte ein Auto geparkt, ein Wagen von eigenartiger Schönheit. Zuversicht und Heiterkeit hatten mich überschwemmt.

Damals war das Auto der Auslöser meiner Euphorie gewesen; was es nun war, wusste ich nicht.

Ich weiß, Sie können das schneller! rief ich dem Kellner zu, der umständlich die Speisekarten öffnete und sie uns mit unendlicher Langsamkeit entgegenhielt.

Die Gäste wollen es so, antwortete er.

Wir nicht, erwiderte ich. Und einer plötzlichen Eingebung folgend fügte ich hinzu: Was glauben Sie, wer wir sind?

Das bleiche, fast totenblasse Gesicht des Kellners wurde rot.

Darf ich es sagen?

Wir nickten.

Zwei ganz arme Würstchen.

Ja, das stimme, antwortete ich. Doch jetzt wollten wir bestellen.

Ich sah, dass Gregor die Bemerkung des alten Mannes verletzt hatte, und um ihm zu helfen, bestellte ich für ihn mit.

Danke. Gregor lächelte, aber in seinen Augen lag etwas, als graute ihm vor mir.

Während der Kellner auftrug, schneller jetzt, wurde

ich mitgerissen von der Freude am Leben und schließlich kam ich dazu, die Gegenständlichkeit der Dinge überhaupt anzuzweifeln. Schon waren die Einnahmen des Abends verbraucht.

Willst du wissen, wie ich lebe?

Ja, hörte ich mich fragen, warum nicht?

Es sei an einem sonnigen Herbsttag gewesen, auf einem Spaziergang am Kanal, er sei dort entlang gegangen und hätte den Flussschiffen zugesehen – an diesem Herbsttag sei ihm klar geworden, dass aus all den Träumen, die er für sein Leben gehegt habe, nichts werden würde. Aber, Georg! An diesem schönen Septembertag habe ihm dieser Gedanke nichts ausgemacht.

An welchem Kanal? fragte ich zwischen zwei Bissen.

Es sei in Berlin gewesen, am Landwehrkanal.

Wie, um sich über uns lustig zu machen, servierte der Kellner nun schneller und schneller.

Lassen Sie das.

Entschuldigung, sagte der alte Mann und stellte uns den Fischgang hin. Er mache manchmal Scherze mit den Gästen. Es sei eine schlechte Angewohnheit, doch er sei zu alt, um sie abzulegen.

Jede noch so harmlose Begegnung ist in der Großstadt ein Kampf. Jederzeit kann man das Gesicht verlieren.

Das Essen schmecke uns, mehr wollten wir nicht, sagte ich. Gut essen. Und Sie sollten unauffällig, am besten beim Bedienen unsichtbar sein.

Wir lachten alle drei.

Was macht mein Kind, was macht mein Reh? fragte ich den alten Mann, als er die Rechnung brachte.

Zweimal komme ich noch und dann nie mehr, antwortete er.

Siehst du, er kennt die Märchen! rief ich Gregor zu. Ich musste an meine Forschungen denken, an das Institut, an Krautmann, an sein Verschwinden.

Nur mit Willenskraft fand ich zurück zu meiner guten Laune.

Das herrliche Essen, der Wein hatten uns gutgläubig gemacht und wäre jemand gekommen und hätte uns von einer glänzenden Zukunft erzählt, wir hätten es sofort geglaubt. Es war, als hätte ich Gregor mit meiner Lebensfreude angesteckt.

Hier – ich zeigte ihm die Banknoten, die ich aus meiner Tasche holte – hier, hab keine Angst, es reicht! Nur für das Hilton reiche es nun nicht mehr.

Der Kellner brachte uns Cognac. Das ginge aufs Haus. Wir drei hätten eine gute Zeit gehabt, da ließe er sich nicht lumpen.

Wir tranken auf sein Wohl.

Stimmungen, sagte ich zu Gregor. Man müsse auf seine Stimmungen hören. Sei man hoch gestimmt, so wie ich im Moment, sei es falsch, schwarze Gedanken zu hegen und die Stimmung so zu gefährden. Und deswegen solle er nicht jetzt, sondern später von seinem Leben erzählen; am besten erst morgen.

Es war wohl die Tatsache, dass die Pension, in der Gregor als Hausbursche arbeitete, „Zur Heimat" hieß, die mich dazu verleitete, ihm dorthin zu folgen. Es sei nicht weit, und Zimmer Dreizehn fast nie belegt, so dass ich dort umsonst übernachten könne. Beim Frühstück werde er mir dann alles von sich erzählen.

Aber die Wirtin, wandte ich ein.

Stell dir vor, Georg, ich muss ihr zu Willen sein!

Wie redest du denn! lachte ich. So sagt doch keiner mehr!

Er schwieg, ich hatte ihn wohl gekränkt.

Sie ist jung und nicht hässlich. Viele finden sie begehrenswert, sagte er nach einer Weile. Und doch – so abhängig zu sein.

Die Umrisse einer nackten Frau waren in den Umrissen eines Sektglases zu sehen. Grün das Glas, rot die Frau.

Gleich sind wir da, sagte Gregor.

Das Schild über dem Eingang war von innen beleuchtet, und man konnte zwei Dinge lesen: „zur Heimat", und davor, überstrichen, doch noch gut zu erkennen: „Herberge".

„Ihr glaubt, Heimat ist das Gesunde, gesund aus eigener Kraft. Doch es verhält sich anders."

Gregor sah mich verständnislos an, während er den Schlüssel im Berliner Zwangschloss drehte.

Es sei ein Zitat. Krautmann habe das gesagt.

Wollte jemals spät in der Nacht ein Privatdetektiv zu Ihnen?

Wir fuhren im ruckenden ächzenden Fahrstuhl hinauf in den dritten Stock.

Gregor sah mir prüfend ins Gesicht.

Diesen Gesichtsausdruck, dachte ich, hast auch du: Den Blick des Forschers, der alles sieht und abschätzt.

Es ist ein wenig heruntergekommen, sagte Gregor, aber wie findest du es?

Gut, antwortete ich, nicht schlecht.

Ich hätte es mir schlimmer vorstellen können.

Wir standen im schlecht beleuchteten Flur vor einer grauen Wohnungstür mit eingesetzten Glasscheiben. Die Scheiben hatte man braun gestrichen, dennoch fiel von innen ein schwacher Lichtschein auf den fast dunklen Korridor. Gregor wollte die Tür aufschließen, doch sie wurde bereits von innen aufgerissen und eine junge südländisch aussehende Frau rief vorwurfsvoll etwas in einer mir unbekannten Sprache.

Deutsch, du musst es mir auf Deutsch sagen!

Er wandte sich an mich und lächelte. Wenn sie aufgeregt ist, vergisst sie oft, wo sie ist. Dann redet sie albanisch.

Das Paar umschlang sich, es war, als sähen sie sich wieder nach sehr langer Zeit.

Mich würdigte die Frau keines Blickes, sondern nahm Gregor an die Hand, die braune Albanerinnenhand im schwachen Licht fast schwarz, führte ihn in eines der

Zimmer und schloss die Tür vor mir. Die Zahl Eins stand auf dem halb abgesprungenen Emailleschild über dem Türsturz. Ich war allein. Im schummrigen Licht sah ich erst jetzt, dass die Tapete des Flurs einen Wald darstellte, und auch wenn die Stämme der Bäume grün waren wie ihr Laub, so war es doch ein Wald, gebildet aus lauter gleichen Bäumen, Zwillingen oder Klonen, ein dunkler Wald, und ich darin, wie verlaufen. Ich wollte gehen, zurück ins Hilton. Aber der Wald hatte einen Zauber und hielt mich fest.

Man hörte Gemurmel einer Frauenstimme aus Zimmer Eins, dann trat Stille ein. Ich rührte mich nicht. Dann kam wieder ein Geräusch, ein Schmatzen, das stetig an Lautstärke gewann.

Ich hatte meine Hand bereits auf der Klinke der Wohnungstür, als mein Schulkamerad Gregor mit rotem Gesicht auf den Flur trat.

Geh nicht, du hast mir versprochen, ich darf dir von mir erzählen!

Hier, fügte er hinzu, und zeigte mir die Flasche, die er in der Hand hielt, hier, albanischer Schnaps, aus ihrer Heimat. Komm, gehen wir in Nummer Dreizehn, da trinken wir auf alte Zeiten!

Er legte kameradschaftlich seinen Arm um meine Schulter und führte mich den Flur hinunter, in die Dreizehn. Ich erkannte meinen Schulfreund kaum wieder. Alle Verzagtheit war von ihm abgefallen, und als er im Zimmer das Licht anmachte, sah ich, dass er jünger geworden war, fast schön.

Meist sei es eine Last, manchmal aber, so wie eben, ein Hochgenuss. Gregor lachte. Gerade habe er an seine wilde Jugend gedacht. Weißt du noch, Georg? Ich war ein Frauenheld!

Ja, sagte ich, ich erinnere mich.

Das Zimmer, in dem ich schlafen sollte, war mit wenigen, billigen Möbeln eingerichtet. In einer Ecke ein Waschbecken, dessen Hahn tropfte, und an den Wänden, wie auf dem Flur, der Wald, nur älter, verblichener, das Grün nur noch zu erraten. Es ist Herbst, dachte ich.

Gregor hatte sich aufs Bett gesetzt und zeigte auf den Stuhl, damit ich mich auch setzte. Er hatte von der Ablage über dem Waschbecken zwei Wassergläser genommen und uns eingegossen. Wir stießen an und tranken.

Alle anderen Zimmer waren frisch tapeziert. Bei Zimmer Dreizehn lohnte es sich wohl nicht.

Lachend saß mein Freund auf dem Bett. Alles Großstädtische, alles Verbrauchte schien von ihm abgefallen. Doch als ich ihn aufmerksam ansah, bemerkte ich, dass die Wirkung der Liebe nachließ. Bald würde er wieder so alt sein wie ich.

Ach, Georg! Wie gut es mir gerade geht! Jetzt könne er nicht von seinen Schicksalen erzählen. Er sei zu guter Stimmung dafür.

Kurz stellte ich mir vor, dass auch ich hier wohnte, seit Jahren in Zimmer Dreizehn, dass ich miterlebt hätte, wie das Grün der Tapete vergilbte; aber nach einem weiteren Schluck – der Schnaps brannte in meiner Kehle, der überstarke Geschmack nach Birne betäubte mich – hatte ich diesen Gedanken wieder vergessen.

Eben habe der Schnaps nach Birne geschmeckt, sagte ich, der neue Schluck aber schmecke nach Kirsche.

Gregor begann zu lachen, wie es in unserem Kulturkreis nur Kinder dürfen, Erwachsene jedoch nicht, wollen sie nicht in Verdacht geraten, den anderen absichtlich zu verletzen: Das ist das Geheimnis des Albanerschnapses, Georg!

Er verstummte und ging dann bald.

Auf der Ablage über dem Waschbecken fand ich Zahnbürste und Zahnpasta, eine winzige Tube, Reisegröße.

Es regnete unaufhörlich.

Hier liegst du also, dachte ich. Ich hatte das Licht gelöscht und sah den bunten Lichtern zu, die durch das Fenster spielten.

Fünf Minuten vor Erschaffung der Welt
Ging ich mal über ein Kartoffelfeld
Da kam ich an ein Haus
Da sahen drei Männer heraus
Der eine zeigte mir ein Fünfmarkstück und sagte:
Guck mal drauf
Ich aber verstand: Spuck mal drauf …

In einem Waisenhaus hatte mir ein kleines Mädchen diesen Vers aufgesagt. Es war noch weitergegangen, doch der Zettel, auf dem ich es notiert hatte, war verloren. Lachend, daran erinnere ich mich noch, hatte das Waisenmädchen den Spruch heruntergeleiert; dann wohl erwartet, dass ich es belohnte, sie zum Beispiel mit mir nähme und adoptierte. Als ich gehen wollte, hatte es zu weinen begonnen, sich dann in die Hose gemacht. Ich aber war mit dem aufgezeichneten Material hinausgestürzt.

Die Schritte des Detektivs entfernen sich, ich höre die Haustür gehen. Morlock oder Morler. Hatte er diesen Namen nicht der Albanerin gegenüber erwähnt?

2

Ich war aufgesprungen, hatte mich hastig angezogen und war ihm nachgelaufen.

Wer bist du denn, hatte ich gedacht, der König der Welt, dass du schon alles weißt und nichts mehr wissen musst? Und außerdem: welches Mittel hilft besser gegen Melancholie als das Abenteuer?

Die Straße war leer und glänzte vom Regen. Die nackte Frau ging an und aus. Späte Autos fuhren vorüber, ihre Scheibenwischer schlugen wie Wimpern.

He, Morlock!

Es war niemand zu sehen.

He, Morler!

Ich rief die Namen abwechselnd; immer lauter, je mehr mir die Hoffnung schwand, den Träger dieser Namen noch zu erreichen. Nur meine Stimme war zu hören, und das dunkle Surren von Autoreifen auf nasser Fahrbahn.

Der Schlüssel, dachte ich, du hast keinen Schlüssel. Du wirst die Nachtglocke läuten müssen, falls es in der „Heimat" überhaupt eine Nachtglocke gibt.

Feiner Regenstaub sank auf mich herab, und wie so oft, wenn es mir schlecht ging, fiel mir ein, dass meine Frau mich verlassen hatte. Während dieses Gedankens hatte ich geschwiegen, nun rief ich erneut, doch schon ohne Überzeugung, nach Morlock, nach Morler.

Diesen Ort kennst du, dachte ich, diese menschenleere, im Nachtlicht glitzernde Straße, diese hässlichen Häuser, dieses Kopfsteinpflaster wie Edelstein, dieses rote und grüne Licht wie Rubin und Smaragd. Auch wenn dieser Ort in Vergangenheit oder Zukunft der Schauplatz eines Verbrechens war, so konnte er doch auch Heimat sein.

Morler! Morlock!

Starke Arme umklammerten mich plötzlich von hinten und machten mich wehrlos. Der Atem eines Rauchers fuhr mir ins Genick, und ich musste daran denken, wie Gregor früher am Abend die Frau umklammert und davongetragen hatte.

All mein Geld ist ausgegeben! Ich habe nichts!

Neben uns bremste eines der wenigen Autos, doch niemand stieg aus und rettete mich. Der Wagen fuhr weiter.

Grissmann? Grissmann?

Ja, rief ich aus, und wenn?

Er ließ mich los.

Sie waren also in der Pension! Sie müssen mitkommen. Durch Ihre Dummheit haben wir Zeit verloren.

Was wollen Sie von mir, Morler?

Sie sollten mir nicht noch einmal entkommen! Deswegen habe ich Sie gepackt.

Ein großer schwerer Mann stand vor mir. Es war derselbe, der sich an mir und Gregor vorbei in den Gemeindesaal gedrängt, dessen nasser Trenchcoat uns gestreift hatte.

Haben Sie Ihren Pass dabei?

Ich sah sein besorgtes Gesicht, auf seiner hohen, nackten Stirn spielten die Straßenlichter.

Das ist ja ein Melancholiker, dachte ich, schlimmer als du, das ist ja ein Selbstmordkandidat, der mit sich um den Sinn des Lebens ringt.

Alles in Ordnung, Morler? Sie heißen doch Morler?

Er nickte. Als Kind in der Schule hätte man ihm oft „Morlock" nachgerufen. Dann habe er sich auf jeden gestürzt, der ihn so rief, und ihn gezwungen, ihn richtig zu benennen. Damals habe er unter dieser Falschbezeichnung sehr gelitten, heute aber denke er gern an die Zeit zurück. Wir müssten noch heute nach Amerika.

Gut, antwortete ich leichthin. Ich holte meinen Pass hervor und zeigte ihn ihm.

Morler aber sah ihn nicht an, sondern stand gedankenverloren da, den Kopf gesenkt, die Schultern hängend: So steht man nicht da, wenn man aufbrechen will.

Auch heute, sagte er endlich, auch heute noch würde er sich auf jeden stürzen, der ihn mit falschem Namen riefe, und ihm Backenzähne zu schmecken geben!

Ich merkte aber, dass er log, dass Morler den Kampf um seinen richtigen Namen längst aufgegeben hatte.

Brechen wir also auf, sagte ich. Geld hätte ich allerdings nicht für eine Reise.

Wenn wir den anderen zuvorkommen, sind Sie ein reicher Mann, erwiderte Morler.

Er hatte es jetzt eilig, er hakte sich bei mir ein und wollte mich die Straße hinunterziehen.

Vorher aber, sagte ich, müsse ich noch einmal in die

„Heimat“, meinen Mantel holen, es sei kalt und ich fröre.

Mehr als den Pass brauchen Sie nicht, rief Morler.

Er zerrte an meiner Hand.

Lassen Sie mich! rief ich aus, dass es von den Häusern widerhallte.

Wir verlieren Zeit, schrie er mich an und zerrte an meinem Arm. Ich wollte mich losmachen, doch er packte mich mit beiden Händen. Wir begannen zu ringen.

So schwach, Morlock, so schwach?

Wirklich hatte ich ihn in einen Ringergriff genommen, den ich vor Jahren im Fernsehen gesehen und nicht vergessen hatte. Es war ein Doppel-Nelson, ich hatte mir die Bezeichnung gemerkt: Man geht von hinten mit beiden Armen unter den Schultern des Gegners durch und drückt mit gefalteten Händen seinen Kopf nieder. Er versuchte, sich zu befreien; umsonst.

Gut, keuchte er in meinem Griff. Gehen Sie noch einmal zurück. Aber Sie könnten es bereuen. Genau diese Zeit könnte uns fehlen!

Ich ließ ihn los. Keuchend von der Anstrengung standen wir beide am Straßenrand.

Er ist schwach, dachte ich, groß und schwer und doch schwach. So wie der Bettler Iros, den Odysseus, von Athene in ein buckliges Männlein verwandelt, mit Leichtigkeit besiegt. Ein kleiner alter Kerl streckt einen Hünen zu Boden – was für ein Effekt!

Warum sollte ich mitkommen, Morler? Dazu nach Amerika. Mein Einverständnis sei nur ein Scherz gewesen.

Ich fror nun wirklich, der Kampf hatte mich angestrengt, und ich sehnte mich nach Zimmer Dreizehn. Mochte es auch trostlos sein, so hatte es doch ein Bett.

Langsam, keuchend, seit meiner Schulzeit hatte ich mit niemandem mehr gerungen, machte ich mich auf den Weg zur „Heimat". Als ich mich noch einmal umdrehte, sah ich Morler wie zuvor am Straßenrand stehen: vornübergebeugt, die Hände auf den Oberschenkeln. Selbst auf diese Entfernung erkannte ich, wie sich sein Brustkorb hob und senkte.

Die Haustür war verschlossen. Eine Nachtglocke fand ich nicht. Mein Telefon lag oben im Zimmer. Ich war heimatlos.

Das kennst du, sagte ich mir, eine kalte Nacht in einer Toreinfahrt, warum nicht?

Aber Morler steht neben mir, lächelnd, als wolle er mich um Verzeihung bitten, und bevor ich ihn verscheuchen kann, zieht er ein Werkzeug aus seiner Trenchcoattasche, einen Dietrich, und schließt auf.

Sehen Sie, ruft er stolz, ein Berliner Zwangschloss! Und dennoch bekomm ich es auf!

Auf dem Weg nach oben wolle er mir alles erklären.

Auch die Tür der Pension „Heimat" hatte Morler mir geöffnet, und ich war, nun, da ich wusste, worum es ging, in mein Zimmer gestürmt, hatte meine Sachen zusammengerafft und an die Tür von Nummer Zwölf geklopft.

Gregor!

Niemand antwortete. Ungeduldig öffnete ich die Tür.

Ein eigentümlicher Geruch schlug mir entgegen, die Luft war geschwängert davon. Es war ein Geruch, den ich kannte, ich wusste nur nicht, woher.

Gregor! rief ich in die Dunkelheit, wach auf aus deinen Albträumen! Ich will mich verabschieden und dir Lebewohl sagen!

Auch hier das Grün und Rot. Dann fiel es mir ein: Das ist Liebesgeruch, dachte ich.

Jemand machte die Nachttischlampe an. Morler war auf dem Flur geblieben und trommelte mit den Fingern an die Türzarge, pfiff auch dabei, hastig und tonlos.

Zimmer Zwölf glich Zimmer Dreizehn, nur verhielt sich hier alles spiegelverkehrt und war besser gepflegt. Unter der Bettdecke sah der Kopf meines Freundes hervor, das Gesicht müde und grau.

Ich hatte Albträume, sagte er schlaftrunken, dann ist sie noch einmal zu mir gekommen.

Jetzt erst entdeckte ich die Albanerin neben ihm.

Gregor, sagte ich, aus dem Drang heraus, mit jemandem über Morlers Vorschlag zu sprechen, alles ist offen, die Zukunft, das Schicksal, das Leben. Also warum soll ich nicht mit ihm gehen?

Ich hörte Morlers Fingertrommeln.

Ein entfernter Verwandter von mir liege in Amerika

im Sterben. Wer von seinen Verwandten zuerst bei ihm sei und ihn lebend antreffe, der erbe sein Vermögen.

Wolltest du nicht hören, wie es mir ergangen ist?

Ein andermal, antwortete ich. Denn was sei die Vergangenheit schon gegen die Zukunft!

Und wenn du zu spät kommst?

Dann ist alles verloren. Leb wohl. Und vielleicht, wenn ich reich bin, besuchst du mich und erzählst mir von dir.

Der Liebesgeruch betäubte mich.

Merkst du nicht, wenn du störst?

Die Stimme der Wirtin war rau und brüchig, die Stimme einer viel älteren Frau, sie selbst aber jung: Ich sah es an den Brüsten, die vor mir zu verbergen sie keinerlei Anstalten machte.

Ja, ich störe, antwortete ich, wünschte auch ihr Lebewohl, sah noch, wie Gregor mir nachblickte, seinen Gefangenenblick, und trat auf den Gang.

Ich aber durfte hinaus in die Welt.

Gehen wir, Morler!

3

Morler bezahlt unsere Reise. Schaffen wir es vor unseren Konkurrenten, soll ich ihm alles ersetzen. Ich bin seine letzte Chance, und ich glaube, er hasst mich dafür. Sein Geld reicht nur für die Hinreise. Scheitert er, muss ich selbst sehen, wie ich zurückkomme. Er macht sich Sorgen und erzählt mir nicht alles. Den Ringkampf habe er mich absichtlich gewinnen lassen, sagt er im Taxi.

Er will den Schweigsamen spielen, den harten Detektiv, aber er kann den Mund nicht halten, und redet und redet. Dazwischen legt er Pausen ein und schiebt das Kinn vor, so als habe er die ganze Zeit geschwiegen; als habe er nicht eben noch mir – und dem Taxifahrer, der mithört – allerlei über sich erzählt. Fahren Sie schneller, herrscht er den Fahrer an, es gibt Trinkgeld!

Herrlich leer ist die Stadt im Morgengrauen. Was geht mich mein Verwandter, was geht mich Amerika, was geht mich Morler an? Ich möchte für immer in dieser Taxe über die Autobahn rasen.

Sie tragen am Finger einen Totenkopfring, sagt Morler zum Fahrer, und will mir imponieren mit seinem Wissen. Ist das nicht ein Mafia-Ring, ein türkischer Gangsterring? Sind die Augen des Totenkopfs rot wie bei ihm, nicht schwarz, wendet er sich nun an mich, hat der Träger bereits getötet.

Ich sah zum Wagenfenster hinaus, zum Himmel empor, ins Morgengrauen. Unverantwortliche Träume stiegen in mir auf. Phantastereien. Größenwahnsinnige Träume waren das ja: Wie ich mit meinem Reichtum das Institut und Krautmann selbst zurückgewinnen würde; und eine neue, glänzende Ära der Heimatforschung anbrechen müsste. Dann käme meine Frau zu mir zurück und durch meinen Reichtum entstünde eine neue Art Heimat …

Banane, Zitrone,
An der Ecke steht ein Mann …

Am Flughafen bezahlte Morler das Taxi, gab wohl ein hohes Trinkgeld, denn der Fahrer bedankte sich überschwänglich und sprang lebhaft wie ein Kind aus dem Wagen, lief zum Kofferraum und öffnete ihn. Dann lachte er über seinen Irrtum – wir hatten ja keinerlei Gepäck.

Schnell, schnell, rief Morler.

Schnell, schnell, äffte ich ihn nach. Überhaupt wollte ich ihn jetzt öfter nachäffen.

Wir reisen über Kanada ein. Dort kenne er sich aus, dort gäbe es keine Probleme mit den Visa.

Und hier, fuhr Morler fort, hier, Ihr Verwandter.

Wir standen an zur Sicherheitskontrolle und hatten Zeit. Überall wimmelt es ja von Menschen, die so viele andere wie möglich mit in den Tod reißen möchten.

Es war ein ausgeblichenes Polaroid-Foto, das er mir zeigte: Ein lachender Greis, dahinter ein großes Haus.

Das Haus sah man nur verschwommen, und vielleicht deshalb erinnerte es mich an ein anderes Haus, das ich kannte.

Das Bild sei natürlich alt. Da lache Grissmann noch.

Morler schob das Kinn vor und schwieg für einen Moment.

Doch auch jetzt gelle manchmal sein Greisenlachen durchs Haus, unterbrochen vom rasselnden Atem des Sterbenden.

Ob er das selbst gehört habe?

Morler legte seinen Trenchcoat, sein Jackett, seinen Gürtel, sein Kleingeld und den Dietrich in die Plastikschale, ein Sicherheitsbeamter schob sie zum Durchleuchten ins Prüfgerät.

Nein, er sei nie dort gewesen. Man habe es ihm berichtet.

Als er mit erhobenen Händen dastand, um abgetastet zu werden, sah ich, dass er durchtrainiert war. Hatte er mich den Ringkampf doch absichtlich gewinnen lassen?

Es ist die Köchin, sagte Morler, als auch ich die Sicherheitskontrollen beendet hatte, Grissmanns Köchin berichtet mir. Sie habe sonst nicht viel zu tun. Grissmann nehme keine feste Nahrung mehr zu sich.

Der Einstieg ins Flugzeug verzögerte sich. Ich blickte in die übermüdeten Gesichter der anderen Wartenden, sah das graue Tageslicht, und eine neue Welle von Müdigkeit kam über mich.

Wie heißt Grissmann mit Vornamen? fragte ich, hochschreckend aus der ersten Phase des Schlafes.

Wilhelm. Wilhelm Klaus Grissmann.

Rein – raus, rein – raus,

Fertig ist der kleine Klaus.

Wie? Wie? fragt Morler und weiß nicht, was ich meine.

Ein Kinderreim, sage ich. Ich hieße übrigens mit zweitem Vornamen auch Klaus, genau wie der Tote.

Das Letzte hatte ich gesagt, um Morler zu erschrecken, denn wenn Grissmann tot war, war ja alles verloren. Aber Morler lächelt nur.

Morler, rufe ich gegen das Jaulen der Triebwerke an, als wir endlich in der Maschine sitzen, denken Sie nicht auch oft beim Start, dass nun ein neues Leben beginnt?

Aber Morler hat die Augen geschlossen, und mir fällt der Ausdruck „Krähenfüße" ein, während ich seine geschlossenen Augen betrachte. Ohne sie zu öffnen, winkt er nur müde ab. Ich aber will mich nicht mit mir befassen, meiner ungewissen Zukunft, und so beschäftige ich mich mit Morler.

Morler, was tun Sie in Ihrer Freizeit?

Und als er nicht antwortet, frage ich anders: Morlock, was machst du in deiner Freizeit?

Er denke über Gott nach, antwortet Morler mit geschlossenen Augen. Er hadere gern mit Gott.

Ich dächte oft über das Leid nach, sage ich nach einer Weile.

Später, bei einem leichten, geradezu schäbigen Frühstück, von einer alten Stewardess serviert, ein Stück fades Gebäck und schwacher Kaffee – war Morler lebhaft geworden, hatte noch zusätzlichen Kaffeeweißer verlangt und zu prahlen begonnen, wie er mich gesucht und endlich gefunden habe.

Ich habe … beginnt Morler stolz und fängt mich mit seiner schnarrenden Stimme, seiner Stirnglatze, seinem Mundgeruch nach Pfefferminz bereits zu langweilen an.

Und? sage ich, weiter!, blicke aber zum Fenster hinaus. Tief unten nicht mehr das Wolkenmeer, sondern diese blaue ungeheure Fläche, zerkratzt von feinen weißen Linien.

Wir Fluggäste dürfen nun elektronische Geräte benutzen, und eine altmodische Klingel ertönt, Morlers Telefon, und als er die Botschaft annimmt, ist sein Gesicht aschfahl.

Die Köchin? frage ich. Ist alles aus?

Morler wischt sich den Schweiß von der hohen Stirn.

Nein, Grissmann sei noch am Leben und bis jetzt sei uns niemand zuvorgekommen.

Gut, sage ich, auf einmal von Mitleid gepackt mit diesem schwitzenden, eben noch zu Tode erschrockenen Detektiv, wie haben Sie mich gefunden?

Sie nehmen das Leben nicht ernst, Grissmann. Selbst Geld und Reichtum nehmen Sie nicht ernst.

Bald ist er alt, dachte ich. Und wenn er alt ist, werde ich sein wie er jetzt. Werde nicht mehr der Mann an der Ecke sein, der die Weiber anlockt. Und plötzlich ist dieser Gedanke sehr tröstlich.

4

Vom sterbenden Grissmann habe er erst vor kurzem Wind bekommen.

Schmar und Wese? Schmar und Wese?

Was ist damit? frage ich ungeduldig, während er mich angrinst, als müsse das jeder verstehen. Was damit sei?

Die Detektei? Nicht bekannt? Der Seniorchef habe ihn persönlich ins Hauptbüro gebeten. Sonst sei noch der junge Wese im Raum gewesen, und er, Morler, sonst niemand. Sie sind entlassen, habe man ihm ins Gesicht gesagt. Sie sind zu alt, Morlock, und leisten nichts. Er habe Schmar entgegnen wollen, dass er nicht Morlock heiße, aber Wese habe ihm das Wort abgeschnitten: Sie haben auch gestohlen.

Das sei vor Jahrzehnten gewesen, und man habe ihm damals verziehen. Sie selbst haben mir damals verziehen!

Und wenn schon, habe Schmar geantwortet, jetzt sind Sie entlassen. Sie sind für die Branche zu alt und haben gestohlen.

Eine leise Angst stieg in mir auf, während Morler mir das erzählte. Wieder grinste er. Wie leicht konnte ich von einem Verrückten in ein unabsehbares Abenteuer gelockt worden sein.

Weiter, Morler, weiter!

Wie betäubt habe er das Büro verlassen und wäre in der Tür fast mit einem neu eingestellten Kollegen zusammengestoßen.

Immer schön vorsichtig, habe der Neue gerufen. Er aber, Morler, sei im Vorzimmer in einen Sessel gesunken, geschwächt von der Kündigung.

Morler schwieg, sein Gesicht nachdenklich und weich, so als denke er an seine Kindheit zurück.

Dann sei ein tierisches Gebrüll aus dem Chefbüro gedrungen, durch die gepolsterte Tür – einer seiner Wutanfälle, dafür war Schmar berüchtigt: Sind Sie im Fall Grissmann wieder nicht weitergekommen? Da habe er den Namen Grissmann zum ersten Mal gehört.

Ich war den größten Teil der Nacht wach gewesen, der Lärm der Triebwerke machte mich zusätzlich schläfrig; ich nickte ein. Vielleicht hatte Morler noch weitererzählt: Ich aber trat durch ein Tor, hinter dem meine Heimatstadt lag, lenkte meine Schritte zum Haus meiner Eltern, und war reich.

Viele Stunden waren wir nun schon in der Luft. Immer wieder fiel ich in einen gaukelnden Schlaf, immer wieder schreckte ich hoch und hörte Morler reden.

Wie er nachts ins Schmars Büro eingebrochen sei – Schlösser seien für ihn kein Hindernis. Wie er dort Einsicht in die Akte Grissmann genommen und von der Idee des Sterbenden erfahren habe, dass ihn der von seinen Verwandten beerben solle, der als erster an sein Sterbebett trete …

Mein Vater, hob Morler wieder an, nachdem die Stewardess ihm Bier gebracht hatte, ist Professor der Jurisprudenz gewesen.

Das Flugzeug geriet in Turbulenzen, Wolken jagten am Fenster vorbei. Die Masse des Flugzeugs fiel, fing sich dann wieder.

Ob er mir etwa sein ganzes Leben erzählen wolle?

Ich hatte den Detektiv mit dieser Frage gekränkt, und er schwieg.

Ich schrecke hoch. Morlers Gesicht ist über mir.

... Und dieser Professor Krautmann – wie hasse ich Morlers schnarrende, näselnde Stimme – sei ein Freund seiner Eltern, und als er sie neulich besucht habe, sei auch Krautmann zugegen gewesen. Und beim Wein habe der Professor eine alte Geschichte erzählt: Vom ehemaligen Assistenten Grissmann, den man vor einer Grundschule verhaftet habe. Dieser Grissmann, habe Krautmann gerufen, sich auf die Schenkel schlagend: Mit einem Mikrofon vor dem Schultor sechsjährige Kinder anzusprechen und sie nach Sprüchen und Versen über die Liebe zu fragen! Er habe Grissmann dann auf der Wache herauspauken müssen.

Ihr Vater kennt Krautmann? frage ich verwundert.

Über ihn sei er auf meine Spur gekommen, antwortet der Detektiv.

Krautmann sei doch verschwunden, verschollen. Ob Morler mich anlüge?

Wie lächerlich Krautmann ausgesehen habe: Die Glatze, das steil vom Kopf abstehende Haar, das rote Gesicht mit der roten Nase, der watschelnde Gang. Da sei ja ein Clown gewesen!

Wieso lügen Sie! rufe ich. Krautmann sei ein Grandseigneur, ein schöner Mann!

Wie bereue ich jetzt, mit Morler ins Flugzeug gestiegen zu sein!

Morler hat in seinem Leben viel Schlimmes erlebt. Er hat viel gelitten und wird noch mehr erleiden.

Unter uns liegt nun Amerika.

Auf der Insel Amerika
Stehen schöne Mädchen da
Suche mir die schönste aus
Nehm sie mit zu mir nach Haus
Servier ihr eine Tasse Tee
Knall sie dann aufs Kanapee

Gut, sage ich. Sie haben mich gefunden. Und nun wolle ich nichts mehr hören von Ahnenforschung, Stammbäumen, Kirchenbüchern.

Kann ich Ihnen vertrauen? Sein Gesicht kommt näher. Werden Sie meine Bemühungen belohnen?

5

Später habe ich Morler ausforschen lassen. Ob aus Neugier oder Langeweile weiß ich nicht mehr. Man hatte mir die Detektei „Kurzhals" empfohlen, ich mich dann doch für „Schmar und Wese" entschieden, seine früheren Arbeitgeber, in Berlin.

Das große gläserne Haus kam mir seltsam vertraut vor, als sei nicht Morler, sondern ich selbst hier ein- und ausgegangen, und Morlers Widerwillen gegen seine Arbeit und seine Angst vor ihrem Verlust hingen immer noch in der Luft.

Im Fahrstuhl war ich allein, und auf der kurzen Fahrt nach oben ging mir durch den Sinn, wer ich früher gewesen war und wer jetzt.

Eine junge Frau mit hübschem, füchsischem Gesicht empfing mich an der Rezeption und ich fragte mich, ob die Rezeptionistin einem Geheimbund angehörte, der hier in der Hauptstadt existierte: „Die Nymphomaninnen". Über Zweck und Zielsetzung dieses Bundes wusste man wenig, nur der Name stand an Mauern geschrieben und auf rosa Zetteln, die man im Briefkasten fand.

Ihr Gesichtsausdruck war kalt und abweisend.

Wollen Sie den kleinen Bericht, den mittleren, oder die große Untersuchung?

Ich antwortete nicht gleich, sondern sah in ihr gelangweiltes Gesicht.

Die große Untersuchung.

Man musste uns belauscht haben, denn aus dem inneren Büro stürzte ein hoch gewachsener alter Mann, eine Augenklappe über dem einen Auge, auf einen Stock gestützt, lang wie ein Speer. Es war Schmar.

Das ist ja ein Riese, dachte ich.

Die große Untersuchung? rief er mit einer Stimme wie aus Erz. Kommen Sie, kommen Sie, ich kenne Sie sogar!

Er lächelte freundlich, fast unterwürfig zu mir hinunter und ehe er mich packen und zu sich hineinziehen konnte, betrat ich durch die gepolsterte Tür sein Büro.

Die große Untersuchung also!

Der Erforschte, Morler, sei ein Wunderkind gewesen. Als dritter Sohn eines Professors der Rechte sei er im Alter von nicht mehr als viereinhalb Jahren mit klassischer Musik vertraut gemacht worden. Die hochmusikalische Mutter habe, enttäuscht von der fehlenden Musikalität der beiden älteren Söhne, für die sie ihren Mann als Erbgutträger in der Verantwortung sah, all ihre Liebe, all ihre Energie darauf verwandt, die Gabe des jungen Morlers zu höchster Entfaltung zu bringen. Sie selbst, die Mutter, habe ursprünglich Konzertpianistin werden wollen. Bis er dreizehn wurde, habe sich Morlers Talent aufs Vielversprechendste entfaltet, habe er bereits Konzerte im kleineren Kreis gegeben, war bereits als Meisterschüler eines berühmten Virtuosen angenommen, da überraschte ihn seine Mutter eines Abends am Flügel, wo er weinend saß. All seine Musikalität war verflogen. Sein feines Ohr derb geworden, seine einstmals geschmeidigen Finger grob und unbeholfen. Eine Weile habe der Ausgeforschte noch im Schulchor gesungen, dann verliere sich jede musikalische Spur …

Ich ließ den Bericht sinken und las an diesem Abend nicht weiter. Das Leben spielt mit uns, dachte ich, auch Morler muss das erfahren haben.

6

Morler, kennst du das, wenn man übermüdet ist so wie jetzt, dass diese Müdigkeit den Geschlechtstrieb anregt, dass man, obwohl man eigentlich nur schlafen will, aufs lächerlichste geil wird?

Wir waren gelandet. Die Beamten hatten uns durchgewunken: Da wir kein Gepäck bei uns führten, hätten wir auch nichts zu verzollen.

Ich hatte sofort bereut, von meiner Sexualität gesprochen zu haben, und fürchtete, er könnte mir im Gegenzug von seinem Sexualleben erzählen.

Toronto, Toronto also, dachte ich.

Morler stand am Mietwagenschalter und verhandelte, ich anderthalb Meter entfernt von ihm, müde und wie geparkt. Neben Morler wurde eine weitere Kundin bedient, und neben mir wartete ihr Kind, ein Junge von vielleicht fünf oder sechs Jahren, übermüdet auch er. Unsere Blicke kreuzten sich kurz, dann sah das Kind wieder auf den Plastikboden, der in weiße und schwarze Rauten eingeteilt war, und als hätte ich, der Heimatforscher, es mir ausgedacht, hörte ich das Kind leise, aber doch verständlich vor sich hinsprechen:

Banane, Zitrone,

An der Ecke steht ein Mann … Es war Deutsch.

Dann wusste es nicht weiter. Der Junge trug, jetzt erst bemerkte ich es, einen engen weißen Anzug, mit Strasssteinen verziert. Das ist ja ein Elvisanzug, dachte ich, wie ihn Elvis Presley in Las Vegas getragen hatte, nur verkleinert für einen fünfjährigen Deutschen.

Banane, Zitrone,

An der Ecke steht ein Mann …

Weißt du nicht weiter? rief ich dem Elvisimitator lachend zu.

Der Junge sah auf: Das geht nicht weiter!

Doch, antwortete ich. Die Hauptsache komme noch!

Immer noch standen Morler und die Mutter des Jungen in der Flughafenhalle von Toronto am Schalter der Autovermietung, immer noch redeten die beiden jungen Frauen in ihren Autovermieteruniformen auf ihre deutschen Kunden ein.

Ich wollte dem Jungen erzählen, was der Mann an der Ecke vorhatte, besann mich aber – zu oft hatten mich früher solche Szenen in Schwierigkeiten gebracht! – und als wäre er mir von außen eingegeben, vom Mars, von höheren Wesen, kam mir ein Verdacht, der alle sonstigen Gedanken verdrängte:

Heißt du etwa Grissmann?

Woher weißt du das?

Morler, beeil dich! rief ich meinem Gefährten zu.

Doch Morler hatte längst Autoschlüssel und Wagenpapiere und strebte dem Parkplatz mit den Leihwagen zu. Der Junge aber war zu seiner Mutter gelaufen, und während ich aus der Glastür ins Freie trat, drehte sie sich nach mir um. Er zeigte mit dem Finger auf mich.

7

Du nimmst alles zu ernst, Morler! Vielleicht hatte der Junge gelogen und hieß gar nicht so. Kinder lügen oft, fast immer …

Wer lügt schon bei seinem Namen! fiel er mir ins Wort.

Odysseus zum Beispiel, antwortete ich.

Wir hatten die Vorstädte mit ihren Tankstellen, ihren Autowerkstätten, den Burger-Restaurants, den übergroßen Reklamen nun hinter uns gelassen. Wir fuhren über den Highway nach Süden.

Die Menschheit wird untergehen, die Tiere, die Pflanzen, alles. Die Erde, das Sonnensystem. Das All. Es ist eine Frage der Zeit.

Morler, der das sagt, sitzt am Steuer, und ich will ihm nicht widersprechen. Denn er lächelt, während er das sagt und scheint einen gewissen Trost aus diesen Gedanken zu ziehen. Vielleicht hat er darüber den Jungen schon wieder vergessen.

Die Entropie wird uns alle holen!

Das scheint ihn zu freuen. Ja, Morler ist einverstanden mit dem zweiten Satz der Wärmelehre, der uns allen ein Ende prophezeit.

Irgendwo dort vorn, am Horizont, wird Morler abbiegen vom Highway, um über Nebenstraßen und Feldwege die Grenze zu passieren, denn ich habe kein Visum.

Morler, warum hat mich meine Frau verlassen?

Woher soll ich das wissen, ruft der Detektiv ungehalten und nimmt den Fuß vom Gas, denn ein Polizeiwagen ist hinter uns her; nein, fährt vorbei, ohne uns zu stoppen.

Ich dachte, du bist Detektiv und weißt alles, antworte ich.

Auch mich hat meine Frau verlassen, sagt Morler. Ich habe sie sehr geliebt.

Er fährt rechts ran.

Der Himmel ist sehr hoch, amerikanisch blau, ringsherum sind Felder. Wir sind nicht mehr auf dem Highway, eine Schotterpiste fahren wir nun entlang. Vor uns, am Horizont, liegen die USA. Hinter uns die ungeheure Schleppe aus Staub, die wir geschaffen haben.

Ich sehe Morler noch vor mir, wie er aussteigt und seine Haltung sich strafft, als habe er einen Entschluss gefasst. Wie er den Kopf hebt, um über das Luzernefeld zu blicken, das bis zur Erdkrümmung reicht.

Morler, keiner sieht dich, du kannst dein Wasser abschlagen!

Ich sah Morler sich entfernen, im rechten Winkel zur Straße, einen Fünfzigjährigen mit Glatze und Trenchcoat, nie wird man je einen anderen Menschen begreifen, sah ihn kleiner und kleiner werden – und ein Vers fiel mir ein, den ich gesammelt hatte:

Fünf Minuten vor Erschaffung der Welt
Ging ich mal über ein Kartoffelfeld …

Morler! rufe ich durch die heruntergekurbelte Beifahrerscheibe, ganz sicher, dass die Gummifäden, an denen er hängt, ihn gleich zu unserem Fahrzeug zurückschnappen lassen werden.

Es ist ein schönes Bild, wie er da geht, gegen alle Widerstände, alle Zusammenhänge, ein Bild der Freiheit. Eine Zinnfigur, handbemalt: Detektiv im Trenchcoat, nun schon so weit entfernt, dass ich nicht mehr erkenne, ob er kommt oder geht. Verlassenheit, Einsamkeit, aber er ist nicht verlassen, denn ich beobachte ihn.

Es geht ein Wind. Trüge er einen Hut, er würde Morler vom Kopf fliegen.

Wehe, wehe, Windchen
Nimm Kürtchen sein Hütchen
Und lass sich mit jagen …

Bald wird Morler verschwunden sein, denke ich. Und ein alter Gedanke stellt sich ein: Dass ich durch schärfstes Beobachten eines Vorgangs diesen beherrschen könne; dass ich, wenn ich Morler nur keinen Augenblick unbeobachtet ließe, ihn jederzeit zum Wagen zurückrufen könne.

Morler! rufe ich in die kristalline Luft Nordamerikas.

Ich bin ausgestiegen und will ihm nachgehen, laufe dann aber – so weit entfernt ist Morler schon.

Der Boden unter dem Klee fühlt sich weich an. Es musste vor einiger Zeit geregnet haben. Ich als ein guter

Läufer weiß solche Böden zu schätzen und lief nun, wie man soll: Mit Vergnügen und Ruhe.

Sehr klein ist Morler jetzt, ein heller Punkt auf dem Grün; nein zwei: der kleinere sein kahler Kopf, der größere sein Mantel. Achill und die Schildkröte. Nie werde ich die Schildkröte Morler einholen können.

Als ich mich umblickte, war unser Wagen schon weit entfernt und genau so klein wie Morler vor mir.

Ich möchte nicht reich sein, nur immer laufen.

Morlock!

Er blieb sofort stehen.

Er habe seine Frau sehr geliebt, sagte Morler auf dem Weg zurück, auch habe das Feld ihn angezogen, er habe sich darin verlieren wollen.

Auf den letzten Metern zum Wagen legte ich kameradschaftlich meinen Arm um seine Schulter.

Wir werden erben, sagte ich.

Er antwortete nicht, sondern fuhr los, rücksichtslos schnell über die schlechte Straße. Unsere Staubschleppe war noch in Kanada, wir selbst in den Vereinigten Staaten.

Auf die Frage, wann er im Leben am glücklichsten gewesen sei, hatte Morler geantwortet: Bei einem Gang über ein Luzernefeld an der amerikanisch-kanadischen Grenze.

Soweit, Jahre später, der Bericht der Detektei.

8

Wir waren im Bundesstaat Ohio. Ich hatte das Steuer übernommen.

Immer geradeaus, hatte der Detektiv gesagt, noch eine Weile hinaus auf die gut befestigte, schnurgerade Straße gespäht, dann war er eingeschlafen.

Die Einsamkeit der leeren Überlandstraße, fernab von Städten und ihrem Verkehr, brachte mir das Allmachtsgefühl des Autofahrens zurück, das ich seit dem Erlangen des Führerscheins nicht mehr empfunden hatte: Autofahrer zu sein, Herr zu sein über ein starkes Fahrzeug, das tat, was man wollte. Nur Morler störte mich in meiner Gedankenfreiheit, und ich überlegte, ob das Dahingleiten über die weiten Hügel ohne ihn nicht schöner wäre, ob ich ihn nicht aus dem Wagen stoßen und ohne ihn weiterfahren sollte.

Morler schläft. Ich fahre.

Am Straßenrand steht ein Wagen. Ich sehe ihn schon von weitem. Eine Frau steht daneben, einen kleinen Benzinkanister in der Hand, mit dem sie winkt. Sie hält sich sehr gerade, wie kleine Frauen es tun, aber sie ist nicht klein.

Vielleicht weil sie schön ist, halte ich an. Vielleicht, weil sie schön ist, sehe ich in unserem Kofferraum nach, vielleicht weil sie schön ist, finde ich den vollen Benzinkanister.

Morler schläft, während ich ihr wortlos helfe, das Benzin gluckernd durch den Trichter in den Tank läuft und wir uns nachdenklich mustern. Als ich wieder einsteige, ruft sie mir nach und bedankt sich. Ich aber weiß, auch ohne einen Blick in ihren Wagen zu werfen, dass dort der Junge sitzt, in seinem Elviskostüm.

Morler, wieso schläfst du und wachst nicht über mich!

Wenn ich jetzt aufwachte, wäre ich dann nicht in dem alten Haus, in dem ich als Kind oft war? Das uns gehörte, eh es verloren ging?

Bald sind wir da, sagt Morler im Schlaf.

Gut, denke ich, dann wird sich erweisen, ob Morler nicht lügt.

Das Haus

9

In einer kleinen süddeutschen Universitätsstadt steht auf einem Hügel über dem Fluss, den wenig später eine langgestreckte Insel in zwei Hälften teilt, das Grissmannhaus.

Es ist ein Bau aus dem 18. Jahrhundert, ein heiterer Bau mit weiß-goldener Fassade; im Herbst ist er von der Stadt aus oft nicht zu sehen, weil der Nebel den Hügel hinaufsteigt.

Stets war das Haus in Privatbesitz. Universitätskanzler haben in ihm gelebt, Professoren, evangelische Kirchenleute.

Nun ist das Gebäude Museum. Das schöne Haus mit seinen anmutigen Räumen ist zu besichtigen; Schwerpunktthema allerdings ist der Niedergang einer Familie, der akribisch und mit zahlreichen Exponaten dokumentiert ist.

In diesem Haus ist mein Vater Kustos, macht Führungen und erklärt die Stammbäume. Er selbst, erzählt er den Touristen, habe als Kind noch hier gewohnt, bis sein Vater, ein Flickschuster und Säufer, den jahrhundertealten Familienbesitz schließlich habe verkaufen müssen. Das Haus ist geöffnet von 10 bis 18 Uhr, am Wochenende ist es geschlossen; es sei denn, man ruft meinen Vater an und macht etwas mit ihm aus.

Ich sehe meinen Vater noch vor mir, mit seiner Glatze, seiner Strickjacke, wie er das Haus seiner

Vorfahren aufschließt und die Besucher einlässt; und ich, noch nicht schulreif, die Karten abreißen darf, stolz wie ein Spanier.

Bei einer Schulhofrauferei hatte ich einen Klassenkameraden besiegt, der behauptet hatte, mein Vater sei nur ein Hausmeister, Kustos, das sei ein Hausmeister; ich war sofort über ihn hergefallen. Ich hatte gesiegt, und mein Vater war Kustos. Doch ein Argwohn, dass er nur Hausmeister wäre, blieb.

Wir wohnten in einer Wohnung im Haus gegenüber. Blickten wir aus dem Fenster, hatten wir die prächtige Fassade stets vor Augen. Ich gehe durch die Räume in meiner Erinnerung: Ja, im grauen Raum, im 19. Jahrhundert, hatte es einen missratenen Sohn gegeben, der gelogen und gestohlen hatte, wohl auch ein Dienstmädchen geschwängert. Man hatte ihn, gut ausgestattet, nach Amerika geschickt. Dort war er verschollen.

Das Haus, das Museum. Für meinen Vater die Heimat; meine Mutter machte sich nichts daraus. Mir riet sie, mich nicht darum zu kümmern, mich als Einzelwesen, nicht als Glied in einer Kette zu begreifen – wie stritten sich meine Eltern stets über diesen Punkt – das Leben aus mir selbst zu gestalten und am besten den Beruf des Professors zu ergreifen; der gelte am meisten in dieser Stadt.

Jahre später, mein Doktorvater hatte mich bereits unter seine Fittiche genommen, war sie sehr krank. Spät in der Nacht ließ sie mich zu sich rufen und hatte mir den Schwur abgenommen: Schwöre mir, dass du Professor wirst.

Immer noch wohnt das alte Hausmeisterpaar gegenüber dem Grissmannhaus. Immer noch führt mein Vater die Besucher. Nun, da das Ende der Vorherrschaft der weißen Rasse unübersehbar ist, sind es hauptsächlich Chinesen, dazu ein paar Schwarze aus Amerika. Mein Vater muss Englisch mit ihnen reden.

10

Morler hatte Wachmacher dabei, weiße, kleine Kügelchen mit einem roten Kreuz darauf. Die müssten wir nehmen, um durchzuhalten. Unter Speed kam uns die rasende Fahrt noch schneller vor, doch keinen Augenblick spürten wir Gefahr, so sehr behütete uns die Substanz. Irgendwann ging die Sonne unter. Wir rasten hinein in die amerikanische Nacht.

Morler hat mich am Steuer abgelöst, das Aufputschmittel lässt ihn unablässig reden.

Ob ich gerecht mit ihm teilen würde, ob ich ihn nicht betrügen würde, dass er zu alt sei für das Beobachten und Ausspähen, deshalb brauche er dringend viel Geld, um sich zur Ruhe zu setzen. Auch mache er sich Sorgen um seine Gesundheit …

All das breitet er vor mir aus, aber er spricht so fröhlich, so übermütig darüber, dass ich es mir gefallen lasse und ihn nicht unterbreche.

Morler, sage ich, als er spät in der Nacht ein Motel ansteuert, dieser Grissmann, zu dem wir fahren, dieser Grissmann ist doch sicher ein Charakterschwein?

Ja. Wie alle Grissmanns, antwortete Morler.

Er ist müde, er ist high, denke ich – deshalb sagt er das.

Ein Augenblick, ein Tag, ist vom nächsten unendlich weit entfernt.

Morler hatte nur ein, zwei Stunden schlafen, sich kurz auf ein Motelbett legen wollen, das sei ihm 40 Dollar wert, und als er an der Rezeption im Voraus für das Zimmer gezahlt hatte, war es mir vorgekommen, als habe auf seiner Kreditkarte der Name „Morlock" gestanden.

Wir hatten uns in den Kleidern auf die beiden Einzelbetten gelegt und waren sofort eingeschlafen. Einmal war ich kurz aufgewacht, von einem Stöhnen im Zimmer neben uns, und ich wusste im Halbschlaf, dass dieses Stöhnen nur von der Frau kommen konnte, der ich mit dem Benzin geholfen hatte. Wo, dachte ich schlaftrunken, hat sie dabei den Jungen gelassen? Ihn auf den Flur geschickt, wo er alles mithört, wie in einem alten schwedischen Film?

Das amerikanische Abenteuer, wohin sollte es führen?

Morler, wach auf, wir müssen weiter! Wir haben fünf Stunden geschlafen! Kannst du fahren? Sonst tue ich es! Hier, heißer Kaffee!

Er schlug die Augen auf, als ich ihn rüttelte. Lange wusste er nicht, wo er war. Vielleicht war er im Traum durch das Luzernefeld gegangen. Dann fiel es ihm wieder ein und er drängte zur Eile.

Wir fuhren nach Süden. Links von uns ging die Sonne auf. Es schien ein herrlicher Tag zu werden; vielleicht etwas heiß.

11

Die Sonne stand noch nicht hoch, als wir das Tor des Anwesens erreichten.

Die schmiedeeisernen Flügel standen offen. Alte Bäume überragten die Mauern.

Die letzten Meilen hatte Morler fahren wollen, und ich hatte auf dem Beifahrersitz gesessen, hinausgeblickt auf die grünen Hügel, und im ungewissen Morgenlicht war mir gewesen, als führen wir durch meine württembergische Heimat.

Langsam fuhr Morler auf das offene Tor zu.

Es bewegt sich, es schließt sich! rief ich.

Wirklich bewegten sich die Flügel aufeinander zu und man konnte schon das Monogramm erahnen, das das Tor in geschlossenem Zustand zeigen würde. Keinen Augenblick zu spät rasten wir durch die immer schmaler werdende Lücke. Die Torflügel schlossen sich lautlos hinter uns. Wir waren gerettet, auf Grissmann'schem Besitz.

Ich saß auf dem Beifahrersitz, im dunkelblauen Hemd mit dem Buttondownkragen, den Pferdelederschuhen aus besseren Tagen, der blauen Hose, in der ich gern reiste. Noch immer erinnere ich mich, wie sehr der Moment mich überwältigt hatte; dass damals, für einen Augenblick, die Gegenwart über Zukunft und Vergangenheit triumphierte. Du bist angekommen

– dachte und fühlte ich – egal, was noch kommt. Hier, kurz hinter dem Tor, hätte ich sterben mögen.

Ich sah zu Morler hinüber, ob es ihm ähnlich ging. Doch kein Mensch gleicht dem andern. Morler fuhr nun langsamer, sein wie aus Holz geschnitztes Gesicht hatte sich mehr als sonst verhärtet – das ist ja ein Kasperlekopf, dachte ich, aber gute Laune und Frechheit fehlen, das ist ja der Selbstmordkasper, mit dem man nicht gern zu tun hat.

Hohe Buchenhecken standen zu beiden Seiten der Auffahrt, dann öffneten sie sich, und eine riesige Rasenfläche lag vor uns, verzaubert durch kleine Regenbogen, die Rasensprenger und Sonnenschein entstehen ließen.

Das Haus, Morler, sieh nur das Haus!

Ich zeigte voraus, wo am Ende des Rasens ein großes Haus auftauchte. Es glich mit seiner Fassade, den Rokoko-Verzierungen, dem Sandstein um Fenster und Türen, völlig dem Grissmannhaus meiner Heimatstadt.

Schnell, rief Morler und hielt an, zeig deinen Pass!

Behende wie ein Affe sprang er aus dem Wagen, lief um ihn herum, öffnete die Beifahrertür und zerrte mich heraus.

Vor der prächtigen Eingangstür, sie glich dem Original aufs Haar, stand ein hochgewachsener Mann mittleren Alters. Er trug einen dunklen Anzug und eine Krawatte, doch ich sah sofort, dass beides nicht schwarz war. Der Mann blinzelte in die Morgensonne und gähnte.

Hier ist er, er ist da! rief der Detektiv, und als ich mit dem Pass in der Hand auf das Haus zuging, war das

Morler zu langsam: Er entriss mir das Dokument und lief zu dem Fremden. Der Mann lächelte. Er schien keine Eile zu haben, wechselte ein paar Worte mit Morler, und als ich hinzutrat, gab er mir die Hand und bat uns einzutreten.

Er sprach Deutsch, ein gutes Deutsch, nur war es, als habe er die Sprache lang nicht benutzt und müsse sich wieder an sie erinnern.

Wer er sei? fragte ich, nachdem ich meinen Namen genannt, und er meinen Pass geprüft und dann eingesteckt hatte.

Herrn Grissmanns Butler. Das sei nur ein Scherz gewesen, er sei Anwalt und Notar nach amerikanischem Recht. Er lachte. Seine Zähne waren klein und regelmäßig, es war das Gebiss eines jungen Mannes. Für einen Augenblick vergaß ich, dass ich mich im Haus eines Sterbenden befand und stimmte in sein Lachen ein.

Lebt er noch, sind wir die ersten? rief Morler. Seine Fragen hallten im Treppenhaus wider. Wie gut kannte ich diesen Effekt aus dem anderen, diesem so ähnlichen Haus!

Können wir zu ihm?

Ich schämte mich für Morlers Hast.

Es sei sehr warm hier im Haus, sagte ich, um von Morler abzulenken.

Der Sterbende liebe es warm, und auch wenn er sein Zimmer nicht mehr verlasse, so habe er angeordnet, dass im ganzen Haus geheizt sei. Nennt mich Greg.

Er öffnete eine Tür. Wir sollten im Blauen Zimmer Platz nehmen, er müsse kurz meinen Pass mit dem Stammbaum vergleichen. Dann würde er uns melden.

Ich kenne dieses Haus, ich kenne das Original! rief ich.

Greg antwortete nicht und ließ uns allein.

Das Blaue Zimmer war, wie ich es aus meiner Heimatstadt kannte, nur ohne die Exponate.

Als wir saßen, bemerkten wir die große Stille im Haus. Die Minuten vergingen.

Na, Morler, nervös?

Du wirst mich doch nicht vergessen? Er wischte sich mit dem Taschentuch den Schweiß von der Stirn.

Ach, Morler! antwortete ich lachend.

Wir schwiegen, und mein Leben begann vor mir abzurollen, meine Kindheit, meine Schulzeit, alles Weitere, was mich hierhergeführt hatte, der Zufall und die Zeit. Wie interessant das alles war! Das Warten wurde mir nicht lang.

Nun sah ich, dass Morler über meine Antwort bestürzt war. Wie ein altes Kind sah er aus, das, weil es alt ist, keine Eltern mehr hat, die es beschützen könnten; und ich weiß nicht, welcher Teufel mich ritt, denn ich hörte mich sagen: Gut, Morler, wenn ich reich bin, nehm ich dich zu mir und du brauchst dich um nichts mehr zu sorgen.

Kurz hoffte ich, dass er das nicht gehört hätte, denn er reagierte nicht, und wer sagt denn, dass man Versprechen halten muss?

In diesem Blauen Zimmer, sagte ich hastig, hat einer meiner Vorfahren die Unfehlbarkeit des Papstes bezweifelt.

Morler hatte den Unterkiefer vorgeschoben, und wirklich wurde sein Gesicht energischer, so dass man fast meinte, einem hartgesottenen Privatdetektiv gegenüberzusitzen.

Danke, sagte Morler. Er werde mein Angebot nicht vergessen.

Eine ältere Schwarze kam herein und brachte uns auf einem silbernen Tablett Kaffee und belegte Brote, ich wusste gleich, dass sie die Köchin war, Morlers Spionin im Haus.

Ist es nicht schön, Morler, rief ich zwischen zwei Bissen, endlich am Ziel zu sein?

Plötzlich musste ich an meinen sterbenden Verwandten denken, und wie wenig ich von ihm wusste. Auch Morler war wieder in Melancholie verfallen, ja, wiederholte er wie ein Papagei, es sei schön, endlich am Ziel zu sein.

Ein junger Mann war eingetreten, jünger als Greg, jünger als ich oder die Köchin, und doch strahlte er eine Ruhe und Autorität aus, wie man sie häufig bei erfahrenen Ärzten findet.

Ich bin Richard, Deutsch-Amerikaner, wie Sie hören.

Er lächelte und zwinkerte mir zu.

Alles hier im Haus müsse deutsch-amerikanisch sein. Natürlich auch er, Wilhelms Arzt.

Wilhelm also, dachte ich, Wilhelm stirbt.

Sind wir die Ersten? fragte Morler.

Ihr seid die Ersten, entgegnete Richard lächelnd.

Auch der Arzt, wie schon der Anwalt, strahlte Lebensfreude und Spaß an der Arbeit aus, und es wollte mir nicht in den Kopf, dass dies das Haus eines Sterbenden war; viel eher, dachte ich, könnten Kalifornierinnen zur Tür hereinkommen, die gebräunte Haut überperlt von Wasser nach einem Bad im Meer.

Gehen wir?

Er winkte uns, ihm zu folgen.

Wilhelm wird überrascht sein, fügte der Arzt hinzu. Vor einer Stunde habe eine Frau angerufen, auch eine Verwandte aus Deutschland, in einer Stunde werde sie hier sein.

Er ging voraus, ein Sportler, der schneller hätte gehen können, aber Rücksicht nahm auf uns. Er lässt uns mitkommen, dachte ich, und, da ich zum Beobachten und Vergleichen gezwungen bin, es niemals abstellen kann, kam er mir vor wie ein Beachboy auf dem Weg zu den großen Wellen. Doch es ging nicht zum Strand, und er betrat die steinerne Treppe, die ich gut kannte, und stieg hinauf, lässig, als könne keine Treppe der Welt ihn je in Atemnot bringen …

Auf dem Treppenabsatz wartete er auf uns.

Wie fühlt man sich als Sieger?

Morler wollte antworten, warf dann aber mir einen Blick zu.

Ich weiß es nicht, antwortete ich, wie sollte man sich fühlen?

Ach, ihr Europäer! entgegnete Richard und stürmte die Treppe hinauf.

Vor der großen Doppeltür, die zum Roten Zimmer führte, blieb er stehen.

Wer ist er?

Er deutete auf Morler.

Ein Privatdetektiv, antwortete ich.

Dann muss er draußen bleiben.

Wir aber, der Arzt und ich, betraten ohne zu klopfen das Zimmer.

12

Vielleicht war alles ein Scherz, gleich würden wir alle in befreiendes Gelächter ausbrechen, ich zuletzt, aber besonders laut.

Es war das Rote Zimmer, das ich besonders liebte. Wenn ich es mit meinem Vater zusammen betrat, bei den Führungen oder bei seinen nächtlichen Gängen durch das verlorene Familienhaus, hatte ich oft gedacht: Dies ist das Zimmer, in dem du wohnen willst. Gleich heute schleichst du dich wieder hinein und legst dich ins große goldene Bett. Zu meinem Vater sagte ich nichts darüber. Denn eins hatte ich gelernt: Redete ich über das Haus, wurde er traurig.

Es roch nach Marihuana und Bettlägerigkeit. Eine fremde Gestalt lag im goldenen Bett. Klein wie ein Kind lag der Sterbende darin. Der Arzt beugte sich über ihn.

Wilhelm, er ist da.

Die Vorhänge waren zugezogen, Sonnenlicht fand trotzdem einen Weg herein und tauchte den Raum in ein goldenes Zwielicht.

Wilhelm, schläfst du?

Wir lauschten. Wir hörten die Atemzüge, das Rasseln.

Ja, schön ist es nicht, mir beim Atmen zuzuhören! Der Sterbende ließ ein Lachen folgen, das sich mit dem Rasseln und Keuchen aufs Schrecklichste verband. Nun schien er selbst diesem Klang nachzulauschen.

Sein Gesicht drückte Neugier aus, und wie um diesen Klang genauer zu studieren, lachte er erneut.

Wer bist du? Wer ist er? Nicht die Frau?

Erst jetzt fiel mir an der Zimmerdecke ein Bildschirm auf, den der Kranke von seinem Lager aus bequem betrachten konnte. Es war nichts darauf zu sehen.

Es ist Georg Grissmann, antwortete der Arzt.

Wir duzen uns alle hier, sagte der Sterbende. Und doch: wie fehlt mir manchmal das Sie!

Der Arzt nahm ein Tuch und wischte seinem Patienten den Todesschweiß von der Stirn. Nun gab er ihm Wasser zu trinken, aus einer Schnabeltasse. Der Sterbende trank gierig, wobei er die Augen schloss. Seine Lider waren gelber als die wachsgelben Hände.

Das ist ein Stück Holz, dachte ich.

Ach, der Sohn des Hausmeisters! Ich kenne euch alle, doch keiner kennt mich! rief der Sterbende mit pfeifender Stimme.

Sein Mund war eine schwarze Höhle.

Soll ich dir meine Schmerzen beschreiben, Georg?

Wenn es ihm Erleichterung verschaffe, antwortete ich.

Man kann sie nicht beschreiben!

Wieder lachte er.

Du musst bleiben, bis es vorbei ist!

Den ersten Teil des Satzes, den Hauptsatz, hatte er laut gesprochen, den Nebensatz nur noch flüsternd, das „ist“ war nicht mehr zu hören gewesen, ich hatte es selbst hinzugefügt.

Er war eingeschlafen.

Auch ich möchte jetzt schlafen, sagte ich. Ich hätte so lange nicht geschlafen, ich halluzinierte schon, sähe Dinge, die es nicht gäbe oder füge der Wirklichkeit Erfundenes hinzu.

Ein häufiges Symptom bei Schlafentzug, antwortete der Arzt. Aber mach dir keine Sorgen, Georg. Du bist der erste an Wilhelms Totenbett, du bist der Erbe. Für den Sieger habe man das Erkerzimmer vorbereitet, für den ersten Verlierer das alte Dienstbotenzimmer. So habe der Sterbende es bestimmt. So oft man nach mir rufe, müsse ich zur Stelle sein, Tag und Nacht.

Das Erkerzimmer sei mir immer das Liebste gewesen, antwortete ich. Das oder das Rote.

Der Arzt führt mich hinaus. Hier ist die Antwort auf die Frage, die du nicht stellen wolltest, sagte der Arzt. Nicht mehr als zwei Tage werde es dauern, dann habe der Krebs sein Werk getan.

Morler, der draußen gewartet und wohl auch gelauscht hatte, hatte die letzten Worte des Arztes mitgehört, und weil der Arzt dabei gelächelt hatte, lächelte auch er.

Ich werde schlafen, Morler.

Ich öffnete die Tür zum Erkerzimmer, das unmittelbar neben dem Sterbezimmer lag.

13

Als ich erwachte, war es bereits Nacht. Ich wusste nicht, wo ich war, aber ich kannte das Zimmer. Das ist das Erkerzimmer, dachte ich, du musst im Museum sein.

Welche Zeit hatten wir? Ich blickte auf meine Armbanduhr, ein ganz billiges Modell, das ich mir zugelegt hatte, um mich daran zu erinnern, dass ich einmal arm sein könnte.

Elf Uhr.

Ich liege in einem großen Bett, an dessen Fußende ein Sofa steht, ein Divan, mit einer dunklen Masse darauf. Dann höre ich das Weinen einer Frau und bringe es mit der dunklen Masse in Verbindung.

Du bist in Amerika, dachte ich, und eine weinende Frau liegt am Fußende deines Bettes.

Nein, das war ja Morler, der dort auf dem Divan lag und schnarchte.

Und das Weinen?

Das kommt aus dem Nebenzimmer, antwortete ich mir, es kommt von einer Frau in der Dienstbotenkammer.

Auch das Mutterhaus, so will ich es im Gegensatz zu diesem Nachbau von nun an nennen, ist trotz seiner dicken Mauern immer hellhörig gewesen.

Nicht weinen, Mama, nicht weinen! rief ein Kind und brach dann selbst in Weinen aus.

Ruhe, ich will schlafen! wollte ich rufen.

Zu dem Weinen gesellte sich ein Klopfen, und als ich Herein rief, stand im Türrahmen, vom Flur her beleuchtet, der junge Arzt. Er warf mir einen Bademantel zu.

Zieh das an und komm, sagte er leise.

Morler fuhr hoch und rief, wohl noch in einem schweren Traum befangen: Hat er das Testament widerrufen?

Der Arzt nickte mir zu und ich folgte ihm.

Mein Begleiter sei ein seltsamer Vogel, aber ich verdanke ihm wohl viel?

Ohne ihn wäre ich nicht hier, antwortete ich.

Vor dem Sterbezimmer blieb der Arzt stehen.

Wilhelm habe zurzeit Schwierigkeiten mit dem Sprechen. Deshalb sage er es: Er wolle, dass ich eine Tasse Schokolade trinke, und mir, seinem Erben, dabei zusehen. Er habe gern Schokolade getrunken. Das sei ihm nun, da er keinen Magen mehr habe, unmöglich.

Ich nickte, dass ich verstanden hätte.

Die Köchin erschien auf dem Flur, in der Hand eine große Tasse, und reichte sie mir.

Geh nur hinein, sagte der Arzt, und mach alles Licht an, dass er dich sehen kann. Er sieht nicht mehr gut.

Er hielt mir die Tür auf, blieb bei der Köchin auf dem Flur, und ich ging hinein.

Es ist nicht einfach, etwas im Dunkeln zu balancieren: die Tasse kam mir nun, da ich sie nicht mehr sah, unendlich schwer vor. Sie klirrte auf ihrer Untertasse. Gleich würde das teure Porzellan auf dem Boden zerschellen, die Schokolade auf dem Boden zur Pfütze verlaufen. Ich tastete mit der Linken nach dem Lichtschalter. Wirklich war er dort, wo er auch im Mutterhaus war; es wurde hell, das Balancieren der Tasse eine lächerlich leichte Sache.

Guten Abend Wilhelm, sagte ich.

Man musste das Zimmer gelüftet haben, es war zwar noch überheizt, doch der Krankengeruch und der Geruch nach Marihuana waren verschwunden.

Der Totenkopf hatte die Augen geschlossen, nun schlug er sie auf und sah mich an. Der Mund, ein schreckliches schwarzes Loch, öffnete sich. Ich sah im hellen, fast grellen Licht die Zunge sich darin bewegen, grau, eine Papageienzunge. Es sollte wohl Sprache herauskommen, doch sie fand nicht hinaus, und mir wurde klar, dass ich das Reden übernehmen musste, als aus dem Loch ein Lachen kam.

Ich trinke jetzt deine Schokolade, sagte ich, als er verstummte. Ich war näher an das goldene Prunkbett getreten und setzte mich auf den mit rotem Samt bezogenen Stuhl.

Seine Augen, riesig in dem wie eingeschrumpften Gesicht, saugten sich an mir fest, als ich trank, und ich schämte mich unter seinem gierigen Blick.

Die Schokolade war dickflüssig, herb und süß zugleich, die Schokolade eines sehr reichen Mannes. Ich nahm einen zweiten Schluck, und, weil ich dachte, das könne ihm gefallen, verzog ich mein Gesicht zum Ausdruck größten Behagens.

Sie schmeckt wie in Wien, sagte ich, obwohl ich nie in Wien gewesen war.

Dort, wo das Mutterhaus stand, ging jetzt die Sonne auf.

Eine bessere Schokolade hätte ich nie getrunken, solch eine Schokolade sei eine herrliche Sache. Ich hatte das gesagt, wie man mit einem Kind spricht oder einem kleinen Hund – vielleicht weil meine Gedanken abschweiften und sich mit dem Tod beschäftigten, was er ist und was er mit uns – selbst wenn wir noch leben – macht.

Das Licht war mir zu hell, die Schokolade kam mir unerträglich süß vor, es schmerzte in meinem Hals, ich wollte die Tasse absetzen, aber der Sterbende zupfte mit der Hand an meiner Hose, seine Augen gingen zur Tasse und so trank ich weiter, bis sie leer war.

Er schloss die Augen und war eingeschlafen. Ja, jetzt, da er schlief, ähnelte er gewissen Portraits im Mutterhaus.

Ich ging hinaus. Draußen auf dem Flur hatte die ganze Zeit der Arzt gestanden.

Das Licht, sagte er, man muss das Licht im Zimmer ausmachen. Er öffnete die Tür, griff hinein und schaltete es aus. All die Tage, bevor ich gekommen sei, habe er die Schokolade trinken müssen. Nun sei er frei von der entsetzlichen Süße.

Er schien müde zu sein, sein Deutsch, seine Aussprache wurde schlechter.

Er schläft, sagte ich und fügte hinzu, als sei ich schon Herr im Haus: Jetzt wollen wir alle schlafen.

Er nickte, sein junges Gesicht plötzlich grau vor Müdigkeit. Ich hätte, fügte ich hinzu, aus der Dienstbotenkammer Weinen gehört. Wer dort sei und dort weine?

Ach das, antwortete er gähnend, und hielt dabei nach alter Sitte die Hand vor den Mund.

Es sei eine Frau mit ihrem Sohn, auch sie verwandt, doch um eine Stunde zu spät gekommen.

Wir wünschten uns Gute Nacht und gingen auseinander.

Todmüde warf ich mich aufs Bett, und, kurz bevor der Schlaf kam, sanft und schnell und mit großer Gewalt, tat mir mit einem Mal der Sterbende leid, im goldenen Bett im Roten Zimmer.

Keiner hat den Tod verdient.

Einmal schnarchte Morler in der Nacht, einmal murmelte er etwas vom Sterben und schrie.

14

Erquickt erwachte ich am nächsten Morgen. Durch das geöffnete Fenster, ich hatte es in der Nacht weit aufgestoßen, der Geruch des schlafenden, fremden Mannes hatte mich gestört, kam der Gesang eines Vogels, melodisch und kräftig; mit lässiger Kraft verteidigte er sein Revier. Die Luft, die die Töne hereintrug, war kühl und kristallin.

Ich trat ans Fenster, ohne auf den schlafenden Morler zu achten, und sah in meinen Park hinaus. Der Vogel begann erneut zu singen, und auf dem Ast eines kleinen Baumes entdeckte ich ihn. Es war ein blauer Vogel, größer als unsere Amsel, taubengroß, untersetzt. Sein Baum stand vor der Küche, dort war auch die Küche im Mutterhaus.

Das Küchenfenster musste offenstehen, denn ein Geruch von Kaffee zog zu mir herauf, auch nach Pfannkuchen und gebratenem Fleisch, all die Gerüche, die den Gesunden am Morgen mit Lebenslust erfüllen, so dass er denkt: Wenn ich von all dem esse, bin ich unbesiegbar.

Davon hole ich mir jetzt, dachte ich, wollte aber Morler nicht dabeihaben, warf deshalb leise den Bademantel über, fand Hausschuhe unter dem Bett und stahl mich aus dem Zimmer. Ich musste am Zimmer des Sterbenden vorbei, dachte aber gar nicht an ihn. Erst als ich die Treppen hinunterstieg, kam mir in den Sinn, dass er im Leben vielleicht brutal gewesen war. So denken die Armen: Dass man nur durch Brutalität zu Reichtum gelangen kann.

In der Küche war zum Frühstück für die Gäste gedeckt. Ich liebte diesen großen Raum mit dem großen Tisch, an dem im Mutterhaus in früheren Jahrhunderten die Diener gegessen hatten. Wie viel großzügiger war sie doch als die Küche in der Wohnung meiner Eltern, dem Mutterhaus gegenüber.

Ich war der erste, und Edna bedeutete mir, ich könne mich hinsetzen, wo ich wolle; vorgesehen für mich sei aber die Stirnseite des Tisches, dort habe der Hausherr immer gesessen.

Dann nehme ich den Ehrenplatz, sagte ich.

Ich konnte von dort aus den Baum sehen, auf dem der blaue Vogel gesungen hatte; doch jetzt war er fort, ein kleineres, graubraunes Vögelchen hatte seinen Platz eingenommen, schaute sich ängstlich um, traute sich nicht zu singen und sang dann doch, zaghaft und kurz.

Edna goss mir Kaffee ein, und obwohl die Köchin anwesend war, fühlte ich mich frei und allmächtig, wie ich es sonst nur tue, wenn ich allein bin.

Gut, der Kaffee, sagte ich und ließ mir nachschenken. Ich wünschte mir den blauen Vogel herbei, um ihn genauer zu betrachten.

Ist auch sonst alles recht?

Ich nickte.

Es klopfte an der Küchentür, und bevor die Köchin

öffnen konnte, rief ich, erstaunt über meine kräftige fröhliche Stimme: Nur zu, kommt herein!

Zuerst sah ich nur den Jungen, den ich an seinem Elvisanzug sofort erkannte. Er blieb in der Tür stehen und blickte mich an.

Du wirst mich nicht mögen, rief ich, doch komm nur herein, hier gibt es den besten Kakao!

Er blieb stehen, Hass und Angst in seinem Gesicht, aber auch Neugier – und nun erschien seine Mutter, bereits angezogen, in einem geblümten Sommerkleid, nahm die Hand ihres Sohnes und zog den Widerstrebenden hinter sich her in den Raum. Die Köchin begrüßte die beiden freundlich, strich dem Jungen über den Kopf, so dass die Mutter über die Herzlichkeit der Köchin lächeln musste. Es war klar, dass Mutter und Kind der Köchin lieber waren als ich, und wie immer verletzte es mich, wenn jemand mir vorgezogen wurde. Ich habe nie gut mit Verlierern umgehen können, entweder bedauere ich sie, oder sie tun mir leid und ich zeige es auf rührselige, sentimentale Weise.

Setzen Sie sich doch.

Sie nannte ihre Namen, Helena Grissmann, der Junge hieß Kevin.

Nicht Elvis? fragte ich, um das Eis zu brechen.

Die Frau schwieg.

Ich war Amundsen, sie Scott. Ich hatte meine Schlittenhunde gegessen, meine Schlittenhunde an meine Schlittenhunde verfüttert; sie der Technik vertraut, dem Motorschlitten, und hatte verloren.

Man goss ihr Kaffee ein, dem Jungen Schokolade; der gleiche schwere Duft, den ich schon kannte, stieg von seiner Tasse auf. Bis zum Tod des Sterbenden würde ich ihn ertragen müssen. Immer wird mein Reichtum mit diesem Duft verbunden sein, dachte ich. Ich kämpfte mit Übelkeit.

Gratuliere, sagte die Frau und legte ihre Hand auf meine Linke.

Gratuliere, Georg, Sie haben gewonnen!

Wie sorgfältig sie geschminkt war am frühen Morgen, wie das Dekolleté ihres Sommerkleids ihre Brüste zeigte! Sie will dich heiraten, dachte ich.

Hier im Haus stirbt ein Mensch, rief sie aus, und Sie starren auf meine Brüste!

Der Junge wurde rot, er wollte von den Brüsten nichts hören, und auch ich war wohl rot geworden, denn sie lachte mich aus.

Das sei nur ein Scherz gewesen, aber es stimme ja. Sind Sie verheiratet, Georg?

Ich sei es gewesen, antwortete ich.

Wie ich, antwortete sie. Sie habe aber in der Ehe ihren Namen nicht abgelegt.

Sie sind hübsch, sagte ich, und begehrenswert, und ich leichtsinnig und verführbar, aber schlagen Sie sich eine Heirat trotzdem aus dem Kopf.

Der Junge begann zu weinen, und sie strich ihm über das Haar und sprach tröstende Worte, irgendetwas, dass es nicht so gemeint gewesen sei, was ich gesagt hätte, dass sie beide und ich Freunde bleiben könnten.

Die Sonne schien zum Fenster herein, der große Tisch, an dem wir saßen, war aus einem hellen Holz, das jetzt leuchtete wie eine zweite Sonne. Gleich, dachte ich, wird der blaue Vogel wieder singen.

Waren Sie schon bei ihm?

Ich nickte. Vielleicht ändert er sein Testament, wenn er Sie sieht und besonders das Kind, das zweifellos Sympathie erregen wird.

Ja, das hoffe sie, antwortete die Frau. Bis zu seinem Tod könne ein Erblasser jederzeit seinen Willen ändern.

Ich wollte vom Teilen sprechen, aber in diesem Augenblick betraten der Notar und der Arzt die Küche. Sie grüßten nicht und setzten sich so weit entfernt wie möglich an das andere Ende des Tisches. Wortlos stellte die Köchin ihnen vorbereitete Teller hin und brachte Kaffee. Kein Wort fiel zwischen ihnen. Sie begannen zu essen, langsam, aber gierig; wie Knechte. Alles Amerikanisch-Optimistische war von ihnen abgefallen.

Warum so bedrückt? rief ich über den Tisch, und erneut fiel mir meine dröhnende Stimme auf. Wie Knechte säßen sie da! Ist etwas mit dem Kranken?

Welchem Kranken? antwortete der Notar ohne aufzublicken nach einer Pause. Der Arzt streckte der Köchin seinen leeren Teller hin, damit sie ihm ein zweites Mal auftat, Würste, Eier, Speck, von allem.

Dem Sterbenden gehe es gut, sagte er mit vollem Mund, so dass ich ihn kaum verstand, auch schien mir sein Deutsch über Nacht viel schlechter geworden.

Was ist mit euch? Was habt ihr?

Dies sei ihr letztes Frühstück hier, antwortete der Arzt auf Englisch, ohne vom Essen aufzublicken. Heute um zehn laufe sein Vertrag aus.

Der Notar nickte. Noch eine Unterschrift benötige er von mir, die des Sterbenden habe er bereits; dann dürfe er endlich nach Hause.

Die beiden sahen sich an und lächelten. Sailing home, sailing home, sangen sie kurz.

Wie froh sie zu sein schienen, diesen Ort zu verlassen!

Was sei, wenn das Testament doch noch geändert werde? fragte die Frau neben mir.

Sie machten leichtfertige, wegwerfende Gesten.

Mit dem Sterbenden wisse Edna Bescheid, und falls er seinen Willen ändere, könne man ihn anrufen, rief der Notar mit grober Stimme auf Englisch. Fast meinte ich, er sei betrunken.

Nicht Edna, du weißt Bescheid?

Die Köchin nickte und tat dem Arzt noch einmal auf.

Kaum hatte ich geglaubt, in diesem seltsam vertrauten Haus ein wenig Ruhe und Heimat zu finden, wurde mir durch die drohende Abreise des Notars und des Arztes bewusst, wie unsicher das Leben war, wie ich trieb ohne Kompass und Steuer.

Ob die Köchin den blauen Vogel kenne, den ich heute früh auf dem Baum vor dem Küchenfenster hätte singen hören?

Das sei der Bullfinch, antwortete der Arzt. Den kenne Edna nur zu gut. Er komme ja, wann immer das Fenster aufstehe, zum Stehlen hereingeflogen.

Die kleinen Würste, die er gerade esse, sie stehle der Bullfinch am liebsten, auch wenn er sie im Flug kaum tragen könne. So langsam fliege er dann zurück auf den Baum, dass sie schon oft versucht hätten, das Tier mit der Hand zu fangen.

Beim Reden über den Bullfinch hatte sich die Laune des Arztes sichtlich gebessert, er hatte aufgehört zu essen, lächelte und erzählte, wie er einmal den blauen Vogel mit der Wurst im Schnabel fast ergriffen hätte. Auch Greg hatte Messer und Gabel beiseitegelegt und lächelte. Aber auch uns anderen, der Frau, ihrem Sohn und mir stand das Bild lebhaft vor Augen: Der blaue Räuber, wie er in letzter Sekunde entkam, der junge Arzt, der die Hände zusammenschlug, um den Vogel dazwischen zu fangen.

Ach, dieser Bullfinch! lachte die Köchin.

Vielleicht kann solch ein vereinigendes Glück, wie wir es gerade empfanden, nur die Erinnerung spenden. Für einen Moment gab es zwischen uns nichts Trennendes.

Doch Morler kam herein, der nichts wusste vom Diebstahl, vom blauen Vogel, vom Versuch, ihn zu fangen. Unsere Gemeinschaft zerfiel.

Morler stand da, blinzelte in die Sonne und wünschte einen Guten Morgen. Seine Kleider waren ungepflegt und zerdrückt, er hatte darin geschlafen. Das ist ja ein Landstreicher, dachten wir, und als Morler sich neben mich setzte, schämte ich mich ein wenig.

Zwei Monate habe er auf den Tod oder einen von uns gewartet, sagte der Notar und stand vom Tisch auf.

Nun sei sein Auftrag erledigt und er fahre zurück nach Boston, in die Kanzlei. Er würde die Zeit hier nie vergessen. Die offizielle Testamentseröffnung aber nähme jemand anderes vor. Hier, dieses Protokoll müsse ich noch unterschreiben.

Ja, auch auf ihn warteten neue Aufgaben, begann nach einer Pause der Arzt. Seine Partnerin habe sich von ihm getrennt, einen Tag, bevor er hierhergekommen sei. Nun sei ihm New York, wo sie jahrelang glücklich gewesen wären, verleidet, und er fahre nicht dorthin zurück, sondern gleich weiter nach San Francisco, wo er an einem Krankenhaus eine Stelle antreten werde. Und so sehr er sich auf den Neuanfang freue, so spüre er doch Wehmut darüber, dass er uns alle wohl niemals wieder sehen werde.

Man sah mich an, als erwarte man auch von mir ein Abschiedswort, ich hatte es, in Gedanken versunken, nicht bemerkt, aber Morler stieß mich an, und ich räusperte mich, um Zeit zu gewinnen.

Wenn ich die Erbschaft erhielte, würde auch ich ein neues Leben beginnen. Würde vielleicht die Zeit anhalten und mit allen, die wir hier säßen, ewig in diesem Haus weiterleben.

Der Bullfinch kam durchs offene Fenster geflogen, aber an so viele Leute hier nicht gewohnt, schrie er überrascht und verärgert auf, machte in der Luft kehrt und war verschwunden.

Und du, Edna? fragte der Arzt.

Die Schwarze antwortete nicht gleich, und eine

Klingel ertönte, und sie und der Arzt sahen sich an und blickten auf die Küchenuhr; es war sieben vor zehn.

Er lebt noch, dachte ich.

Ich werde gehen, sagte Richard, ruh dich aus, Edna. Um zehn erst endet mein Vertrag.

Er ging zur Tür, aber Helena vertrat ihm den Weg: Ob sie bleiben könnten, bis es vorüber sei?

Sicher, wenn Edna nichts dagegen habe.

Ob er Wilhelm bitten könne, sie vorzulassen?

Er schob die Frau sanft zur Seite und ging hinaus.

Wir haben den Bullfinch verscheucht, sagte ich.

Helenas Sohn war ans Fenster getreten, sah in den Baum hinaus, und ich trat zu ihm.

Siehst du ihn? fragte ich.

Sein weißer Anzug begann schmutzig zu werden, einige Strasssteine waren bereits von der Jacke abgefallen.

Kannst du auch singen?

Der Junge antwortete nicht, sondern sah zu mir hoch. Sein Gesicht war angespannt, als lausche er auf etwas, das wir anderen nicht hörten. Er begann, auf mich einzuschlagen.

Während das Kind mit gesenktem Kopf mit Kinderfäusten auf meine Schenkel einschlug, sah ich den Bullfinch auf seinem Ast und ich zeigte hinaus.

Doch das Kind ließ sich nicht ablenken und schlug weiterhin stumm auf mich ein.

Bis jetzt hatte der Junge auf meine Schenkel geschlagen, ich spürte es kaum, nun aber, als der Bullfinch draußen wieder zu singen begann, schlug mir die Kinderfaust gegen die Hoden, dass mir der Atem stockte. Ich blickte zu seiner Mutter, dass sie den Jungen von mir nähme, glaubte sie aber beifällig lächeln zu sehen, und wieder traf mich die Faust des Kindes, dass mir fast das Bewusstsein schwand.

Nun sah ich, dass nicht Schadenfreude auf Helenas Gesicht lag, sondern Stolz auf ihren Sohn, der so mutig Widerstand leistete gegen die Ungerechtigkeit der Welt.

Gleich würde ich den Quälgeist zu Boden werfen und zu Brei zertreten. So hatte es Donald Sutherland einmal in einem Film mit einem Kind gemacht.

Ich hielt den Jungen nun mit ausgestrecktem Arm auf Abstand, und er begann zu weinen, weil er mich verfehlte und seine Schläge in die Luft gingen; dann brachte Edna ihm heiße Schokolade und er ließ ab von mir.

Du hast mich fast enteiert, sagte ich. Ich kannte dieses Wort aus meinen Studien.

Meine Hoden schmerzten. Gierig trank der Junge den Kakao.

Vorhin waren wir für einen Moment glücklich gewesen.

Wenig später betrat der Arzt die Küche. Er ging zu seinem Platz, setzte sich aber nicht, sondern nahm seine Tasse, die noch halb voll war, und trank vom kalt gewordenen Kaffee.

Er kann sprechen. Die Frau und das Kind will er nicht sehen. Aber dich, Georg, und auch deinen Begleiter.

Ich habe mich für Sie verwandt, kam er Helenas Fragen zuvor. Doch der Sterbende wolle an seinem Totenbett keine Verlierer. Es dauert nicht mehr lang. Um zwölf solle Edna ihm die nächste Spritze geben.

Draußen fuhr eine Limousine vor. Sie würde den Notar und den Arzt zum nächsten Flughafen bringen.

Die beiden hatten es nun nicht mehr eilig, trödelten jedoch auch nicht. Sie waren wie Männer, die morgens zur Arbeit gingen, einer Arbeit, die sie liebten, und ihrer Sache überaus sicher waren. Wie gern wäre ich einer von ihnen gewesen! Vielleicht der Notar. Morler hätte dann der Arzt sein können.

Wir gingen alle mit hinaus, auch Morler.

Macht's gut! riefen wir uns gegenseitig zu, gaben uns die Hände, lebt wohl, viel Glück, ihr auch, vielleicht sehen wir uns doch einmal wieder. Und bleibt gesund!

Wie mächtig ein Abschied sein kann! Nicht nur mich, der dazu neigt, auch den Notar und den Arzt hatte Wehmut ergriffen. Hinter alledem aber, dem Winken hinter dem Wagen her, der langsam und feierlich anfuhr, stand der Tod, und das machte uns traurig.

Endlich gingen wir zurück ins Haus. Die ganze Zeit aber hatte der Bullfinch auf seinem Ast gesessen und unserem Abschied zugesehen.

15

Nach der Abreise des Arztes und des Notars begann eine ruhige Zeit. Sie hatten uns Telefonnummern dagelassen, die wir anrufen sollten, sobald der Tod eintrat. Aber Wilhelm lag da und wollte nicht sterben. Die schwarze Köchin pflegte ihn nun allein und machte es so, dass ich von den körperlichen Widerwärtigkeiten, die mit dem Sterben verbunden sind, kaum etwas mitbekam. Aber meine Besuche bei ihm waren nicht häufig. Alle paar Tage nur ließ er mich rufen, wusste dann aber oft nichts zu sagen, sondern ließ mich aus meinem Leben erzählen.

Er weiß viel über uns Verwandte, eigentlich alles; aber bis jetzt hat es ihn nicht gereizt, persönlich mit einem von uns in Verbindung zu treten.

Helena sei eine Gestrandete, sagt er mir heute, eine Herumtreiberin, ein wenig wie du – er lachte.

Du bist heute gut zu verstehen, antworte ich.

Draußen herrscht Altweibersommer. Ich muss Kakao trinken, und sehe, wenn ich nicht auf das Sterbebett blicke, zum Fenster hinaus in den blauen Himmel. Ich lausche, ob man nicht den Bullfinch hört, dessen Gesang mir immer widerwärtiger wird.

Ist sie nicht schön?

Die schönste der Frauen, wie der Name sagt, antworte ich.

Als sie jünger war und einmal sehr arm, hat sie in einem Pornofilm gespielt.

Seine Hand, geschuppt wie ein Hühnerfuß, legt sich auf meine, und im Mumiengesicht leuchten die Augen auf.

Deine Augen leuchten, sicher hast du den Film gesehen, sage ich. Wahrscheinlich hast du ihn hier in dieser Kommode.

Er kann nicht sprechen und nickt. Sein Mund, dieses Loch, denke ich, in diesem Loch wohnt der Tod.

Warst du ein schlechter Mensch, Wilhelm? frage ich, als wäre ich Gott oder Petrus. Nicke, wenn du nicht sprechen kannst.

Er lacht, rasselnd und keuchend. Wo nimmt er die Kraft dazu her?

Wir entfernen uns nur wenig vom Haus, Helena, der Junge und ich, damit wir schnell zur Stelle sind, wenn es soweit ist. Nur Morler geht weiter hinaus in die Landschaft. Was tut er dort? Vielleicht braucht er Bewegung gegen die Angst, er könne leer ausgehen.

Ich hatte Helena und den Jungen wegschicken wollen, zurück nach Europa, aber der Sterbende war dagegen gewesen: Sie seien doch heimatlos, das habe die Köchin erzählt, hätten kein Geld und wünschten, noch eine Weile zu bleiben. Die Frau solle hier ausruhen dürfen, darum habe Edna gebeten. Edna hat Mitleid mit ihnen. Sie hätten die Erbschaft so nötig gehabt.

Wir sitzen oft im Garten, wo die schwarze Köchin an schönen Tagen deckt. Von weitem glaubt man, eine Frau mit schön geschwungenen Augenbrauen säße dort, zusammen mit ihrem Mann, zusammen mit ihrem Kind und einem Kostgänger, das wäre Morler.

Edna hofft, dass ich sie behalte und sie sich mit ihren fünfundfünfzig Jahren nicht verändern muss. Ich habe ihr Hoffnung gemacht, aber nichts versprochen. Sie hat übrigens Morler im Grauen Zimmer einquartiert, damit er ein eigenes Zimmer hat. Den eigentlichen Grund dafür glaube ich zu kennen: Will Helena sich nachts in mein Zimmer schleichen, stört Morler nur.

Beim Essen auf der Terrasse hatte ich darüber gesprochen, dass man im Augenblick leben müsse, gerade in den Nischen des Wartens, des Übergangs nach Glück suchen solle; hatte mich in eine Begeisterung geredet, die selbst dem Augenblick entsprungen war.

Das Essen war vorüber, immer noch saßen wir in der Sonne. Der Nachmittag setzte ein, vor dem ich, besonders bei Sonnenschein, seit meiner Kindheit ein leises Grauen hege.

Ob ich, fragte ich mich, sollte ich reich sein, die Angst vor dem Nachmittag überwinden würde?

Morler war spazieren gegangen, weit über den Rasen, zwischen die Bäume und weiter, wir sahen ihn nicht mehr.

Eins noch, sagte die Frau und blickte hinaus in den Park. Sie sei Lehrerin, und aus halb-beruflichem

Interesse stelle sie diese Frage: Wie ich meinen Charakter beschreiben würde?

Der Nachmittag schwächte mich, ich wollte darauf nicht antworten, wie leicht redet man dummes Zeug, wenn man schwach ist.

Mit meinem Charakter sei es nicht weit her, sagte ich endlich. Auch hätte ich vorhin, beim Kaffee, totalen Blödsinn geredet, über die Nischen des Glücks. Davon verstünde ich nicht das Geringste.

Nein, sagte sie und sah mir ins Gesicht, wie sie es vielleicht auch bei ihren Schülern tat, ich solle von meinem Charakter erzählen.

Was sie dafür von sich erzählen würde? antwortete ich.

So reden Verliebte auf französischen Terrassen; wenn die Sonne nach dem Essen die Weißweinreste in den Gläsern aufblitzen lässt; Verliebte, aber auch Feinde.

Kevin war davongelaufen, tief in den Park hinein.

Sie sei gestern im Roten Zimmer gewesen.

Sie hielt inne und überlegte, ob sie weitersprechen sollte.

Der Sterbende habe geschlafen, und sie habe ihn betrachtet. Wie ein Toter habe er dagelegen und sie habe daran denken müssen, wie viel Macht noch in diesem armen Körper wohne. Dann sei er aufgewacht.

Sie machte eine Pause, und ich fragte sie, ob sie mir jetzt etwas Wichtiges, etwas Lebensveränderndes zu sagen hätte?

Er habe gewollt, dass sie nackt vor ihm tanze. Aber das habe sie nicht getan.

Weit hinten, dort wo der Rasen in die Bäume überging, war nun Morler zu sehen, winzig klein. Eine halb so große Gestalt trat zu ihm, der Junge. Sie standen eine Weile beieinander, dann holte der Größere aus und strich dem Kleineren über das Haar. Oder schlug ihn.

Ich sei launisch und schwermütig, sagte ich; ein scharfer Beobachter, der sich im Beobachten verliere. Im Übrigen habe sich mein Charakter nach Krautmanns Verschwinden verändert, so dass ich selbst nicht mehr wüsste, wie er jetzt sei.

Ja, zweimal hintereinander ähnlich reagiert, schon werde einem daraus ein Charakter gedreht! antwortete die Frau und ballte zornig die Faust.

Sie war, als sie das sagte, mit ihren Gedanken bei sich, hatte mir vielleicht gar nicht zugehört, und unwillkürlich, oder weil die Wut sie schöner machte, musste ich an den Film denken, den Wilhelm in seiner Kommode verwahrte. Und dass ich diesen Film erben würde und ihn mir jederzeit ansehen könnte.

Morler schreitet über den Rasen, kommt auf uns zu, den Jungen an der Hand, und wird immer größer.

Falls wir es gesehen hätten – ja, er habe den Jungen geschlagen. Der Junge habe einen Vogel totgetreten, der flugunfähig auf dem Boden lag. Dafür sei er bestraft worden.

Man schlägt Kinder nicht! rief meine Verwandte. Schon lange nicht mehr, Herr Morler!

Ein Streit schien sich zu entspinnen, aber der Junge stand lächelnd mit roter Wange neben seinem Züchtiger und wollte die Hand des Detektivs gar nicht mehr loslassen.

Was das für ein Vogel gewesen sei, den das Kind totgetreten habe? fragte ich.

Es sei ein Bullfinch gewesen, antworteten der Detektiv und der Junge zugleich, und mussten lachen, weil sie es gleichzeitig sagten.

Man tritt keinen Vogel tot, sagte die Mutter des Jungen. Was würdest du sagen, wenn Herr Morler oder Herr Grissmann dich zertreten würden? Und wie traurig ich dann wäre.

Edna, rief ich, bringen Sie noch einmal Eis, und setzen Sie sich zu uns an diesem so schönen Tag!

Wir saßen da und schwiegen, blinzelten in die Herbstsonne und genossen das Leben.

Ich werde sie doch alle zu mir nehmen.

Keine Angst, Morler, du wirst schon auf deine Kosten kommen!

Ich hätte schweigen sollen, der Zauber war verflogen. Edna stand auf. Sie müsse dem Kranken die Spritze geben.

Helena ging mit dem Jungen ins Haus, Edna war bei dem Sterbenden, Morler brach wortlos auf zu seinen weiten Gängen. Nur ich saß noch da und rührte mit dem Kaffeelöffel im Zuckerrest auf dem Boden der Tasse.

16

Bevor er starb, rief mich William oder Wilhelm, wie er sich im Sterben nannte, noch zweimal zu sich; und auch im Augenblick seines Todes war ich bei ihm und hielt seine Hand. Ich hatte die Hand mit einem gewissen Grauen genommen und sie gehalten, bis es vorüber war. Dass man die Hand eines Toten danach leicht loslassen kann, hatte mich überrascht.

Mein vorletzter Besuch am Sterbebett fand spät in der Nacht statt. Edna hatte an meine Tür geklopft und gesagt, ich solle schnell kommen. Er habe ihr bei der Abendspritze aufgetragen, dass ich um Punkt drei in der Nacht zu ihm kommen solle. Aber es sei jemand bei ihm, und vielleicht habe er seine Meinung geändert und wolle nun niemand anderen sehen.

Ich warf den Bademantel über und eilte zum Roten Zimmer.

Schon auf der Treppe hörte ich Klarinettenmusik. Es war „Petite Fleur“, kleine Blume, ein altes französisches Stück, traurig und verführerisch, in dem die Klarinette dunkel und leise ansetzt, sich dann in die Höhe schraubt, um wieder weich und dunkel abzufallen.

Ich öffnete die Tür zum Sterbezimmer. Der Raum lag im Dunkeln, nur ein roter Scheinwerfer warf einen kleinen scharf begrenzten Lichtkegel vor das Bett.

Die Musik war zu Ende, und für den Bruchteil einer Sekunde sah ich die nackten Brüste, das dunkle

Schamhaar gegen die helle Haut. Dann erlosch der Scheinwerfer, das Deckenlicht ging an. Längst hatte die Frau den Bademantel übergeworfen und stürzte an mir vorbei hinaus.

Wie schön das war, Georg! Wie schön!

Also? rufe ich übermütig, bin ich nun enterbt?

Und höre als Antwort sein keuchendes Lachen, bis er sich verschluckt und hustet.

Riechst du es auch, Georg, sagt er leise, als er wieder Atem schöpft. Ich rieche nach Tod.

Ach, antworte ich, lass uns über etwas anderes reden.

Und mir wird klar, wie ungeheuer der Unterschied zwischen Sterben und Totsein ist; dass ein Sterbender noch da ist, ein Toter aber nicht, und dass ein Lebender wie ich diese Tatsache nie begreift; und Sympathie für Wilhelm stellt sich ein.

Er macht unser Zeichen, dass er nicht sprechen kann. Meist soll ich dann gehen, er schämt sich der Sprachlosigkeit.

Enterb mich nur, wenn du willst.

Sein Atem geht flach, nicht keuchend. Er ist ein Stück Holz. Aber auch ein Stück Holz ist da und nicht im Nichts verschwunden. Und ich mache das Licht aus und rede mir ein, er schläft.

Ich lag nun im Bett im Grauen Salon. Ich hatte die Fenster geöffnet und dabei kurz in den Park geblickt. Im Grauen Salon im Mutterhaus hätte ich ein hässliches

Gebäude gesehen, mit der Wohnung meiner Eltern darin. Wie so oft, wenn ich schlaflos bin, dachte ich über den Schlaf nach, und dann über Krautmanns Verschwinden, und wie es mich in die Lage eines Vagabunden, eines Fahrenden, gebracht hatte. Und wie ich durch Morler in eine gänzlich andere Situation versetzt worden war; und dass ich nun vielleicht doch nicht als Bettbursche einer Rumänin, einer Albanerin, enden musste.

Reich, reich. Ich sprach das Wort wieder und wieder vor mich hin, mal lauter, mal leiser, mal voller Enthusiasmus, dann eher gedämpft und verzweifelt – aber es sagte mir nichts, ich verstand nicht, was es bedeutet. Von draußen drang kühle Herbstluft herein und die Schreie nächtlicher Vögel, und ich wollte an den Schlaf denken, denn so kann man ihn rufen, und er kam.

Morler sitzt schon am Frühstückstisch, als ich am Morgen die Küche betrete, Morler und auch der Junge. Sie lachen und plaudern, und während Morler bei meinem Erscheinen ernst wird, fährt der Junge fort, ihm zu erzählen, wie er sich so lange den weißen Anzug gewünscht habe. An seinem Geburtstag sei es soweit gewesen. Er habe ihn angezogen, er habe ihm gepasst und er habe zu Helena gesagt: Jetzt, da ich den Anzug habe, kann ich beruhigt sterben. Er werde ihn nie wieder ausziehen.

Lachend erzählt der Junge das, während Edna mir Frühstück hinstellt.

Wir beide aber, Morler und ich, mustern den Anzug und sehen, dass viele Pailletten fehlen, dass Glassteine abgefallen sind, das Leder an vielen Stellen speckig und dunkel.

Morler, frage ich, was weißt du über Wilhelm?

Und es stellt sich heraus, dass auch Morler nur wenig weiß, nur, dass der Sterbende reich ist, in seinen späteren Jahren als verschroben galt, in seinen jüngeren als rücksichtslos und bei Geschäften brutal.

Helena kam herein. Sie sah niedergeschlagen aus, ihr ernstes Gesicht mit den hohen Brauen hatte etwas Edles. Ja, dachte ich, wahrscheinlich hast du gestern vergebens getanzt.

Und während ich ihr einen Stuhl anbiete, fällt mir ein, worauf ich gestern Nacht nicht gekommen war: Dass reich sein bedeutet, ein Leben zu führen, wie ich es hatte; dass ich mit Geld zurückkaufen kann, was mir abhandengekommen ist. Ganz begeistert bin ich von diesem Gedanken.

17

Das Signal ertönte und Edna war schnell nach oben gelaufen.

Er wolle mich sehen.

Nicht mich? Nicht auch mich? fragte Helena.

Was rinnt da aus dem Mund?

Es sei Speichel, antwortete der Sterbende. Wenn er die Schokolade rieche, der Dampf aus der Tasse aufsteige, dann schieße der Speichel ein.

Ich trank und, seltsam genug, heute schmeckte es mir.

Was ist mit Helena?

Das ist deine Sache, antwortete Wilhelm. Mich kümmert das nicht mehr.

Ja, du bist ein Stück Holz. Willst du Wasser? frage ich, aber als ich ihm das Wasserglas an die schwarzen Lippen halte, dreht er mit einer unendlich schwachen Bewegung den Kopf zur Seite und will nicht trinken.

Was soll ich machen mit deinem Geld?

Er aber stellt sich schlafend, und ich bleibe noch eine Weile bei ihm.

Draußen standen unsere Leihwagen. Jeden Tag, den Wilhelm nicht starb, wuchs die Rechnung dafür unaufhörlich.

18

William K. Grissmann starb an einem herrlichen Oktobertag. Er wurde vierundsiebzig Jahre alt. Seine Vorfahren waren im frühen 19. Jahrhundert aus Süddeutschland eingewandert. Über Generationen waren sie in Amerika arme Handwerker gewesen; dann hatte sich ihr Glück gewendet und sie waren reich geworden.

Erst spät im Leben hatte sich Grissmann mit Ahnenforschung beschäftigt – in den Vereinigten Staaten ein weitverbreitetes Hobby, hatte lieber Deutsch als Englisch gesprochen und sich mit Menschen umgeben, deren Vorfahren wie seine eigenen aus Deutschland stammten. Sie mussten ihn „Wilhelm" nennen. Er fand heraus, dass er der letzte seiner Linie war und machte gern Scherze darüber. An eine Rückübersiedlung nach Deutschland hatte er gedacht, aber der Detektiv, den er ausgeschickt hatte, fand nur sehr weitläufige Verwandte, und so hatte er von diesem Plan Abstand genommen. Dennoch hatten ihm an dem Bericht des Detektivs die Bilder eines alten Hauses in einer kleinen Stadt in Süddeutschland so sehr gefallen, dass er das Gebäude in Amerika nachbauen ließ.

Kaum dort eingezogen, wurde er krank. Gesetzliche Erben hatte er nicht.

Am dreiundzwanzigsten Oktober betrat ich gegen sieben Uhr die Küche des Tochterhauses. Die Tage waren jetzt kürzer als bei meiner Ankunft, und die Sonne schien so früh nicht mehr zum Fenster herein. Etwas war anders als sonst: Es roch nicht nach Kaffee, nach Speck oder Pfannkuchen. Mich fröstelte. Ich war der erste und machte Licht. Nichts war für ein Frühstück vorbereitet.

Sie sind alle fort, dachte ich, ich bin allein im Haus, all die Tage hat man dir Komödie vorgespielt und dich nun zurückgelassen, ohne Geld, gestrandet.

Plötzlich fiel mir ein, dass Helena ein Stück an ihrem Schneidezahn fehlte. Gestern war mir das nebensächlich vorgekommen, – jetzt, in der kalten, leeren Küche nahm es eine große Bedeutung an – ich wusste nur nicht, welche.

Du musst nun nach dem Sterbenden sehen, vielleicht ist er fort!

Alles war still, Herbstkälte war im Haus. Vor dem Roten Zimmer blieb ich stehen. Als ich die Hand auf die Klinke legte, meinte ich aus dem Zimmer, in dem Helena schlief, Stimmen zu hören. Leise ging ich den Flur hinunter, legte mein Ohr an ihre Zimmertür und lauschte.

Heirate mich, dann bist du versorgt. Der Junge mag mich auch.

Es war Morlers Stimme.

Und wenn er dir nichts gibt?

Die freche helle Stimme der Frau.

Ohne mich wäre er nie reich geworden!

Ich sei ein vom Leben Enttäuschter, entgegnete die

Frau. Bei so jemand wisse man nie, ob er die Spielregeln einhalte.

Der Lauscher an der Wand, hört seine eigne Schand …

Das Verschwinden meines Professors habe mich völlig aus der Bahn geworfen; so jemand neige dazu, sich an aller Welt zu rächen.

Eine Pause trat ein. Dann Geräusche, ich konnte es kaum glauben, die uralten Geräusche, dann, nur wenige Momente später, wieder die Stimme.

Du bist kein attraktiver Mann, Morler.

Ich werde Geld haben und ich liebe dich.

Ach, Morler! Und wenn ich dich ausplündere und dann verlasse?

Morler wusste keine Antwort und schwieg.

Und wenn er dir nichts gibt?

Er muss!

Was machst du da?

Der Junge war aus seinem Zimmer getreten und hatte mich überrascht.

Er trug den schäbigen Elvisanzug. Er hat nichts anderes, dachte ich.

Ich lausche, sagte ich.

Der Lauscher an der Wand hört seine eigne Schand! rief der Junge.

Die hätte ich bereits gehört, antwortete ich. Und wirklich hatten mich Helenas Bemerkungen verletzt.

Wir lauschten nun beide, aber man hörte nichts, dann ein Klingen und Klirren, wie wenn jemand sacht an ein Glas klopft.

Sieh nur, hörten wir Helena rufen, der Bullfinch pickt an das Fenster und will zu uns herein!

Im gleichen Augenblick riss Morler die Tür auf. Er trug einen Bademantel. Sein Gesicht war gerötet.

Was, ihr belauscht uns?

Und wenn ich dir nichts gebe, Morler? rief ich, um meine Scham zu überdecken. Hinter ihm aber sah ich durch die offene Zimmertür Helena nackt am Fenster stehen und den Vogel betrachten, der gegen die Scheibe pickte.

Was, du willst mir nichts geben?

Gleich würde Morler sich auf mich stürzen, und ich trat einen Schritt zurück.

Wenn ich erst reich bin, dachte ich, will ich mit all diesen Personen nichts mehr zu schaffen haben; und ich werde auch die Gewohnheit ablegen, mich mit mir selbst zu befassen.

Die Tür zum Roten Zimmer ging auf und Edna trat heraus.

Er will euch bei sich haben.

Nun stirbt er doch, dachte ich.

Wir gingen im Gänsemarsch den Flur hinunter, schweigend, ich voraus, dann Morler, dann der Junge, dann Helena, die sich einen Bademantel übergeworfen hatte. Es war, als wären wir Kinder und gingen ins Weihnachtszimmer.

Zwei Männer waren bei ihm, als wir eintraten. Einer war Greg, der Notar, den anderen kannte ich nicht.

Will er sein Testament noch einmal ändern? fragte ich den Notar und lächelte.

Greg schüttelte den Kopf.

In der Stille hörten wir das Keuchen, den rasselnden Atem des Sterbenden. Sein Gesicht war schweißüberströmt, der Mund offen, die Augen geschlossen, als kneife er sie zu.

Ich zögerte, näher zu treten, aber die schwarze Köchin schob mich vors Bett, dorthin, wo ich bei meinen Besuchen so oft gestanden hatte.

Wilhelm musste meine Nähe spüren, denn er schlug die Augen auf.

Der Notar reichte mir ein Tuch. Ich verstand ihn sofort und tupfte dem Sterbenden Stirn und Gesicht ab. Überall hatte er geschwitzt, der arme vertrocknete Leib: *Ich bin von meinem Stöhnen erschöpft, mit Tränen befeuchte ich meine Lagerstatt …*

Wilhelm, frage ich leise, während mir diese Worte einfallen, ist es jetzt soweit?

Und er nickt und macht das Zeichen für Schokolade, und dann das Zeichen dafür, dass er nicht sprechen kann; und die Zeichen vermischen sich.

Er atmet schon nicht mehr selbst, denke ich, sondern der Tod macht Geräusche in seinem Mund, der Tod macht dieses Rasseln und Klirren.

Er streckte seine Hand aus und lächelte mich an, verlegen, als schäme er sich, zu sterben; ich verstand nicht, was er noch wollte, aber die Köchin flüsterte: Nimm sie, nimm die Hand! und für den Bruchteil einer

Sekunde, seine Hand umkrallte meine, begriff ich den Sinn des Lebens – und hatte ihn wieder vergessen. Nur die Fassungslosigkeit blieb, dass man tatsächlich stirbt.

Einer Eingebung folgend beugte ich mich über ihn und küsste seine Stirn – vielleicht hatte er sich das die ganze Zeit, als er noch lebte, erhofft.

Der zweite Mann, ein Arzt, war hinzugetreten und schloss seine Augen. Ich löste meine Hand aus der des Toten, sie war warm, es ging leicht. Dann legte ich sie neben den Leichnam aufs Bett.

Wir standen herum und wussten, etwas war zu Ende gegangen und unsere Leben würden sich ändern. Dann begann Edna zu weinen, und der Junge, der bis dahin alles neugierig beobachtet hatte, sah es und brach in Tränen aus.

Der Bestatter würde gleich da sein, sagte Greg.

Geh'n wir in die Küche und warten wir dort, rief ich mit neuer Autorität.

Alles würde von mir abfallen: Meine Angst, meine Verzweiflung, meine Wurstigkeit – mein ganzer Charakter. Ich war reich.

19

Ich bin ruhiger geworden. Gleich bei der Beisetzung hatte ich es bemerkt. Alles auf der Welt beruht auf Ursache und Wirkung – früher hatte ich das geleugnet.

Es war, als hätte ich mich vom Leptosomen zum athletischen Typus gewandelt. Als wäre ich jetzt auch philosophischer, stoischer, und als mir Greg bei der Beerdigung – sie fand auf Wunsch des Toten im Park statt – vom Freitod des jungen Arztes erzählte, der Wilhelm lange betreut hatte, war ich betroffen, sogar unglücklich darüber, dass ein so junger Mensch aus dem Leben scheiden musste, spürte aber das Verlangen, diese Tatsache einem gewissen Plan der Weltordnung zuzuordnen.

Die Beerdigung hatte gleich am nächsten Tag stattgefunden. Greg war es gelungen, die Presse fernzuhalten. Der Notar hatte auch sonst alles vorbereitet, hatte für Morler und mich schwarze Anzüge bringen lassen, für Helena ein schwarzes Trauerkleid und einen schwarzen Hut mit Schleier: nur der Junge war vergessen worden und stand im weißen Elvisanzug am Grab.

Während Greg einige Worte sprach, hörten wir, wie ein Auto mit hoher Geschwindigkeit durch den Park auf das Haus zuraste und dann abbremste. Zwei Männer sprangen aus dem alten Wagen.

Greg hatte geendet. Einer der Bestatter reichte ihm eine Klarinette, und der Notar begann auf Wunsch des Toten „Petite Fleur“ zu spielen, und während die melancholische Melodie erklang, waren wir abgelenkt durch die beiden Männer, die so schnell sie konnten zu uns wollten.

Wenn sie wegen der Erbschaft Grissmann kämen, sagte ich leise und war zu ihnen getreten, kämen sie zu spät. Die Sache sei seit einer Woche entschieden. Aber ich wüsste, wie sich Verlieren anfühlt, und sie sollten zum Leichenschmaus bleiben.

Ich hatte Deutsch gesprochen, und sie nickten, und einer weinte, während der Notar die letzten hohen Noten blies.

Wir warfen Erde auf den Sarg, ich zuerst, weil mir der Vortritt gebührte.

Das Licht, dachte ich, als wir in der Küche beim Leichenschmaus saßen, das Licht. Wie ganz anders als im Mutterhaus. Dort ist es weich und traurig, und wie viel schöner ist eine verlorene Heimat als keine.

Greg hat mir Geld vorgestreckt und geraten, das Land baldmöglichst zu verlassen, damit man mich nicht ohne Visum erwischt. Auch Morler solle verschwinden, am besten morgen schon. Fahrt die gleiche Route zurück nach Kanada.

Ach, Greg, sagte ich großmütig, gib doch auch Helena etwas Geld, damit sie nach Europa zurückkann. Sie hat damit gerechnet zu erben, und nun steht sie mittellos da.

Als wir das besprechen, beim Leichenschmaus, sitzt Helena zwischen uns und hört alles mit. Sie verzieht keine Miene, drängt nur ihren Sohn, vom guten Essen noch einmal nachzunehmen, als ahne sie schwere Zeiten.

Gut, sagt Greg, es ist dein Geld, Georg. Es ist ihm peinlich, so offen darüber zu sprechen.

Gut hast du „Petite Fleur“ gespielt, lobe ich, damit er sich nicht mehr schämt. Und mit einer Entschlusskraft, die mich selbst erstaunt, ist es Amerika oder der Reichtum, der aus mir spricht, füge ich hinzu: Falls du Bargeld dabeihast, gib mir alles, dann fahren wir gleich.

Eine halbe Stunde später waren wir auf der Straße und fuhren erneut durch das riesige Land.

Morler fuhr. Wir schwiegen. Ich sah meistens hinaus oder blätterte in dem kleinen Buch, einem Büchlein, eigentlich einem Heft, einem dünnen Heftlein, das ich im letzten Moment aus der Kommodenschublade des Toten genommen hatte, heimlich, zusammen mit der Diskette, auf der man Helena sieht.

„Verschwindende Kinderkultur im deutschen Sprachraum.“

Ja, das hatte ich einmal geschrieben.

Wenigstens Wilhelm hatte davon Kenntnis genommen.

Fünf Minuten vor Erschaffung der Welt /
ging ich mal über ein Kartoffelfeld …

Wir fuhren in die Dämmerung hinein zwischen

endlosen Feldern. Einmal meinte ich die Stelle zu erkennen, wo ich Helena mit Benzin ausgeholfen hatte. Dann, es war schon fast dunkel, Morler fuhr nun langsamer, bemerkte ich neben dem Highway einen einzeln stehenden Baum, in dem eine Schar Vögel saß. Sie erinnerten mich an den Bullfinch, der uns im Sterbehaus Gesellschaft geleistet hatte. Wie lange war das alles schon her! Und beim Anblick der Vögel fiel mir wieder ein, was Edna mir einmal erzählt hatte: Dass nämlich der Bullfinch gezwungen sei, Würste in der Küche zu stehlen, da es in der Natur nicht mehr genug Nahrung für ihn gebe …

He, Morler! rief ich. Hier ist das Feld, durch das du gelaufen bist und hättest unsere Mission fast gefährdet!

Es war jetzt dunkel im Wagen, so dass ich sein Gesicht nicht erkannte, und er fuhr weiter, schweigend, schneller als zuvor, und ich meinte ihn mit den Zähnen knirschen zu hören. Meilen später sagte er etwas.

Draußen ging der Mond auf, der amerikanische Mond, riesig und rot.

Werde ich mein Geld bekommen?

Ja, antwortete ich.

Doch ich merkte, noch während ich sprach, dass ich mir nicht sicher war.

In der Backofensiedlung

20

Auf dem Berliner Flughafen hatte ich mich von Morler verabschiedet, gesagt, er würde von mir hören, das Geld, das ich von Greg bekommen hatte, mit ihm geteilt, immerhin ein paar Tausend Dollar, und hatte ihn stehen lassen.

Ich sehe ihn noch vor mir, den großen glatzköpfigen Mann in seinem Trenchcoat, wie er, die Geldscheine in der Hand, vergeblich nach mir Ausschau hält.

Denke ich heute daran, rührt mich dieses Bild der Hilflosigkeit, damals jedoch glaubte ich, ich sei es meinem frischen Reichtum schuldig, keine Angst vor derartigen Abschieden mehr zu haben.

Du übst noch, dachte ich, während ich in der Menge verschwand.

Ich war dann mit dem Bus zum Hilton gefahren, hatte meine Rechnung beglichen, man nahm auch Dollars, und mein Gepäck abgeholt. In die Herberge zur Heimat ging ich nicht mehr. Alles, was ich dort gelassen hatte, war leicht zu ersetzen, mit meinem Reichtum vor Gregor zu prahlen, reizte mich nicht. Mein Auto ließ ich am Straßenrand stehen.

Du wirst nach all der Zeit das Mutterhaus wiedersehen.

Ich war ein noch junger Mann, Achtunddreißig, ein Herumtreiber, nie weit entfernt vom völligen Absturz.

Nun kehrte ich in meine Heimatstadt zurück, von einem seltsamen Schicksal in etwas gänzlich anderes verwandelt. Fast war mir, als sei ich nach einem langen Schlaf erwacht und fände mich als Greis wieder, oder sei auf dem Schlachtfeld verwundet oder verkrüppelt worden und dürfe nun von der Front zurück nach Hause.

Eine junge Frau saß neben mir im Zug, in der zweiten Klasse. Sie lächelte mich an. Ich aber wollte nachdenken und wechselte in die erste. Ja, hier waren die Sitze breiter und weicher, die Kopfstützen weiß bezogen.

Der Schaffner kam.

Das ist ein Zweite-Klasse-Ticket, das Sie da haben.

Ich zahle den Aufpreis gern, antwortete ich in sein strenges Gesicht, ich will Ihnen sogar das Doppelte geben.

Das sei verboten, antwortete er.

Ich zog aus meiner Hosentasche Geld hervor, das dicke Büschel Dollarscheine und die Euros, die ich gewechselt hatte, und zählte ihm die geforderte Summe auf die Hand.

Sein grimmiges Gesicht kam mir mit einem Mal bekümmert vor, er mochte irgendein geheimes Leid erfahren haben, das nichts zu tun hatte mit meinem Benehmen.

Ich werde Ruhe geben, dachte ich, als er weitergegangen war. Du willst Ruhe, und kannst sie bekommen, nun, wo du reich bist.

Die deutsche Landschaft zischte vorüber. Mein Gesicht wurde grau, der Chamäleoneffekt. Nie dringt man nur mit Beobachtung zum Eigentlichen vor. Dieser Gedanke von damals, als ich forschte, fiel mir nun wieder ein: Wie gut passte er doch zu meinem grauen Gesicht.

Während wir durch die Tunnel der Mittelgebirge rasten, ergriff mich die Sehnsucht nach einer anderen Zeit: Nach der Fahrt durch Amerikas Felder, als noch nichts entschieden war; und ich weder arm noch reich.

Am frühen Nachmittag stieg ich aus. Den Nachmittag fürchte ich, genauer die Stunden zwischen Zwei und Vier. Es sind Stunden, in denen ich mich verwandeln müsste, in einen Werwolf, einen Professor der Zahnmedizin, einen Erforscher verlorener Kindersprüche – irgendetwas.

Hier also war ich gelandet. Überall standen Fahrräder. Der Bahnhofsvorplatz war voll davon. Hier wohnten meine Eltern, hier wohnte meine Frau im Haus des Bürgermeisters. Hier hatte Krautmann gelebt, bevor er verschwunden war.

Ich spürte mein Geldbündel in der Tasche. Ich hätte jetzt gern geschlafen, um mich und das Universum kurz zu vergessen. Aber zum Schlafen war es zu früh.

Auf dem Bahnhofsvorplatz waren Bushaltestellen, an den Haltebuchten warteten Fahrgäste. Unschlüssig, was ich tun sollte, ging ich zu der Bucht, wo die meisten von ihnen standen. Die Leute, die mit mir warteten, waren ärmlich gekleidet, und als ich hinübersah zur Haltebucht Nummer Zehn, waren die dort Wartenden besser gekleidet, blickten weniger stumpf.

Die Neun kam und ich redete mir ein, sie würde mich zu Abenteuern bringen.

Ich wolle zur Backofensiedlung, auf dem Schild draußen am Bus stehe aber etwas anderes. Früher sei die Neun zum Backofen gefahren. Ich sei lange fort gewesen, ob sich das geändert habe?

Backofen sage man nicht mehr, antwortete mir die Busfahrerin und lächelte über meine Dummheit. Man sage jetzt Wennfelder Garten.

Mach zu, rief jemand hinter mir.

Ob das Grissmannhaus noch stände?

Das kenne sie nicht, sagte die Busfahrerin.

Doch, das gäbe es noch, meinte der Mann hinter mir und drängte sich vor. In der Altstadt.

Der Bus war voll, ich musste stehen. Den letzten freien Platz hatte sich der Drängler genommen.

Wir fuhren durch das Industriegebiet, vorbei an einer endlosen Reihe von Tankstellen und Imbissbuden. Der Bus hielt öfter, als ich es in Erinnerung hatte, die kleinen Straßen waren voller Schlaglöcher, es wurde immer voller um mich herum, und ich musste mein weniges Gepäck vom Boden aufnehmen, damit man nicht darauf trat. Das Geld in der Tasche meiner Hose wurde gegen eine Frau gepresst und ich sah ihr ins Gesicht, ob sie es nicht stehlen könnte. Aber das waren Ängste von früher: Einem Reichen macht es nichts aus, wenn man ihm etwas Geld stiehlt.

Es ist so eng, sagte die Frau, als sie wegen einer Unebenheit der Straße gegen mich geschleudert wurde.

Sie war jung, kleiner als ich und sah zu mir auf, ihr Kopf in dem typischen Winkel zurückgelegt, mit dem Frauen einen Kuss herbeiführen wollen. Sie lächelte entschuldigend. Ihr fehlte ein Zahn.

Bin ich richtig, fragte ich, ist das der Neuner zur Backofensiedlung?

Dann kam der Wald, der die Siedlung vor den Augen der Stadt verbirgt, und wir waren da.

Ich blieb an der Haltestelle stehen, um mich zu orientieren, und sah die Frau die Straße hinuntergehen. Wie leicht hätte ich ihr mit meinem Geld einen neuen Zahn spendieren können. Mit diesem neuen Zahn, dachte ich, wäre sie schön genug für mich.

Drei Jahre war ich nicht hier gewesen. Die dreigeschossigen, langen Mietskasernen mit den spitzen Dächern, unter denen die Dachkammern lagen, die Rasenflächen vor den Gebäuden, durch mangelnde Pflege und spielende Kinder in große Kreise rötlicher, festgetretener Erde verwandelt – so hatte ich es in Erinnerung. Doch sah ich, dass man in der Zwischenzeit die Häuser neu angestrichen haben musste, nur war durch Wetter und Zeit alles fast wieder geworden, wie ich es von damals kannte. Neu war am Hauptplatz eine kleine Bankfiliale. Früher hatte dort Armbruster, ein gescheiterter Mediävist, ein kleines Lebensmittelgeschäft betrieben. Ich bin Philosoph und habe mein Auskommen! Seine sonore, etwas raue Stimme, mit der er dieser Lüge einen Anstrich von Wahrheit verlieh. Ja, hätte ich damals nur seine Stimme gehört, nicht auch seine gebeugte Gestalt gesehen, ich hätte ihm geglaubt.

In dieser Zweigstelle, dachte ich, könntest du Geld abheben, solange du lebst. Aber ich wollte nur meine Mietschulden begleichen. Dann würde ich dieser Stadt den Rücken kehren.

Ganz am Ende der Backofenstraße erreichte ich das Haus, in dem ich gemeldet war. Schon von weitem sah ich, dass man es als einziges nicht renoviert hatte: Die ballspielenden Kinder an der Stirnfassade, die Mütter, die lachend Blumenbeete begossen – nur weil ich das Wandgemälde kannte, konnte ich es aus den verblassten Resten rekonstruieren. Noch immer hing in dem großen Baum die blaue Plastiktüte, die ein Sturm vor Jahren dort hinaufgeweht hatte. Eine Freude erfasste mich über die Unveränderlichkeit der Welt.

Hatte Armbruster nicht seine Kunden betrogen, war er nicht nach seinem ersten Sturz noch einmal, noch tiefer gestürzt? Vor langer Zeit, er war noch Professor gewesen, hatte ich bei ihm eine Vorlesung gehört: „Das Bild der Göttin Fortuna im Spätmittelalter".

All diese Erinnerungen konnte kein Geld je löschen.

Am Klingelbrett standen einige neue Namen, ausländische zumeist. Ich besaß noch einen Hausschlüssel und schloss auf.

An der Wohnung meines Vermieters war ich vorbeigeschlichen, ganz so, wie ich es damals wegen meiner Mietschulden oft gehandhabt hatte. Der muffige Geruch, der aus der Wohnung drang, hatte im Laufe der Jahre noch zugenommen. Dann war ich die Treppe hinaufgestürmt, kurz von Angst ergriffen, der Mansardenschlüssel würde nicht mehr passen.

Die Enge Europas bedrückte mich, die Luft, die ich in Amerika geatmet hatte, fehlte mir. Kein Bullfinch würde hier vor dem Fenster singen.

Endlich stand ich vor meiner Tür. Das Schloss war nicht ausgetauscht worden, meine alte Visitenkarte, „Georg Grissmann, Heimatforscher“, noch immer mit Heftzwecken am Türrahmen befestigt.

Als ich aufschloss und alles wiedererkannte, rührte mich die schlichte Behausung und ein unerklärlicher Neid auf mich, wie ich gewesen war, stieg in mir hoch. Mein Bett, mein Tisch, mein Stuhl, mein Schrank. Das wenige Weißzeug, das ich besaß. In der Küchennische die Teekanne und die Tasse. Der Staub von drei Jahren. Unter der Tür durchgeschoben mehrere Briefe meines Vermieters. Strom und Wasser waren nicht abgestellt.

Ich setzte die Reisetasche ab. Um meinen Gefühlen nicht allzu viel Zeit zu geben, ging ich die Treppe hinunter und klingelte. Das Schlurfen, das Husten, dann wurde das Auge an den Spion geführt.

Wer ist da?

Sie sehen es doch, Herr Bausinger, antwortete ich lachend.

Er nahm die Schließkette ab, ich hörte ihn den ersten Riegel aufschieben.

Wer?

Dann kam der zweite Riegel, und er öffnete die Tür. Er stand vor mir, kleiner als ich ihn in Erinnerung hatte, etwas gebeugt, in der Strickjacke, den karierten Hausschuhen, das wenige Haar sorgfältig gekämmt, die Augen hinter den Brillengläsern weit aufgerissen.

Herr Grissmann!

Sagen Sie nichts, schlachten Sie kein gemästet Kalb, erwiderte ich, ich sei gekommen, meine Mietschulden zu begleichen.

Ich merkte an meiner Redeweise, dass es nach vier sein musste, ich nicht mehr in der Gewalt des Nachmittags war.

Es ist Herr Grissmann, er will seine Miete bezahlen! rief Bausinger in die Wohnung hinein.

Ja, seine Frau würde im Wohnzimmer sitzen und wollte über alles unterrichtet sein.

Wie viel ist es? fragte ich in der Tür, laut und deutlich, damit Bausingers Frau es im Wohnzimmer hören konnte.

Zweieinhalb Jahre seien die Überweisungen gekommen, nun ein halbes Jahr nicht mehr, antwortete der Mann.

Also, wie viel?

Er habe es aufgeschrieben, antwortete Bausinger.

Siebenhundertfünfzig seien es, hörte man die Altfrauenstimme rufen. Sicher saß sie im Wohnzimmer auf ihrem hohen Lehnstuhl, ihrem Thron.

Ja, siebenhundertfünfzig, wiederholte Bausinger.

So viel? rief ich mit gespielter Sorge.

Plötzlich meinte ich den unschönen Gesang des Bullfinchs zu hören und wusste nicht, wo ich war.

Bring ihn herein!

Wieder das fordernde, freche Krächzen des Vogels.

Kommen Sie herein, sagte Bausinger unfreundlich und starrte auf das Geldbündel, das ich wie ein Prolet aus der Tasche gezogen hatte.

Er ging vor mir her, langsam, und der alte Kellner in Berlin fiel mir ein, der das Alter so provozierend hatte spielen können. Ich wusste nicht, ob ich jetzt nicht lieber dort gewesen wäre.

Frau Bausinger saß in ihrem Wohnzimmer, sehr gerade, eine Königin. Aber nun, als ich nähertrat, sah ich, dass sie auf einem neuen, noch höheren Sessel saß. Während ich das Geld Schein für Schein auf den Couchtisch zählte – bei jedem neuen Schein, den ich hinlegte nickten die beiden zustimmend –, fiel mir auf, dass es nicht der alte Couchtisch war. Ich blickte mich um: das ganze Wohnzimmer war neu möbliert, und dort, wo früher die Lampe neben dem Sofa gestanden hatte, stand nun eine Stange mit einem Vogelkäfig.

Ich hatte, als ich meinen Blick schweifen ließ, das Aufzählen des Geldes unterbrochen, und die Frau gab ihrem Mann ein Zeichen, mich zum Weiterzählen anzuhalten.

Ist es nicht schön hier? fragte die Frau, als ich meine Schulden beglichen hatte, alles ist neu, alles renoviert!

Ja, antwortete ich, und der Papagei gefalle mir besonders.

Er sei das Erste gewesen, sagte das Paar gleichzeitig, was sie sich nach dem Lottogewinn angeschafft hätten. Ihre alten Stimmen zitterten vor Stolz.

Dann seien sie jetzt reich?

Sie schwiegen betreten, voll Ärger, sich verraten zu haben.

Ob der Papagei einmal in Amerika gewesen sei? Er habe vorhin genauso geschrien wie ein Vogel dort.

Sie schüttelten die Köpfe, wollten mich wohl loswerden, nachdem sie ihr Geheimnis verraten hatten. Jetzt denken sie, dachte ich, sie seien in meiner Hand.

Ob es in der Siedlung noch einen Laden gebe, fragte ich und tat so, als hätte ich ihren Lottogewinn bereits vergessen. Armbruster habe ja zugemacht. Ich wolle ein paar Sachen zum Essen kaufen, Käse, Wurst, Butter und Brot, dazu Bier trinken oder Wein. Vielleicht eine Kerze zum Essen anzünden, um meine Heimkehr zu feiern.

Sag es ihm! Die Frau zeigte von ihrem Thron hinunter auf den Mann.

Armbruster habe einen Geheimladen aufgemacht, sagte Bausinger. Nach dem Gefängnis sei er zurückgekommen und habe im Keller von Haus Zwei einen Geheimladen aufgemacht.

Gut, dann würde ich jetzt dort hingehen und sie nicht länger stören.

Sie werden uns doch nicht verraten? rief es mir aus dem Wohnzimmer nach.

Nein, antwortete ich, und fügte aus einer Laune heraus hinzu: Nur wenn es nötig werden sollte.

Bausinger brachte mich an die Tür. Es war fast dunkel im Flur und ich konnte das Gesicht des Vermieters nicht deutlich erkennen. Erst als ich die Wohnungstür öffnete, vom Treppenhaus Licht hereinfiel, sah ich seine Furcht vor mir.

21

Haus Zwei – was war damit gewesen? Ein Kind hatte dort gewohnt, das Kind von Krautmanns Putzfrau. Gehen Sie und befragen Sie dieses Kind, hatte der Professor gesagt, es sei verschlossen, aber das könne daran liegen, dass es sich fremd fühle, wenn seine Mutter es mitnehme zum Putzen. Ich war dann in die Backofensiedlung gefahren, zum ersten Mal, hatte bei Armbruster Süßigkeiten gekauft, auch an Blumen für die Mutter gedacht, und war fündig geworden: Vier neue, in der Literatur bislang nicht dokumentierte Sprüche hatte das Kind mir aufgesagt.

Nun stand ich wieder vor Haus Zwei. Die Tür war nur angelehnt, jemand hatte einen kleinen Stein zwischen Schwelle und Tür gelegt, so dass der Mechanismus die Tür nicht schließen konnte. Haus Zwei ähnelte Haus Eins, und so fand ich den Zugang zum Keller sofort. Fahles Neon leuchtete die Treppe hinunter, verlosch, als ich im Kellergang angekommen war. Eine der Türen zu den Verschlägen stand offen. Ein weiches, gelbes Licht fiel von dort auf den sonst dunklen Gang. Ganz leise, kaum mehr als ein Rauschen, spielte ein Tonträger klassische Musik: Als ich näherkam, konnte ich den Sommer aus Vivaldis Vier Jahreszeiten erkennen.

Ich trat ein. Armbruster hatte zwei der Kellerverschläge zusammengelegt und daraus einen winzigen Laden geschaffen. Die Ladentheke bestand aus einem

Türblatt, auf zwei Böcke gelegt, dahinter und an allen Wänden stapelten sich die Waren.

Ah – ein Kunde, begrüßte mich Armbruster lächelnd.

Ich sei gerade von einer Reise zurückgekommen und brauche nun eine Grundausstattung.

Er antwortete nicht, sondern begann, aus der Vielfalt seiner Waren eine Auswahl zu treffen und legte das Gewählte auf den Tisch: Frischmilch in einer Tüte, braunes geschnittenes Brot, Butter, zweierlei Käse. Dann legte er noch eine Junggesellenpackung italienischer Salami dazu.

Ob ich nicht vor vielen Jahren bei ihm in einer Vorlesung gesessen hätte, immer in der ersten Reihe? fragte Armbruster und hielt mir zwei Sorten Tee hin, zwischen denen ich wählen sollte.

Sie brauchen noch Eier und Honig für morgen zum Frühstück!

Ja, ich hätte ihn damals gehört. Ihn, aber hauptsächlich Krautmann.

Er lächelte. Sein Gesicht, das ich rot und etwas unbeherrscht in Erinnerung hatte, war bleicher geworden, aber auch entspannter, seine Mimik die Mimik eines Philosophen.

Er merkte, dass ich ungeniert sein Gesicht betrachtete, und es war zu spät, so zu tun, als hätte ich nur vor mich hingeblickt und zufällig sei sein Gesicht dort gewesen. Armbruster richtete sich auf und blickte mir in die Augen. Die leicht gebückte Verkäuferhaltung war von ihm abgefallen.

Ich bin in den Knast eingefahren, das wissen Sie doch?

Ja, antwortete ich. Zwei Mal sogar.

Ob ich den Ausdruck noch kennte? Nun sage so keiner mehr, nur hier in der Siedlung würde er noch manchmal verwendet.

Noch Wein und Bier, sagte ich, dann wolle ich bezahlen.

Er stellte mir die Getränke hin und nannte einen Preis, der mir niedrig erschien.

Das käme mir zu billig vor, fuhr ich fort. Ich fingerte in meiner Tasche, um nicht alles Geld hervorzuziehen, wie ich es eben noch bei Bausinger gemacht hatte, holte einen Schein hervor und legt ihn vor ihn hin.

Sie sind reich geworden, nicht? sagte der Krämer, ohne mich anzusehen, und gab mir das Wechselgeld heraus. Reich kehren Sie in die Heimat zurück. Man merkt es gleich.

Morgen käme ich wieder, erwiderte ich, dann solle er mir die richtigen Preise machen.

Ich mache Preise, wie ich will, antwortete Armbruster.

Draußen herrschte Dämmerung, ein Licht, das mir in der Siedlung stets gefallen hatte, schwermütiger als an allen anderen Orten. Die gleichförmigen Häuser scheinen zu wachsen bei diesem Licht und dabei leichter zu werden, fast durchsichtig. Die Papiertüten mit den Lebensmitteln waren schwer, und ich freute mich über die Last, die ich von Haus Zwei zu Haus Eins schleppte.

Absichtlich ging ich langsamer, um den köstlichen Moment des Nachhausekommens hinauszuzögern; vielleicht aber auch, um länger auf der Straße zu sein und womöglich dem Mädchen mit dem fehlenden Zahn noch einmal zu begegnen.

Im letzten Augenblick wollte ich nach Hause kommen, an der Schnittstelle zwischen Dämmerung und Dunkelheit. Wenn man alles gleich gern täte, das Forschen so gern wie das Händewaschen, wäre man glücklich. Das war ein Gedanke von früher, bevor ich reich geworden war, und während ich die Treppen zur Mansarde hinaufstieg, fragte ich mich, ob es mein eigener oder der von Krautmann gewesen war.

Diesem Gedanken hing ich nach, als ich daran ging, die Wohnung zu putzen. Der Geruch des Dielenbodens, den ich feucht gewischt hatte, versetzte mich in Euphorie; die wenigen Möbel abzustauben, war schnell erledigt, ich bezog das Bett, erstaunt, wie weiß das Bettzeug war; in der Küchenecke packte ich meine Einkäufe aus, steckte den Stecker des kleinen Kühlschranks ein und setzte ihn in Betrieb. Hatte ich sonst an diese Wohnung gedacht, war mir immer gewesen, als müsse sie verwüstet sein, ein Ort, den man hasst und für immer verlässt. Nun war es anders. Ich hatte das Gaubenfenster geöffnet. Wind kam herein, feucht und mit dem Geruch des Waldes, der die Stadt von der Siedlung trennt.

Fast alles gab es hier nur einmal. Einen Teller, einen Löffel, eine Gabel, ein Messer. Nur von den Tassen gab es zwei. Aus dem Versteck holte ich meinen kostbarsten Besitz hervor: Eine geklöppelte Tischdecke aus dem Achtzehnten Jahrhundert, die ich aus dem Weißzeugschrank des Grissmannhauses gestohlen hatte.

Jetzt, da dir so viel gehört, wirst du sie zurückbringen, dachte ich.

Ich zündete eine Kerze an und begann mit dem Abendessen.

Wie veredelte das Kerzenlicht nochmals die Klöppelspitze! Wie schmeckten mir Armbrusters einfache Speisen! Wie war ich zuhause und doch frei!

Später, im frisch bezogenen Bett, hörte ich vom Wald her durch das geöffnete Fenster den weichen, fast wässrigen Ruf einer europäischen Eule. Kühle Nachtluft strich herein und ließ mich unter der warmen Decke angenehm erschauern. Gleich würde ich eingeschlafen sein. Bis dahin wollte ich an Scott und Amundsen denken und ihren Wettlauf zum Südpol.

Berlin war ihm zu groß / drum wurd er ein Franzos / Franzos wollt er nicht sein, drum ging er wieder heim …

22

Am nächsten Morgen spazierte ich durch die Siedlung, als gehörte sie mir. Es war ein schöner Herbsttag, einer jener Tage, an denen das Alleinsein ein großes Geschenk ist. Über dem Trennwald hing dichter Nebel, und ich dachte: Auch dort kannst du hingehen, in den Nebel hinein, aber genauso gut über die sonnenbeschienenen Straßen zwischen den Häusern. Eine unbändige gute Laune überkam mich, ich blinzelte in die noch niedrig stehende Sonne, grüßte wildfremde Menschen, hegte eine Art Liebe für sie.

Gib acht, sprach ich vor mich hin, sonst gibt es noch Tränen. Doch die Euphorie hielt an. Ich dachte an Amundsen. Der Südpol, er hat ihn erreicht! Scott hatte ich völlig vergessen.

Haus Elf kam, dann ein kleiner Kiosk, den ich von früher nicht kannte. Ein älteres Paar stand davor, die Frau mit einem Styroporbecher Kaffee, der Mann mit einer Bierflasche. Die Morgensonne schien auf die kurze, gedrungene Flasche und das reflektierte Licht blendete mich.

Ich grüßte, sie nickten scheu zurück. Dann, ich war bereits weitergegangen, wusste ich plötzlich, wer im Inneren des Kiosks stand. Des Waldes Nebel konnte warten …

Ich wüsste nicht, sagte ich, ob ich Kaffee oder Bier nehmen solle?

Mit der Linken streckte sie mir den Becher hin, mit der Rechten die Flasche, schob mal den Becher, dann wieder die Flasche vor. Ich zeigte auf den Becher, sie füllte und reichte ihn mir.

Heute Abend käme ich wieder, dann würde ich das Bier wählen.

Ich blies in den Kaffee und trank.

Ich wolle gleich in den Wald gehen, in den Nebel, sagte ich.

Sie wischte die Theke und antwortete nicht.

Ihr Kaffee sei schlecht, aber es ginge.

Sie sei neu und kenne die Maschine noch nicht.

Ich sei erst gestern hierher zurückgekommen, sagte ich.

So geht das nicht, so kann man ewig reden, dachte ich.

Ich würde nun jeden Morgen zum Kaffee trinken herkommen.

Wir sahen den Nebel, der langsam vom Wald auf uns zukam.

Was gibst du mir, wenn ich dir einen neuen Zahn spendiere?

Sie schwieg und sah zu ihren beiden Kunden am Stehtisch hinüber, dann hob sie den Kopf ein wenig.

Eintausendfünfhundert Euro koste ein neuer Zahn.

So viel? hörte ich mich fragen. Wieder hatte ich vergessen, dass ich reich war.

Wie alt bist du? Wie alt bist du, Britta?

Ihren Namen hatte ich von dem Schild abgelesen, das sie an ihrer Jacke trug.

Neunzehn. Und Sie?

Achtunddreißig. Meine Frau sei mir weggelaufen, zum Bürgermeister. Sie sei jetzt die Bürgermeisterfrau. Ob sie nicht eher fünfundzwanzig sei? Sie sehe so traurig aus.

Ich wusste nicht, was ich wollte und redete herum. Die nächste Antwort wartest du noch ab, dachte ich. Gefällt dir die Antwort nicht, gehst du weiter.

Sie sei nicht traurig, nur enttäuscht. Sie habe gestern den Chef gebeten, sie in einem seiner Kioske in der Innenstadt einzusetzen, am Marktplatz oder an der Universität; aber er habe es ihr abgeschlagen. So wie sie aussehe, käme sie nur für die Backofensiedlung in Frage.

Es wurde etwas dunkler, erste Nebelschwaden schoben sich vor die Sonne. Auch das sieht schön aus, dachte ich.

Was jemand erwarten könne für ihren neuen Zahn?

Ich solle mich nicht über sie lustig machen!

Sie hatte laut gesprochen, und das Paar am Stehtisch sah zu uns herüber, voller Erwartung, dass es weiterginge, weiter bis zur unerhörten Begebenheit.

Sie spare, sagte Britta, aber hier sei nichts zu verdienen, sie sei ja am Umsatz beteiligt, sie habe aber erst dreihundert Euro beisammen.

Ich fände es wunderschön, antwortete ich, hier mit ihr zu plaudern, während der Nebel sich golden vor die Sonne schiebe, den Blick schweifen zu lassen über die nackt getretenen Grünflächen zwischen den Häusern. Wie lange sie schon darauf spare? fragte ich nach einer Pause.

Ein Jahr.

Ich hatte Lust, von mir zu erzählen, so wie ich es in Amerika öfter getan hatte.

Drei Jahren wohne meine Frau schon im Bürgermeisterhaus.

Wie dumm, von seiner Frau anzufangen, wenn man mit jemand Neuem anbandeln will!

Kennst du das Grissmannhaus? fragte ich. Das große alte Haus in der Altstadt?

Das kenne doch jeder, antwortete sie, selbst hier in der Siedlung.

Nein, dachte ich, mehr erzählst du nicht.

Gleich schluckt der Nebel deine Kunden, sagte ich und deutete auf die Nebelwand, die jetzt das ältere Ehepaar erreicht hatte.

Sie haben mich traurig gemacht und sollen jetzt gehen! rief sie zornig und ballte die Fäuste. Und falls ich Geld übrig hätte, sollte ich vorsichtig sein. Es hieße, es lebten Reiche unerkannt in der Siedlung, und man müsse sich vor ihnen vorsehen.

Ich würde nun in den Wald gehen, sagte ich, in den Nebel. Aber wenn sie wolle, könne sie mich besuchen, ich wohnte im Haus Eins in der Mansarde.

Ich war schon ein paar Schritte dem Nebel entgegengegangen, als ich mich noch einmal umdrehte:

Ob sie sich an Kindersprüche erinnern könne? Ich würde diese Sprüche sammeln.

Sie blickte hinaus in den Nebel und überlegte.

Braune Augen sind gefährlich,
aber in der Liebe ehrlich,
grüne Augen: Froschnatur,
ist von Liebe keine Spur.
Blaue Augen: Sonnenstern,
küssen und poussieren gern.

Daran habe sie seit Jahren nicht gedacht, rief das Mädchen, lachte und klatschte in die Hände. Ich ging zurück und sah ihr ins Gesicht: Ihre Augen waren blau.

Das kennte ich nicht, log ich, das würde ich mir aufschreiben für meine Sammlung. Und vielleicht fiele ihr noch mehr ein, mit dem sie mein Forscherherz erfreuen könnte.

Du wirst nach Südfrankreich ziehen, an die Cote d'Azur, in eine Villa am Meer, dachte ich, aber vorher den Wald, den Nebel, die Siedlung, Armbruster, Bausinger und auch dieses Mädchen noch einmal genießen.

Ach, fragte ich zum Abschied, hat man die Bratwurstbude im Trennwald abgerissen?

Sie nickte.

Ich ging auf den Wald zu. Bald waren Kiosk und Häuser hinter mir im Nebel verschwunden. Im Wald betrug die Sicht nur wenige Schritte, aber ich hatte mich früher hier oft herumgetrieben, mit Freunden, doch meist allein, und kam nicht vom Weg ab.

Ja, das war die Steigung, an deren Ende der Wald sich öffnete. An klaren Tagen trat man aus dem Dunkel und sah die Stadt unter sich liegen: Kirche und Fluss,

Rathaus und das Dach des Grissmannhauses. Heute aber, am dreizehnten Oktober, dem Tag nach meiner Rückkehr, war alles verschollen im Nebelmeer. Ich wollte mir vorstellen, was ich jetzt nicht sehen konnte, doch es gelang nicht. Stattdessen fiel mir mit einem Mal ein, wie ich selber aussah. Fast schmerzhaft hatte ich mein eigenes Bild vor Augen, es war, als spiegelte ich mich im Nebel: Ein hochgewachsener blonder Mann, dessen jungenhafte Züge das Alter zu schärfen begann …

Heute Morgen beim Rasieren hatte ich zuletzt in den Spiegel geschaut. Noch hat der Reichtum nicht in dein Aussehen eingegriffen, noch sieht man ihn dir nicht an, hatte ich gedacht.

Ich hatte die Stadt nicht gesehen und kehrte um.

Armbruster, sagte ich, als sich meine Augen an das dünne Licht gewöhnt hatten, ich seine leicht gebeugte Asketenfigur sich vom Campingstuhl erheben sah, ich brauche etwas zu essen, was empfehlen Sie?

Mir war kalt vom Nebel, vom Wald. Längst hätte ich meine dünne, schäbige Kleidung ersetzen müssen.

Er habe Büchsen mit Ravioli, antwortete der Krämer, falls ich vorhabe, den Armen zu spielen. Für die reicheren unter den Siedlungsbewohnern stünden allerdings ganz andere Leckerbissen bereit.

Die brauchte ich nicht, schnitt ich ihm das Wort ab. Er solle mir eine Büchse Ravioli geben.

Lächelnd stellte er sie vor mich hin.

Ob ich wüsste, dass er in der Haft eine Ethik

geschrieben habe? Wenn ich wolle, könne er sie mir leihen. Doch falls Britta zu Ihnen kommt, wechselte Armbruster das Thema, mache es sich da nicht gut, Champagner im Haus zu haben?

Gut, geben Sie mir eine Flasche, hörte ich mich sagen.

Ich gebe Ihnen eine kalte, der Abend ist nicht mehr weit. Übrigens sei Brigitte, Brittas Mutter, die sehr viel schönere Frau. In den endlosen Gefängnisnächten habe nur die Vorstellung von ihr und die Arbeit an seiner Ethik ihn die Haft ertragen lassen.

Ich wollte davon nichts hören und sagte es ihm.

Ach, Grissmann! Sie sind nicht freundlich zu den Menschen! Ja, ich weiß, wer Sie sind und kenne Ihre Geschichte.

Ich würde gerne hier in der Siedlung bleiben, sagte ich, aber das wäre schwierig, wenn der Besitzer des einzigen Ladens mir feindselig gesinnt sei. Mögen Sie mich nicht, Armbruster, hassen mich vielleicht?

Nein. Und er werde mir den Champagner billiger überlassen als anderen Reichen hier.

Gut, sagte ich und nahm meine Einkäufe. Und ich brauchte auch manchmal jemanden zum Reden; vielleicht würde ich auf ihn zurückkommen und sogar einen Blick in seine Ethik werfen.

Gestern hatte ich noch nicht alles ausgepackt, und als ich es nach dem Essen tat, kamen mir mein Büchlein und die Diskette unter die Augen, die ich aus Amerika mitgebracht hatte.

Ich blätterte in meiner Arbeit. Ja, ein wenig hatte ich geleistet im Leben und als ich die von mir geretteten Sprüche wieder las, war ich stolz auf mich. Aber der Nachmittag kam und machte mich schwach: All meine damalige Arbeit schien mit einem Mal überflüssig, aller Stolz war verschwunden, und ich beschloss, stattdessen die Diskette einzulegen.

Ein Schuhgeschäft in einer Einkaufsstraße. Eine junge Verkäuferin ist allein im Laden, packt Schuhe aus und dekoriert das Schaufenster. Draußen fährt ein Porsche vor und hält im Halteverbot. Sie beachtet den jungen Mann nicht, der aus dem Wagen steigt. Er hat einen Blumenstrauß dabei. Der Mann kommt herein, will ihr die Blumen geben, aber sie nimmt sie nicht an. Er lädt sie ein, mit ihm eine Fahrt ins Blaue zu unternehmen, doch sie lehnt ab. Selbst wenn sie jetzt nicht arbeiten müsste, mit ihm wolle sie nirgendwohin. Wenn er keine Schuhe kaufen wolle, solle er jetzt gehen. Er gibt auf und verlässt den Laden. Draußen, vor der Schaufensterscheibe, will er das Mädchen noch einmal grüßen. Da braust eine Radfahrerin heran und fährt ihn über den Haufen. Der Mann liegt am Boden und blutet aus einer Wunde am Kopf. Die Verkäuferin läuft hinaus. Sie führt den Benommenen in den Laden. Aus dem Schrank für Erste Hilfe holt sie eine Mullbinde und verbindet ihn. Dann küsst sie ihn. Sie entkleidet ihn, dann sich. Sie reitet ihn.

Danach war die Bedrohung durch den Nachmittag vorüber. Dennoch fühlte ich mich einsam. Die Aufgabe, mithilfe des Reichtums meinem Leben einen Halt, eine neue Ausrichtung zu geben, stand wie eine Flutwelle über mir. Morgen würde ich mir den Film noch einmal ansehen, vielleicht hatte ich etwas übersehen, vielleicht hatte er eine geheime Botschaft.

Kurz vor sechs fiel mir ein, dass ich nur ein Glas besaß, um Champagner daraus zu schlürfen. Mit einem Mal war mir, als sei in meinem Kopf ein Geräusch, ein leises Schnarren und Schurren, wie von Mäusen, wie von Getier. Dann fiel mir ein, dass ich damals einen Wattebausch in die Klingelglocke gestopft hatte, damit ich sie in der Mansarde nicht hörte. Das Geräusch ist draußen, dachte ich, jemand drückt den Klingelknopf – und nur schnarrend schlägt die Glocke an.

Als ich öffnete, stand Bausinger vor mir.

Ich hätte jemand anderen erwartet, sagte ich, ein junges Mädchen. Sehr hübsch, auch wenn ihr ein Vorderzahn fehle.

Sie hätten es sich überlegt, sagte Bausinger, und sah sich verstohlen in der Mansarde um, sie könnten mir mit dem Mietpreis entgegenkommen. Wenn ich nichts vom Lottogewinn verriete, würden sie mir entgegenkommen. Wie gut, wie sorgfältig hätten sie den Gewinn geheim gehalten, bis ich gekommen wäre. Die Hälfte der Miete würden sie mir erlassen!

Geld sei mir nicht wichtig, antwortete ich.

Und wenn Sie umsonst wohnen dürften?

Ich sah seine Verzweiflung, zuckte die Achseln, dann stimmte ich zu.

Er wisse, das sei nicht mehr üblich, sagte Bausinger, aber darauf solle ich ihm die Hand geben. Werden Sie sich an unsere Abmachung halten?

Ja, ja, antwortete ich leichthin und nahm meine Hand aus seiner.

Dann werde er jetzt das Ergebnis seiner Frau mitteilen.

Vorher wolle ich ihm noch eine persönliche Frage stellen, antwortete ich. Wie es bei ihm um die Wut und den Hass der Armen bestellt sei? Sei sie gleich nach dem Lottogewinn von ihm abgefallen? Oder verspüre er noch die alte Wut auf die Reichen, wenn auch jetzt selbst dazugehörend?

Bei seiner Frau sei es damit sofort vorbei gewesen, antwortete Bausinger; bei ihm habe es länger gedauert, dauere sogar immer noch an. Höre er am Kiosk oder bei Armbruster von den heimlichen Reichen, steige instinktiv die alte Wut in ihm hoch.

Man hörte Schritte auf der Treppe. Als Bausinger die Tür öffnete und hinausging, zwängte sich das Mädchen an ihm vorbei. Sicher hatte er ihre Brüste gespürt. Sie trug eine schwarze enge Lederhose, ein schwarzes T-Shirt und darüber eine kurze Lederjacke, verziert mit silbernen Nieten.

Nach dem Betrachten des Films war ich nicht mehr auf Abenteuer aus und wusste nicht, ob ich Britta nicht gern wieder loswerden würde.

So wohnen Sie also!

Ob sie enttäuscht sei?

Sie wohne auch nicht besser, antwortete sie. Haus Dreizehn. Da sei es lauter, von der Straße her, und schmutziger als hier in Eins.

Ich bot ihr den Stuhl an, nahm selbst auf dem Hocker Platz, stand aber noch einmal auf, zündete die Kerze an. Draußen dunkelte es. Wir schwiegen.

Sie habe erst nicht kommen wollen, sagte sie und starrte in die Kerzenflamme. Armbruster habe jedoch erzählt, ich hätte Champagner gekauft; da sei sie neugierig geworden.

Ich sah die Lücke zwischen ihren Zähnen.

Nein, ich hätte keinen Champagner gekauft, hörte ich mich sagen. Ich nannte meinen Vornamen und schlug vor, dass wir uns duzen.

Ihr Freund Jacko habe ihr den Zahn ausgeschlagen. Sie seien aber jetzt nicht mehr zusammen.

Eifersucht?

Sie antwortete nicht. Sie war traurig geworden. Und auch wenn Trauer in der Jugend nicht so viel wiegt wie später, steckte sie mich an damit. Alles Geschlechtliche, seine ganze Anbahnung, war mir plötzlich verhasst.

Armbruster habe sie gewarnt, sagte sie nach einer Weile. Er wird dir einen neuen Zahn versprechen, und dann musst du ins Bett mit ihm.

Wie Armbruster darauf käme?

Weil ich ein schlechter Mensch sei, sagte sie. Armbruster spüre das.

Ja, antwortete ich, dass ich ein schlechter Mensch bin,

könne gut sein. Im Übrigen hätte ich gelogen, und tatsächlich Champagner besorgt.

Ich gab ihr das einzige Glas, ich selbst benutzte die Tasse. Wir stießen an, beide melancholischer Stimmung. Ich begann von meinen Eltern zu erzählen, vom Grissmannhaus, von meiner früheren Frau, vom Verschwinden meines Professors …

Das sei so weit weg, entgegnete sie.

Wie viel hast du zusammen?

Dreihundert.

Hier seien Fünfhundert, sagte ich und legte das Geld auf den Tisch. Und nun solle sie gehen.

Ob sie noch austrinken dürfe? Es schmecke so gut.

Nein, geh gleich. Komm morgen wieder.

Sie nahm das Geld und ich drängte sie zur Tür. Ohne ein Wort des Abschieds trennten wir uns.

Kurz darauf hörte man vor Haus Eins jemanden krakeelen. Ich öffnete das Fenster, um besser zu verstehen.

Grissmann, du Schwein!

Es war eine Frauenstimme.

Ich schloss das Fenster und ging früh schlafen.

Gegen Morgen erwachte ich aus unruhigen Träumen. Ich betastete mich, ob ich mich etwa verwandelt hätte. Doch mein Rücken war nicht härter als sonst, mein Bauch weich, meine Gliedmaßen gehorchten mir; sie waren noch die eines Menschen.

Nein, eine herrliche Kette von Tagen lag vor mir. Ich würde sie gestalten, frei wie ein spielendes Kind.

23

Ich kann der Stadt nicht entgehen. Die winzige Bankfiliale in der Siedlung ist ungeeignet für meine Zwecke – zu viel Aufmerksamkeit würde das im Backofen erregen. Auch neue Kleidung brauche ich. Ich habe übrigens Armbruster von meiner Vergangenheit erzählt. Was, hatte er gerufen, dann ziehen Sie mit Ihrem Vortrag über Land, treten in Dorfgasthäusern und Gemeindesälen auf und lassen sich mit Tomaten bewerfen? Wie tief sind Sie gesunken!

Ja, ich sei vom Leben gezeichnet. Der Mensch sei der Spielball der Götter.

Er war darüber nachdenklich geworden: Die nächste Flasche Champagner werde er mir zum Siedlungspreis überlassen. Der Mensch als Spielball der Götter … Wie lange habe er diesen schönen Satz nicht gehört!

Er war rührselig geworden und ich fürchtete, er werde weinen.

Hier, nehmen Sie, ich schenke sie Ihnen.

Er holte eine Flasche aus ihrem Versteck und reichte sie mir.

Und seien Sie nett zu Britta.

Am Abend hatte ich die Flasche, die Armbruster mir geschenkt hatte, aufgemacht und darüber nachgedacht, wie es sein musste, er zu sein. An Britta dachte ich nicht mehr, und so war ich überrascht, als es klingelte und sie vor mir stand.

Sie habe nicht kommen wollen, sagte sie, wolle auch nicht hereinkommen, aber sie müsse mich warnen. Ihr Ex-Freund habe herumerzählt, er werde mich zu Brei schlagen. Nur, wenn sie zu ihm zurückkäme, würde er Gnade vor Recht ergehen lassen. Aber sie wolle nicht zu ihm zurück, und so solle ich mich vorsehen und am besten fortziehen.

Sie war wieder außer Atem vom Treppenlaufen und kam mir mit ihren blauen Augen, dem kurz und frech geschnittenen blonden Haar noch schöner vor als sonst.

Warte, rief ich und hielt sie am Arm fest, denn sie wollte bereits wieder die Treppe hinunter, warst du es, die mich neulich Nacht auf der Straße beschimpft hat? „Grissmann, du Schwein, Grissmann, du Schwein!" äffte ich ihre Frauenstimme nach.

Und wenn, antwortete sie trotzig und versuchte sich loszumachen, und wenn? Sie habe mich gewarnt, nun müsse sie gehen!

Wohl zu Jacko? fragte ich sie aus.

Sie schüttelte den Kopf, ich aber zog sie am Arm in die Mansarde.

Sie brauche nicht zu schreien, ich täte ihr nichts. Hier, Champagner!

Sie senkte den Kopf, ging zur Tür, drehte dann aber um, nahm mir wortlos das Glas aus der Hand und trank.

Hier, sagte ich, hier hast du noch mal zweihundert.

Plötzlich hatte ich das Bedürfnis, sie zu verletzen, und drängte sie zur Tür hinaus.

Ich stellte mich ans Fenster, öffnete es, und wartete, ob mich das Mädchen wieder beschimpfen würde. Die kalte Nachtluft berauschte mich. Aber nichts war zu hören als Brittas eilige Schritte, und so rief ich selbst zum Fenster hinaus: Grissmann, du Schwein! Grissmann, du Sau!

Es war, als wären mir mit dem Reichtum auch große Körperkräfte zugewachsen, und so machte ich mir nichts aus der Warnung des Mädchens. Vorsichtshalber aber würde ich morgen Armbruster konsultieren. Auf keinen Fall wollte ich den Backofen so bald verlassen! Hatte ich hier nicht alles, was ich brauchte? Einen Philosophen zum Gesprächspartner, freie Logis, eine junge Frau, der ich den verliebten älteren Mann vorspielen konnte; den Wald, den Nebel, den Herbst.

Es war zehn Uhr, die Flasche noch halbvoll. Ich wollte mir noch einmal mein Büchlein vornehmen, bevor ich schlafen ging. Oder ein zweites Mal das Benehmen der Schuhverkäuferin studieren. Ich konnte mich nicht entscheiden und ging zu Bett.

Ich werde der Stadt nicht entgehen.

Du wirst dich ihr, dachte ich am Morgen, und schaute zum Wald hinüber, in dem Nebel und Sonne ihren täglichen Zweikampf austrugen, in kleinen Schritten nähern. Erst zur Bank, danach ein kurzer Gang durch die Altstadt, das besagte Haus wirst du meiden; vielleicht noch am ehemaligen Institut vorbei. (Wirtschaftsjuristen saßen seit damals darin).

Wer reich ist, wird nicht sterben. Diesen Satz hatte ich geträumt. Ich saß auf einer Brücke an einem Fluss, mit untergeschlagenen Beinen, eine speckige Kappe vor mir auf dem Pflaster. Passanten gingen vorüber, und ein Mann blieb stehen, wollte mir eine Goldmünze in die Kappe werfen, doch sie fiel daneben und begann zu rollen. Ich wollte sie fassen, schon war sie im Fluss. Der Almosengeber aber sagte zu seinem Begleiter: Wer reich ist, wird nicht sterben.

Ich trank meinen Kaffee aus und beschloss, in den Wald zu gehen.

Wieder stand ich an der Stelle, an der ich neulich wegen des Nebels die Stadt nicht hatte sehen können. Heute war die Sicht gut, die Luft klar und kühl, von einer Art, die entfernte Dinge näher erscheinen lässt.

Auf dem Weg hierher hatte ich über meinen Reichtum nachgedacht, wie groß er wohl war und wie viel man brauchte, um seinem Leben eine neue Richtung zu geben; und wie viel man brauchte, um auf seinem Lebensweg zurückzugehen, bis zu der Stelle, wo man meinte, die falsche Richtung gewählt zu haben; um dann ans gewünschte, aber damals verfehlte Ziel zu gelangen.

Eichelhäher hatten mich mit ihrem Keckern immer wieder aus meinen Gedanken gerissen, oder ein Fuchs, der sich für einen Augenblick zeigte, oder seltsam geformte Sonnenflecken, die durch die halbentlaubten Bäume auf den mit bunten Blättern bestreuten Weg gefallen waren. Nun lag die Stadt zum Greifen nahe vor mir.

24

Gestern ist zweierlei passiert: Ich bin überfallen worden und in der Stadt gewesen.

Am Morgen war ich durch die Siedlung gegangen. Einige Siedlungsbewohner waren unterwegs, man konnte sie gut beobachten. Ich ging langsam, denn ich war nachdenklich, und merkte an ihren Blicken, dass sie längst begonnen hatten, sich ein Bild von mir zu machen. Aber noch steckte es unfertig in ihren Köpfen, und ich war frei. Das musst du Armbruster erzählen, dachte ich, diese Betrachtung muss einem wie ihm gefallen.

Das Mittagessen hatte ich am Kiosk nehmen wollen. Erst hatte ich mich angestellt, aber es ging nur schleppend voran. Dann sah ich, dass nicht Britta, sondern eine Frau um die Vierzig hinter dem Tresen stand, die eine entfernte Ähnlichkeit mit dem Mädchen hatte.

Und was willst du?

Sie lächelte, kein Zahn fehlte. Nun sah ich, dass sie einmal schön gewesen war, aber längst nicht so, wie sie in Armbrusters Hтеатträumen vorgekommen war.

Nichts, antwortete ich und trat beiseite für meinen Hintermann.

Der Mann hinter mir trug ein Holzfällerhemd, derbe Stiefel und eine grobe, blaue Hose. Seine Stimme war tief und dröhnend. Sein schwarzes Haar aber etwas zu dunkel, um nicht gefärbt zu sein, sein Gang der eines alten Mannes.

Ja, da haben Sie Glück gehabt, rief ich, einen Platz vorgerückt durch meinen Verzicht!

Mit diesen Worten ging ich davon.

Zuhause las ich eine Weile. Vieles in dem schmalen Werk kam mir gänzlich neu vor; klang auch wie gefälscht, so als habe der Autor die Sprüche der Kinder gar nicht gesammelt, sondern sich ausgedacht.

Als ich später in Armbrusters Keller kam, wusste er es schon.

Was tun Sie, Grissmann! rief er mir zu, noch bevor ich ihn grüßen konnte. Seine hagere Gestalt zitterte. Alle hätten davon erzählt: Dass sich einer am Kiosk angestellt habe, dann aber einfach davongegangen sei. Das waren doch Sie?

Und wenn? antworte ich, was so schlimm daran sei?

Ach, Grissmann! Er schüttelte mitleidig den Kopf. Ob er herumerzählen solle, dass ich mich in entlegenen Weilern im Hinterzimmer von Wirtshäusern gegen Geld mit Tomaten habe bewerfen lassen? Dann würde man mich eher akzeptieren.

Ganz, wie er wünsche, antwortete ich. Und, Armbruster, noch etwas. Wenn Sie jeden Tag geöffnet hätten, könnten mir in Zukunft die Wochentage egal sein.

Er habe immer offen, antwortete Armbruster.

Außer uns war niemand im Laden, und unvermittelt begann Armbruster, von seiner Ethik zu sprechen; fing bei Aristoteles an, kam zur Eudämonie, und wie er – als erster, soweit er wüsste – einen Zusammenhang zwischen Ethik und Komik hergestellt habe …

Seine etwas brüchige Stimme hallte im Kellerraum wider; im Auditorium Maximum hatte sie ihre Wirkung auf mich nicht verfehlt. Hier aber kam mir eine Erkenntnis, die mich traurig stimmte.

Armbruster, dachte ich, ich hatte dich für einen freien Geist, einen Philosophen gehalten. Nun sehe ich, dass du mit deiner Ethik, dass du mit deinem Werk, deine Existenz legitimieren willst. Wie billig!

Nur aus Mitleid hörte ich ihm weiter zu, merkte jedoch allzu deutlich, dass er davon träumte, aufgrund seiner Ethik rehabilitiert zu werden.

Das ist falsch, dachte ich

Kurz nachdem ich ihn verlassen hatte, wurde ich überfallen.

Es war auf dem Kinderspielplatz, den ich überquerte, um mit meinen Einkäufen schneller nach Hause zu kommen. Die Klettergestelle, Wippen und Schaukeln waren in schlechtem Zustand, verrostet und zerbrochen. Spitze, verrostete Eisenteile ragten ungeschützt hervor. Kein einziges Kind spielte auf diesem Spielplatz.

Ich merkte, dass mir jemand folgte, und als ich mich umdrehen wollte, hörte ich ein Sausen, drehte instinktiv meinen Kopf weg, und so traf der Stock nur schmerzhaft meine Schulter. Meine Einkaufstüte hatte ich fallen lassen, und noch während ich herumfuhr, dachte ich: Hoffentlich zerbrechen die Flaschen nicht, aber auch, dass ich reich und stark war. Ich schlug auf den Arm, der den Stock hielt – der Stock fiel zu Boden. Dann drehte ich dem Angreifer den Arm auf den Rücken. Er stöhnte vor Schmerz im Polizeigriff.

Es war ein magerer, zwölf oder dreizehn Jahre alter Junge, in billiger Sportkleidung.

Was willst du von mir?

Es war ein rötlicher Typ mit sehr hellem Haar, und den weißen Wimpern, die manche Kuhrassen haben.

Er antwortete nicht.

Wie heißt du? rief ich.

(Es war diese Art von Jungen, auf die man kurz in der Grundschule trifft. Später sind sie verschwunden.)

Er schwieg, und ich versuchte es – wie im Märchen – mit einer dritten Frage, wobei ich seinen Arm noch etwas höher den Rücken hinaufschob.

Was habe ich dir getan?

Ich hatte ihn so gut im Griff, dass ich mich umsehen konnte: Weit und breit war niemand anderes zu sehen. Der Stock, der auf der Erde lag, hatte noch seine Rinde. Doch an seinem einen Ende war sie abgeschält, so dass das helle Holz als Monogramm hervortrat: J.S.

Willst du mir nicht antworten, Jacko?

Meine Schulter schmerzte.

Stundenlang hätte ich den Jungen so mit einer Hand bändigen können. Ich blickte zum Wald hinüber, ob dort Nebel sei.

Bist du stumm?

Ich hatte das nur so dahingesagt, doch als er weiterhin schwieg, nahm ich diese Möglichkeit ernster. Seine Nägel waren abgekaut, die Hände schmutzig, die Fingerkuppen gelb wie bei Kettenrauchern. Solche Burschen, dachte ich, fangen früh mit dem Rauchen an.

Ich gab ihn frei, und viel zu langsam wollte er nach dem Stock greifen, der noch immer neben uns auf der Erde lag. Als ich ihn aufhob, lief der Junge davon, hielt aber noch einmal inne und blickte verlangend nach seinem Stock.

Der Backofen war mir bisher als ein Paradies erschienen, aus dem mich mein Reichtum vertreiben würde, aber ich wollte es verteidigen, solange es ging.

Ich machte eine scheuchende Bewegung, und provozierend langsam, ja mit gemächlicher Frechheit verschwand er in Haus Fünf.

Der Stock gefiel mir, er lag gut in der Hand, und an seiner einen Seite, knapp über dem Monogramm, war er dicker und etwas gebogen, so dass man ihn als Spazierstock benutzen konnte. Ich schwang ihn hin und her – auch als Waffe war er zu gebrauchen.

Du hast einen Sieg errungen, dachte ich, auch das gehört zum Paradies. Nun erst wurde mir bewusst, wie sehr noch das Adrenalin in meinem Blut rumorte; und den Stock, der mich am Kopf hatte treffen sollen, als Spazierstock nutzend, ging ich zum Kiosk.

Britta war nicht da, auch ihre Mutter nicht. Ich beschloss, in die Stadt zu fahren.

25

Immer wieder hat mich diese Szene geärgert: Ein Bus ist gerade losgefahren, jemand kommt angerannt, zu spät; die Bustüren sind geschlossen, der Bus rollt; Enttäuschung malt sich auf dem Gesicht des Ausgesperrten. Da hält der Fahrer noch einmal an, die Tür fährt auf, der Verspätete ist gerettet. Und eine Stimmung kommt auf im Bus, als sei Großes geleistet worden, der Fahrer ein Held, und dem Zugestiegenen schlägt eine Welle von Sympathie, fast Liebe entgegen.

Alle sind glücklich für den Bruchteil einer Sekunde – nur ich mag diesen Überschwang nicht. Und so laufe ich nicht, wenn mir ein Bus davonfahren will, sondern ertrage den Gedanken, dass nicht alle gerettet werden, so sehr sie auch laufen.

Jetzt fährt der Gelenkbus ein in den Wendehammer des Wennfelder Gartens. Fahrgäste steigen aus. Ich aber bin noch fünfzig Meter entfernt. Die ersten Ausgestiegenen kommen mir entgegen. Schon schließen sich die Türen. Zehn, fünfzehn Meter noch. Der Bus fährt los, dann hält er noch einmal an.

Er hält, denke ich, die Türen gehen auf. Und ich laufe. Doch als ich da bin, foppt mich der Fahrer, schließt die Türen erneut und fährt an.

Und ich lache, wie wohl der Fahrer über mich lacht.

Denn wenn man sich jederzeit rächen kann wie ich, sieht man die Dinge milder.

Auf meinen Stock gestützt blickte ich dem Fahrzeug nach.

Aber der Bus hielt erneut, der Fahrer hupte, und wieder lief ich, schalt mich, dass ich lief.

Mit euch aus dem Backofen mache ich das am liebsten, rief der Fahrer und ließ mich ein.

Und wenn ich Sie mir merke, antwortete ich, und mich irgendwann räche?

Ach, das wird so schrecklich nicht sein.

Der ganze Bus ist ein einziges Gelächter, auch der Mann, den ich am Kiosk vorgelassen habe, ist da. Und er, der den Starken nur spielt, bietet mir zum Scherz seinen Platz an.

Zum Schimpfeck fährt man eine halbe Stunde. Dort ist die Bank, zu der ich will. Und, kurz bevor ich die Bank betrete, komme ich am „Deutschen Haus“ vorbei. Vor vielen Generationen hat es der Familie Grissmann gehört; nun gehört es anderen, ein Hotel und ein Traditionslokal sind darin untergebracht.

Wie oft hat mein Vater meine Mutter und mich an Feiertagen dorthin ausgeführt, und obwohl ich gutes Essen schon damals schätzte, fürchtete ich mich vor diesen Besuchen. Denn jedes Mal betrat mein Vater das Lokal in Hochstimmung, im Verlauf des Essens aber starrte er immer wieder auf die Wappen an der holzgetäfelten Wand, ließ sich von meiner Mutter nicht aufmuntern, aß sein Schnitzel nicht auf. Ich durfte es dann aufessen, wütend auf meinen Vater, dass er mir mit seiner Laune das Schnitzelessen verdarb.

Alles hier war verseucht mit Erinnerung. Meine Schulter schmerzte, als ich die schwere Glastür des Bankgebäudes aufdrückte.

Ich ging zur Rezeption, zeigte meinen Personalausweis und verlangte den Direktor zu sprechen. Der Blick des jungen Mannes ging über meine schäbige Kleidung, der Anblick des Stockes irritierte ihn.

Mit diesem Stock, sagte ich, habe man heute auf mich eingeschlagen. Doch ich hätte mich gewehrt. Nun gehöre er mir.

Ob ich angemeldet sei?

Ich schüttelte den Kopf, heftig, wie ein wilder Mann, der in den Wäldern lebt.

Er werde sehen, ob Dr. Gesellius Zeit für mich habe.

Gesellius? rief ich aus, Thomas Gesellius?

Meine Stimme hallte in der Empfangshalle wider, und durch eine Besonderheit der Architektur klang es, als wolle ich Gesellius wie den Erdgeist heraufbeschwören. Ich war erschrocken über den Klang.

Wenn ich wirklich Grissmann sei, wünsche Dr. Gesellius mich sofort zu sehen.

Ich wurde durch das Vorzimmer geführt, an einer Sekretärin vorbei, in das Büro des Direktors.

Gesellius, alter Vogel, was machst du hier?

Ja, Georg, ich bin jetzt Bankdirektor! Was ist das für ein Stock, Georg?

Den hätte ich aus dem Backofen.

Er zeigte auf zwei Ledersessel etwas abseits von seinem Schreibtisch, und wir setzten uns.

Das Wichtigste sei Diskretion. Er habe doch das Schreiben aus den USA erhalten?

Ja. Aber was sind das für Summen, Georg?

Nur er, Gesellius, er allein in dieser Stadt dürfe davon wissen. Ob er mir das garantieren könne?

Ein oder zwei Mitarbeiter müsse er einweihen, antwortete Gesellius.

Er sieht aus wie damals, immer noch wie ein Dandy: Die Rolle, die ich hatte spielen wollen, als ich zu Krautmanns Mannschaft gestoßen war, und die ich besetzt fand durch ihn.

Bist du glücklich hier?

Er sei gefangen, aber glücklich, antwortete der Bankdirektor. Falls ich lange fort gewesen sei und es daher nicht wisse: Im Fall Krautmann gebe es nichts Neues, er bleibe verschwunden.

Kaffee wurde gebracht.

Wie standen wir miteinander, Grissmann? Waren wir Feinde? Konkurrenten vielleicht, aber Feinde doch nicht? Er habe ein bisschen Angst vor mir, nun, da ich mächtig sei.

Du bist fast kein Mensch mehr mit deinem Vermögen, fügte er leise hinzu.

Du als Bankdirektor hast sicher auch Geld wie Heu? entgegnete ich.

Ein Hühnerdreck gegen deins! rief Gesellius aus.

Nun fiel mir ein, dass er am Institut an einer größeren Arbeit gesessen hatte, alle hatten gemunkelt, es werde ein ganz großer Wurf. Selbst Krautmann hatte eine Bemerkung darüber fallen lassen, etwas wie Ehrfurcht hatte dabei in seiner Stimme mitgeschwungen; wir anderen waren vor Neid erbebt. Es war um die vermutete Abhängigkeit der Heimatverbundenheit von Vermögensverhältnissen gegangen. Wahrlich ein Schwergewicht im Vergleich zu meinen Versen!

Wirst du nach Amerika ziehen? Das rate er mir, fügte der Bankdirektor hinzu, das rate er mir im Guten!

Ich war verblüfft über seinen Rat und erzählte, wie gut mir der Backofen jetzt gefalle; ich wolle dort nicht mehr fort.

Doch Gesellius wollte nichts davon hören und unterbrach mich. Er war zornig geworden – hatte er mir nicht eben sogar mit der Faust gedroht?

Wenn er die Macht dazu hätte, würde er mir die Stadt verbieten, rief der Bankdirektor. Geh doch nach Amerika! Tob dich dort aus, aber nicht hier!

Er war aufgesprungen und stand drohend vor mir, gleich würde er sich auf mich stürzen.

Der Stock, dachte ich. Aber Gesellius ging nur noch schwer atmend auf und ab, drohte mir noch einmal mit der Faust und setzte sich dann.

Du willst dich einmischen. Tu das nicht! Du bist charakterlich nicht stark genug für die Macht, die der Zufall dir geschenkt hat.

Das ist ja ein Verrückter, dachte ich. Dann fiel mir ein, dass ich ganz ähnliche Gedanken gehegt hatte.

Was habe ich getan, Gesellius, dass du mich hasst?

Ich lachte. Auch wenn mich seine Worte verletzt hatten, so war ich doch reich. Ich bin reich und habe den Stock, dachte ich, und ich nahm ihn und spielte damit.

Ich hasse dich nicht, lenkte der Bankdirektor ein. Aber ich müsse einsehen, dass ich hier nur störe, nur alles durcheinander bringe. Der Bürgermeister sei sein Freund, ein Mann, der die Stadt nach vorne geführt habe, und die Unterstützung seiner Frau sei für seine Pläne überlebensnotwendig. Und das sehe er durch meine Rückkehr gefährdet. Ach, Georg, wechselte er das Thema, was war das doch am Institut für eine schöne Zeit!

Er begann, wohl um seinen Hassausbruch vergessen zu machen, einen der Kinderverse zu skandieren, die ich damals gesammelt hatte:

Banane, Zitrone – an der Ecke steht ein Mann
Banane, Zitrone – er lockt die Weiber an
Komm, mach mit!

Und wirklich ertappte ich mich dabei, geschmeichelt, dass er mich quasi zitierte, dass ich einfiel:

Banane, Zitrone – er nimmt sie mit nach Haus
Banane, Zitrone – er zieht sie nackend aus –
Banane, Zitrone – er nimmt sie mit ins Bett –

Wir konnten vor Lachen nicht weitersprechen.

Ach, wie viel wohler wäre ihm, rief Gesellius aus, wenn ich ihm verspräche, mich hier in der Stadt nicht mehr blicken zu lassen.

Die Sekretärin brachte Cognac in zwei Schwenkern.

Gesellius, wolltest du vorhin auf mich losgehen?

Er zuckte die Achseln. Wieder lag auf seinem Gesicht der selbstsichere Ausdruck, um den ich ihn früher so beneidet hatte.

Ob er mir eine Frage stellen dürfe? fragte Gesellius zurück. Warum warst du nicht auf der Beerdigung deines Vaters?

Er ist tot? Davon hätte ich nichts gewusst. Ich sei in Amerika gewesen.

Man habe ihn auf dem Stadtfriedhof beerdigt. Der Bürgermeister habe das angeordnet. Es lägen ja so viele Grissmanns dort.

Wann war das, Gesellius?

Er stand auf, als sei ihm plötzlich etwas eingefallen, ging zum Schreibtisch und kam mit einem braunen Kuvert in der einen, einem roten Buch in der anderen Hand zurück.

Hier sei das Bargeld, das er mir geben solle, so habe es in dem Schreiben der amerikanischen Kanzlei gestanden.

Er reichte mir den Umschlag.

Und hier, das wolle er mir schenken. Es sei die Arbeit, an der er damals gesessen habe. Jetzt habe er sie zu Ende geschrieben und als Privatdruck herausgebracht. Er müsse übrigens meinen Personalausweis sehen und brauche meine Unterschrift.

Ich zeigte den Ausweis, er notierte die Nummer, ich unterschrieb.

Ich wolle nun gehen, sagte ich, ich wolle allein sein und über den Tod meines Vaters nachdenken.

Gesellius begleitete mich zum Ausgang.

Der Bürgermeister habe eine sehr schöne Rede auf meinen Vater gehalten.

Was wäre verloren, dachte ich, als ich auf die Straße trat, wenn ich Gesellius nie wiedersehen würde? Wenn es ihn gar nicht gegeben hätte?

Unwillkürlich drehte ich mich noch einmal um und sah zum Fenster des Büros hinauf; es war, als wolle ich mir den Ort einprägen, an dem mir der Tod meines Vaters mitgeteilt worden war. Aber gerade, als ich hinaufsah, war dort oben jemand ans Fenster getreten und drohte mir mit der Faust.

26

Ich irrte durch die Stadt, immer wieder den Satz wiederholend: Du bist am falschen Sterbebett gewesen. Dieser Satz hielt die Trauer von mir fern; doch irgendwann wäre die Kraft des Satzes verbraucht, und ich meinen Gefühlen hilflos ausgeliefert.

Aha, dachte ich in der historischen Fußgängerzone, Leute bleiben stehen und drehen sich nach dir um, du sprichst wohl laut mit dir selbst. Ich zwang mich, den Satz nur noch zu denken.

Zu meiner Mutter wollte ich jetzt nicht, und so schlug ich den Weg zum Stadtfriedhof ein.

Mein Mund war trocken und ich musste mich wieder und wieder räuspern, wie jemand, der zu lange mit falscher Technik gesprochen hat. Nun kamen die Kliniken, hier war man schon weit vom Grissmannhaus entfernt: Mein Atem ging leichter, mein Gang wurde freier. Fast lässig näherte ich mich dem Friedhof.

Der Satz war fort. Stattdessen begann ich, mir ein Bild von meinem Vater und seinem Leben zu machen, nun, wo beide für immer zusammengehörten. „De Grizzmans seyn scheene Leut", heißt es irgendwo in einer alten Chronik. Mein Vater zitierte das oft, manchmal ernst, manchmal lachend. Er selbst war Pykniker, ein Mensch von kräftigem, gedrungenem Körperbau. Viel seltener als der Leptosome oder der Athlet komme dieser Typus in der Grissmannfamilie vor. Und er sei froh, dass sein Sohn ein Leptosomer sei: So gehöre es sich für einen Grissmann.

Ich war am Stadtfriedhof angekommen und rüttelte am Tor. Zu spät – der Friedhof war geschlossen.

Schon in meiner Jugend war mir mein Vater lächerlich vorgekommen. Nie hatte ich ihn mit vollem Haar erlebt, immer war er ein Glatzkopf gewesen. Jetzt, da ich erneut am geschlossenen Friedhofstor rüttelte – es gab dabei ein helles Quietschen von sich, zwei Töne, hoch und melodisch, wie das Flöten eines Pirols – bedauerte ich, meinen Vater nicht mehr geliebt zu haben, besonders als Kind; und dass ich trotz meines Reichtums nicht die Macht besaß, es jemals wiedergutzumachen. Ich merkte, dass ich weinte.

Immer noch hatte ich den Stock bei mir. Er passte nicht zu meiner Trauer, und ich schleuderte ihn gegen die Friedhofsmauer. Aber elastisch sprang er von der Mauer ab, als wolle er zu mir zurückkehren.

Später, in einigen Tagen, dachte ich, wirst du wieder in die Stadt gehen und deine Mutter aufsuchen und das Grab; auch neue Kleider kaufen. Jetzt wollte ich zurück in die Siedlung. Ich war etwa fünfzig Meter gegangen, als ich mich noch einmal umdrehte.

Es dämmerte bereits. Niemand war auf der Straße, die Friedhofsmauer leuchtete frischgekalkt. Ein großer Friede ging von ihr aus. Der Stock aber lag davor auf dem Bürgersteig. Jemand hätte darüber stolpern können, und so ging ich hin und nahm ihn an mich.

Auf dem Weg zum Busbahnhof war mein Hals wie zugeschnürt. Ab und zu betastete ich meine Wangen, ob ich wieder weinte. Ich hätte gerne wieder geweint, wenn es gegen das Gefühl im Hals geholfen hätte. Dann fiel mir ein Satz aus dem Konfirmandenunterricht ein, der mir damals Angst gemacht hatte; durch seine Kürze, seine Rohheit: Der Tod ist der Sünde Sold.

Nicht mehr als siebzig Jahre alt war mein Vater geworden.

Hinter der Universität, beim Taxistand, wusste ich wieder, dass ich reich war.

Zur Backofensiedlung, sagte ich zu den Fahrern, die neben den Wagen beisammenstanden und rauchten. Bei jedem Zug glommen ihre Zigaretten heller in der Dunkelheit, mal bei dem einen, mal bei dem andern. Trotz meiner Trauer nahm ich wahr, dass sie über das Ficken gesprochen hatten.

Der Tod ist der Sünde Sold. Ja, immer noch ängstigte mich dieser Satz.

Fahren Sie zum Busbahnhof, dort, wo die Busse zur Siedlung fahren.

Wollen Sie mit dem Bus weiterfahren? fragte der Taxifahrer ärgerlich.

Nein, antwortete ich. Aber wenn dort ein bestimmtes Mädchen stünde, wolle ich sie mitnehmen.

Der Fahrer fuhr die Reihe der Wartenden ab, Britta war nicht darunter.

Haben Sie keine Angst? fragte ich, als wir durch den nächtlichen Trennwald fuhren, die Scheinwerfer beleuchteten die schnurgerade Straße, ich könne Sie überfallen? Den Stock hätte ich einem Jungen abgenommen, der damit auf mich losgegangen sei.

Die Bäume nahe der Straße flogen im Scheinwerferlicht vorüber. Einmal war kurz ein Reh zu sehen.

Dann haben Sie wohl meine Angst gespürt, erwiderte der Fahrer. Er sei nämlich einmal auf dieser Strecke nachts überfallen worden.

Stellen Sie sich vor, sagte ich plötzlich. Vor ungefähr zwei Wochen habe mich ein Privatdetektiv aufgesucht. Seit dieser Nacht gäbe es für mich keinen Moment der Langeweile. Auch sei vor einer Woche mein Vater gestorben, ich hätte erst heute davon erfahren.

Wir verließen den Wald, die vertraute Silhouette der Siedlung lag vor uns.

Ob ich vor einem bestimmten Gebäude abgesetzt werden wolle, oder eher an der Bushaltestelle, so dass man nicht gleich wüsste, wo ich wohnte?

An der Bushaltestelle, sagte ich.

Er hielt und wir stiegen aus, auch er, um sich zu strecken und den Kopf kreisen zu lassen. Im Licht der Laterne betrachtete ich ihn genauer. Er war groß, mit langen dünnen Gliedmaßen wie ein Windhund, das Gesicht hatte etwas Füchsisches. Vielleicht würde ich ihn nie wiedersehen, vielleicht deshalb gab ich ihm ein hohes Trinkgeld.

Niemand war auf der Straße, als ich, den Stock als Spazierstock nutzend, zu meiner Mansarde ging. Die

Gedanken an meinen Vater bedrängten mich, und obwohl ich zuerst auf dem Stuhl an meinem Tisch hatte sitzen wollen, ohne Licht zu machen, schaltete ich es doch ein, damit die Gedanken und Erinnerungen nicht überhandnähmen. Wie Fische in einem zu kleinen Teich schossen sie durcheinander, ja, die Gedanken an meinen Vater lenkten mich geradezu ab von der Trauer um ihn.

Wieder und wieder blickte ich auf meine Uhr, ohne zu wissen, warum. Aber diese Uhr hatte ich von meinem Vater zur Konfirmation bekommen, und so war ich wieder beim Tod: Der Tod ist der Sünde Sold. Wie altmodisch das alles war.

Ich hatte darüber gelesen, aber jetzt, als es eintrat, überraschte es mich doch. Zu Verwirrung und Schmerz gesellte sich der Triumph, am Leben zu sein. Du bist am Leben, andere nicht. In diesem Gedanken konnte man wohnen wie in einem Haus. Doch ich schämte mich auch vor den Toten, weil ich es besser hatte als sie.

Um halb elf überfiel mich das Gefühl, es könne nach diesem ereignisreichen Tag noch mehr geschehen, wurde ungeduldig und nervös, ein Zustand so häufig bei Leptosomen, der Pykniker kennt diese Anspannung nicht. Um diesen quälenden Zustand zu beenden, beschloss ich, noch einmal auszugehen, um den Eintritt des Ereignisses, das mir, wie ich glaubte, bevorstand, zu beschleunigen. Den Stock würde ich mitnehmen.

Wenn man reich ist, ist man ungleich stärker dem Problem des freien Willens ausgesetzt, denn von vielen

Abhängigkeiten, die sonst das Leben bestimmen, ist man befreit, und so muss man fortwährend eine Willenswahl treffen.

Ein Vollmond stand über dem Trennwald, als ich Haus Eins verließ. Beim Anblick seines kalten Lichts wurde mir bewusst, dass ich zu leicht gekleidet war. Ich rieb mir die Hände gegen die Kälte: eine Geste meines Vaters.

Auf der anderen Straßenseite, unter einer Laterne, lungerte eine Gestalt. Die Laterne brannte nicht, und so konnte ich ihr Gesicht nicht sehen. Sie stand da wie jemand, der zögert, der etwas will und nicht weiß, ob er es wirklich will.

Britta?

27

Nun hatte sie sich entschlossen und kam zu mir herüber.

Sie hatte eine Champagnerflasche in der Hand.

Ob mir nichts an ihr auffiele?

Sie lächelte, und ich hatte schon Nein sagen wollen, da bemerkte ich es.

Ist er nicht schön? Sag, dass er schön ist!

Ich wusste, wie sehr man sich in der Jugend freut, wenn man bekommt, was man will, und stimmte ihr zu.

Ob wir hinauf gehen sollten und anstoßen? Sie wolle sich für den Champagner von neulich revanchieren.

Es war ein anderes Mädchen als sonst, das da die Treppe hinaufstürmte, und ich wusste nicht, ob sie es darauf angelegt hatte, mich mit ihren Bewegungen zu erregen.

Mach die Kerze an, so wie neulich.

Hier, sagte ich, mit diesem Stock wollte mir heute ein Junge auf den Kopf schlagen.

Sie nahm den Stock und betrachtete das Monogramm. Ja, der gehöre dem jüngeren Bruder von Jacko.

Sie trank und reichte mir die Tasse.

Heute hätte ich erfahren, dass mein Vater gestorben sei.

Das tue ihr leid. Ob sie gehen solle?

Nein, antwortete ich und trank. Sie solle hierbleiben und mich trösten.

Wie sie mich denn trösten könne?

Das sei nur ein dummer Witz gewesen, antwortete ich. Und sie sehe aus wie eine Schönheitskönigin. Mein Vater, fuhr ich fort, sei privat, für sich, ein zufriedener vielleicht sogar glücklicher Mensch gewesen. Er sei in seiner Arbeit aufgegangen. Sobald er aber an seine Familiengeschichte gedacht habe, sei zu seinem Stolz auf seine Vorfahren Wehmut über den Niedergang der Sippe getreten.

Während ich mich an meinen Vater erinnerte, hatte Britta sich ausgezogen und sich nackt auf meinen Schoß gesetzt. In Filmen und Träumen hatte ich das häufig gesehen. Jetzt musst du Champagner über ihre Brüste gießen und ihn ablecken, dachte ich.

Wie banal das war! Nein, ich würde es nicht tun.

Nun berührte ich doch ihre Brust.

Kurz musste ich an meinen Reichtum denken.

Angesichts des Altersunterschieds und unserer völlig verschiedenen Leben hatte ich nicht damit gerechnet, das Mädchen zum Höhepunkt zu bringen; doch es gelang mir fast spielerisch. Kurz bevor mir alles egal war, öffnete sie ihren Mund und ich sah ihre Zähne. Nie wäre man darauf gekommen, dass dort eine Lücke geklafft hatte.

Nun hatte ich in der Siedlung alles, was ich brauchte.

Wir froren, ich zog die Bettdecke über uns.

Wenn sie jetzt fragte, wer ich sei und was ich vorhätte: Ich würde ihr in diesem Zustand des Glücks alles verraten.

Den Rest des Geldes habe Armbruster ihr geliehen.

Man merkte, dass sie eigentlich nicht davon hatte anfangen wollen.

Wie hatten wir eben noch nackt nebeneinander gelegen, für immer im Augenblick gefangen!

Sag nichts!

Das Bett war zu schmal für uns beide, und ich legte meinen Arm um ihre Schulter, damit er nicht im Weg war.

Ich werde fortgehen aus der Siedlung.

Wer hatte das gesagt?

Ich wollte mich in dich verlieben. Aber es ging nicht.

Das ist ihre Stimme, dachte ich.

Ich war traurig geworden. Was bist du so verletzt? dachte ich hämisch. Du selbst kannst sie ja auch nicht lieben!

Es war trotzdem schön mit dir.

Ja, das fände ich auch, erwiderte ich. Die Stadt fiel mir ein, der Tod meines Vaters, meine Mutter, die Frau des Bürgermeisters, Gesellius, der mich hasste – all das, was ich vergessen wollte.

Dann läuft es auf Abschied hinaus? fragte ich und lachte.

Ja. Aber erst in ein paar Tagen.

Sie streichelte mich, erregte mich, ich wollte mich wehren, meine Trauer verteidigen. Schließlich machte ich mit.

In der Nacht stand sie auf, sie konnte wegen des schmalen Betts nicht schlafen, und ging zu sich, ins Haus Dreizehn.

28

Nun, da ich mir Individualismus leisten konnte, kam er mir nicht mehr erstrebenswert vor. Ich verabschiedete mich von meinem früheren Leitbild, dem Dandy. Eine ästhetische Lebensführung ist nur mühevolle Prahlerei. Es erschien mir jetzt überflüssig, ein Bild von mir anzufertigen. Ein schönes Leben zu führen – dazu musste das Leben nicht ästhetischen Normen genügen, es genügte die Freiheit aufzubrechen, wohin man wollte.

Mit solchen Gedanken rief ich am Morgen meine Mutter an. Erst jetzt hätte ich vom Tod des Vaters erfahren, ich sei in Amerika und könne daher erst nächste Woche kommen.

Er sei sehr schnell gestorben. So wolle sie auch einmal sterben, antwortete meine Mutter mit ihrer normalen hohen Stimme – wenn sie lügt, macht sie den Fehler, tiefer zu sprechen, um die Lüge glaubhaft zu machen. Er habe die Zehn-Uhr-Führung gemacht, eine reine Japanerführung, habe die Gruppe verabschiedet und sei tot zusammengebrochen. Das Trinkgeld habe er noch in der Hand gehabt. Ja, sie sei traurig, aber mehr noch verstört.

Ich müsse auflegen, sagte ich, ich säße im Flugzeug nach New York und müsse mein Handy ausschalten, eben hätte diese Anweisung über mir aufgeleuchtet. Von New York aus flöge ich dann zurück und käme sofort zu ihr.

Ob es mir gut ginge?

Es hatte mir gut getan, die Stimme meiner Mutter zu hören, und als ich hinaustrat in den jungen Morgen, die Sonne schien, ich fror nicht trotz meiner dünnen Kleider, war ich seltsam getröstet über den Lauf der Welt. Die Siedlung, die ich ja auf meinem Weg zum Wald durchqueren musste, kam mir trotz ihrer trostlosen Häuser, trotz der Alten, die mit Krücken die Wege entlang schlurften, trotz der Schulschwänzer, die an ihren Treffpunkten standen und rauchten, wie der Ort auf Erden vor, an dem ich für immer bleiben wollte.

Ich hatte den Stock mitgenommen, um mich zu wehren, falls es wieder zu einem Zwischenfall kommen sollte. Als ich Haus Dreizehn passierte, sah ich zwei Schulschwänzer dort stehen und rauchen, und ich rief ihnen von weitem zu, ob sie einen Stock geschenkt haben wollten? Dann erst sah ich, dass der eine der beiden der Angreifer, der frühere Besitzer des Stocks war. Trotzdem ließ ich den Stock fallen und ging ruhig weiter.

Der Kiosk kam, er war noch geschlossen.

Im Wald dachte ich darüber nach, wie ich meine Mansarde noch karger, noch spartanischer einrichten könnte, kam jedoch zu keinem Ergebnis. Tiefer im Wald hörte ich ein Hämmern, und als ich dem Geräusch nachging, kam ich auf die Lichtung, wo vor Jahren die Wurstbude gestanden hatte. Bauarbeiter sägten und hämmerten dort, und als ich einen von ihnen ansprach, erzählte er, dass die alte Waldwurstbude zwar abgerissen sei, nun an selber Stelle eine neue errichtet würde, unter dem alten Namen. Eine Bürgerinitiative habe diese Wiederauferstehung in einem langen Kampf gegen die Forstbehörde erzwungen.

Ich ließ die Baustelle hinter mir, und wollte wieder einen Blick auf die Stadt riskieren. Dabei dachte ich dies und das, nur nicht an meinen Reichtum. Eins nämlich war mir seit Antritt des Erbes klar geworden: Dass ein zu häufiges, zu langes, zu starkes Nachdenken darüber auf Dauer mein Hirn zerrütten würde.

Die Stadt lag vor mir, harmlos und bedrohlich wie immer.

Mittags hatte ich mir eine Büchse von Armbrusters Ravioli heiß gemacht, danach die quälende Zeit des Nachmittags mit dem Lesen in meinem Buch und dem Anschauen der Diskette verbracht.

Am Abend ging ich noch einmal hinaus, zu Armbruster, und kaufte ein. Den Zahn des Mädchens erwähnte der Krämer mit keinem Wort, kommentierte auch nicht wie sonst meinen Einkauf – er war in Gedanken, seufzte und schwieg.

Später kam, wie ich gehofft, aber nicht mehr erwartet hatte, Britta zu mir. Sie hatte Champagner dabei.

Dein Gesicht, sagte ich, du bist jemand völlig anderes geworden.

So habe sie gestern schon ausgesehen, antwortete sie.

Vielleicht weil wir wussten, dass wir uns bald trennen und nicht wiedersehen würden, verachteten wir uns ein wenig. Sie hatte zwei Gläser mitgebracht, zwei „Kelche“, so wie die, aus denen in Fernsehserien Mann und Frau den Champagner schlürfen.

Die Liebe selbst gelang uns gut, fast schämte ich mich dafür. Ja, ich ertappte mich dabei, zu glauben, ich sei ein guter Liebhaber, und wusste doch, dass das nicht stimmte.

Sie habe jetzt den Kiosk am Marktplatz bekommen.

Ich hatte mich auf den Stuhl gesetzt, während sie auf dem für zwei zu schmalen Bett lag, und hörte ihr zu.

Für sie sei eine neue Zeit angebrochen, mit einem Mal habe sie Lust, sich um einen Beruf zu kümmern, vielleicht eine Ausbildung zu machen.

Nun, da ich nie wieder würde arbeiten müssen, kam mir dieses Gespräch seltsam vor. So, als verstünde ich nicht, was das bedeutete, all diese Wörter: „Arbeit", „Ausbildung", „Beruf".

Es sei schade, dass sie hier fortgehen würde. Sie und Armbruster seien mir sehr wichtig, und ich wolle nicht fort aus der Siedlung.

Ich sah mein Buch auf dem Tisch liegen und weil ich hoffte, von ihr bewundert zu werden, nahm ich es und las daraus vor. Manches kannte sie, manchmal lachte sie über die Vorstellungen der Kinder über die Fortpflanzung des Menschen. Nach drei, vier Stücken ließ ihr Interesse nach.

All diese Sprüche hätte ich gesammelt, sagte ich, teilweise die Kinder direkt befragt. Ich hätte sie dem Vergessen entreißen wollen.

Ob man damit Geld verdienen könne?

Ich schüttelte den Kopf. Wenn sie fort sei, hätte ich nur noch Armbruster.

Schlief sie? Hatte sie mich gehört?

Armbruster ginge vielleicht auch, sagte sie.

Plötzlich fühlte ich mich verlassen, merkte auch, dass ich fror und stellte den Heizlüfter an.

Sie zog sich an. Ich sah ihr zu dabei und fand sie schön.

Zweimal komme ich noch, dann nicht mehr, sagte sie an der Tür.

Ich ging hin und küsste sie.

Ob ich einer der Reichen sei, die unerkannt hier im Backofen lebten?

Ich zögerte. Dann wollte ich alles verraten. Aber sie war bereits fort.

29

Am nächsten Abend blieb Britta aus.

Ich hatte am Kiosk zu Mittag gegessen, und auch dort war sie nicht gewesen, und obwohl das Wetter strahlend war, wurde mir klar, wie empfindlich der Glanz und das Gleichgewicht des Viertels waren. Ich aß an einem Stehtisch, und plötzlich hatte ich ein Erlebnis, wie ich es von früher kannte: Das, was meine Mutter gestern am Telefon erzählt hatte, spielte ein Theater in meinem Kopf noch einmal nach: Ich sah meinen Vater vor dem Grissmannhaus stehen, kaum größer als die Japaner, die ihn umringten. Er lächelte. Dann stieß er einen leisen Schrei aus (davon hatte mir meine Mutter gar nichts erzählt), die linke Hand mit dem Trinkgeld verkrampfte sich zur Faust und er stürzte zu Boden.

Nie würde er von meinem Reichtum erfahren.

Am Abend las ich, um mich über das Ausbleiben des Mädchens zu trösten, wieder in dem Buch mit den Kinderversen, und ein Satz fiel mir ein, den Krautmann einmal in einer Vorlesung über Intersubjektivität hatte fallen lassen: Nie werdet ihr wissen, wie dem Bauarbeiter sein Bier schmeckt …

Am zweiten Abend, als sie wieder nicht kam, ging ich zu Armbruster in den Kellerladen.

Ach, sagte er, als er mich sah, ach, und ich erwartete schlechte Nachrichten.

Ich hätte gehört, sagte ich, dass auch er Britta mit Geld geholfen habe.

Ja, antwortete der Philosoph kurz angebunden. Ob ich wieder Champagner wolle?

Nein, antwortete ich. Morgen würde Britta die Siedlung für immer verlassen, und ich würde sie nicht wiedersehen. Da sei mir nicht nach Champagner zumute. Heute und gestern habe sie mich noch besuchen wollen, es aber nicht getan. Er solle mir eine Flasche Rotwein geben, aber einen guten. Damit wolle ich meine Wehmut hinunterspülen.

Das Mädchen liege seit gestern in der Chirurgischen. Deshalb habe sie nicht kommen können, erwiderte Armbruster und stellte mir eine Flasche hin.

Ich hatte den Krämer fragen wollen, ob er nicht hier in der Siedlung ein anderes, ähnliches Mädchen wisse, das Brittas Rolle bei mir einnehmen könne, denn ich wolle bleiben. Nun unterließ ich es.

Jacko?

Das wisse er nicht. Vielleicht auch der Vater. Zwei Vorderzähne fehlten ihr nun. Unser Einsatz sei vergebens gewesen. Neues Geld für sie habe er nicht, sagte er höhnisch.

Kleine Fische, wollte ich rufen, keine Sorge, das Geld ist da!

Wieso der höhnische Unterton, Armbruster?

Nicht mir, antwortete er, dem Schicksal habe dieser Hohn gegolten. Denn weder dieser kleine Schicksalsschlag noch der größere, der sich ankündige, würde ihn von seiner Haltung des Hinnehmens abbringen.

Vielleicht würde sie jetzt zurück in die Siedlung kommen, fuhr der Krämer fort, mir würde das sicher recht sein.

Morgen werde ich sie besuchen, sagte ich.

Ich hatte mich umgedreht, den Laden fast schon verlassen, gleich würden meine Schritte im Kellergang widerhallen, dann kam die herbstliche Nachtluft – als Armbruster mir nachrief:

Sind Sie unermesslich reich?

Ich tat, als hätte ich die Frage nicht gehört, war auch nicht sicher, ob ich sie mir nicht eingebildet hatte, und trat ins Freie.

Du wirst – kalter Nebel trieb vom Trennwald in die Siedlung – solange bleiben, wie es dir hier gefällt.

Zuhause trank ich von Armbrusters Rotwein und plötzlich, es war schon spät, ertappte ich mich dabei, dass ich Armbruster mit Morler verglich und Helena mit Britta und überlegte, wen ich, wenn ich wählen müsste, vorziehen würde. Aber ich war reich, und der Reiche braucht keine Wahl zu treffen, denn er kann alles haben. Solche Überlegungen störten mich. Ich schob sie beiseite, dachte an nichts, und trank weiter.

30

Gestern war ein ereignisreicher Tag. Stellen Sie sich vor, am Ende habe ich womöglich eine Heldentat vollbracht!

Ich war mit dem Bus in die Stadt gefahren in der Absicht, meine Mutter aufzusuchen. Dann, am Busbahnhof, waren mir die Lügen eingefallen, die ich ihr aufgetischt hatte: Überflüssige Lügen, die ich hätte aufklären müssen, wenn ich in dieser Woche zu ihr ginge. Gut, dachte ich, gehst du erst Kleider kaufen, vielleicht Schuhe, dann zum Schloss hinauf. Von dort aus hat man an einem schönen Herbsttag eine herrliche Aussicht.

Als es zehn war, die Läden öffneten, betrat ich den „Frauendiener". Ein altmodisches Glöckchen erklang, und der alte Frauendiener persönlich trippelte aus der Tiefe des Ladens auf mich zu.

Ich sei der Sohn eines Hausmeisters und brauchte neue Kleidung.

Frauendiener ist klein und zierlich, ein elfengleicher alter Mann mit noch glattem Gesicht und vollem grauen Haar. Er scheint nicht zu altern, bis zu seinem Tod, dachte ich, wird er aussehen wie jetzt.

Der Sohn eines Hausmeisters also, wiederholte er nachdenklich, und nun wollen Sie aussehen, wie ein reicher Mann?

Er griff nach einem scheinbar unauffälligen Anzug. Als ich ihn anprobierte, sah ich, dass er recht gehabt hatte: Ja, so wollte ich aussehen.

Nun brauchte ich noch etwas, das mich jünger aussehen ließe, jugendlich, sogar brutal.

Auch das hat Frauendiener da, eine Lederjacke, eine schwarze Lederhose, alles in feinster Qualität, feinster Verarbeitung und doch so, dass ich vor meinem Ebenbild im Spiegel erschrecke.

Ich kenne Sie nicht, sagte der Herrenausstatter und stellte mir die passenden Schuhe hin, aber sind Sie vielleicht in der Fremde reich geworden, nach langer Abwesenheit nach Hause zurückgekehrt und wollen sich nun an ihrer Heimatstadt rächen?

Wir lachten gemeinsam über diesen romantischen Unfug.

Ich zahlte, ließ die Einkäufe erst einmal dort und ging aus dem Laden.

Ich brauchte neues Geld.

Bist du immer noch da? rief Gesellius mir zur Begrüßung zu.

Ich brauche neues Geld, antwortete ich.

Er habe das eben nicht so gemeint, sagte Gesellius, als er mir die Scheine hinzählte.

Wer jetzt die Führungen durch das Grissmannhaus mache, nun, da mein Vater tot sei?

Weißt du das nicht? Warst du denn noch nicht bei deiner Mutter?

Nein, erst heute wolle ich zu ihr, sagte ich, nicht sicher, ob ich log.

Deine Mutter macht das jetzt.

Während dieses Dialogs kam mir zu Bewusstsein, mit welch protziger Eleganz das Büro des Bankdirektors eingerichtet war. Gesellius, dachte ich, früher hattest du Stil.

Willst du wissen, welche gute Tat ich plane?

Doch Gesellius schüttelt den Kopf und wartet darauf, dass ich gehe.

Mit einer guten Nachricht will er mich loswerden:

Er habe es so einrichten können, dass doch nur er, kein weiterer Mitarbeiter von meinem Reichtum wisse.

Es sei lieb, dass ich sie besuche, sagt Britta.

Ihr Gesicht ist hinter Mullbinden kaum zu erkennen.

Sie beginnt zu weinen, aber das tut ihr wohl weh und sie lässt es.

Es ist ein Dreibettzimmer, die beiden anderen Betten sind leer.

Sie hält die Hand vor ihren Mund und sagt mit einer Stimme, die ich nicht an ihr kenne, wohl einer Folge ihrer Verletzungen: Nun war alles umsonst.

Ich habe ihr Blumen mitgebracht, unten im Empfangsbereich gekauft.

Es wird alles gut, sage ich. Und will fragen, wer sie so zugerichtet habe, lasse es aber dann. Ob es sehr wehtue, frage ich stattdessen.

Sie habe Schmerzmittel bekommen, antwortet sie mit ihrer Geisterstimme.

Es ist Nachmittag, die Zeit, in der ich schwach und der Welt gegenüber hilflos bin, ich habe Hunger, denn ich habe noch nicht zu Mittag gegessen, eine Herbstsonne scheint auf Brittas Bett, und ich will das alles jetzt schnell hinter mich bringen, meine neuen Kleider und Schuhe abholen und zurück in die Mansarde. Oder zu Armbruster und mit ihm die Gemeinheit der Welt diskutieren, oder auch ihren möglichen Glanz.

Hier, sage ich, für dich. Du brauchst nicht zurück in die Siedlung. Nimm es einfach. Vielleicht ist es gestohlen, sage ich und lache.

Nach solch einem Satz muss man gehen, und ich verlasse die Klinik, froh, dass die Schule aus ist und ich frei.

Wie leicht mir jetzt Abschiede fallen!

Weiter geht es zum „Deutschen Haus". Dort will ich mich verstecken vor dem Nachmittag.

Nie würde ich wissen, wie meinem Vater das Schnitzel geschmeckt hatte; das macht mich wehmütig.

Jetzt aber will ich am Fluss spazieren gehen. Das hat mir früher geholfen.

Es war drei Uhr nachmittags. Ich ging flussabwärts, die Uferpromenade entlang Richtung Wehr. Die Sonne beschien das Wasser, ein leichter, warmer Wind brachte den Fluss zum Flirren. Ich war niemand.

Als ich eine Weile gegangen war, kam das Wehr in Sicht.

Um meine Ankunft hinauszuzögern, setzte ich mich auf eine der Bänke am Ufer.

Der Fluss wird breiter vor dem Wehr, fließt aber trotzdem schnell. Der Fluss blendete mich.

Gleich würde etwas passieren.

Das Licht tanzte auf dem Wasser und ich kniff die Augen zusammen. Juwelen, Diamanten, Edelsteine.

Gleich wird etwas passieren, dachte ich.

Kein Mensch war weit und breit.

Jetzt! dachte ich, jetzt!

Etwas trieb auf dem Wasser.

Die Jacke hatte ich bereits ausgezogen. Nun noch die Schuhe und den Pullover. Die Hose behielt ich an.

Seit meiner Jugend bin ich ein guter Schwimmer gewesen.

Ich sah mich um, ob nicht irgendwo neben den Bänken ein Rettungsring hing. Es war keiner dort.

Das Flirren des Flusses hatte mich denken lassen, das Wasser sei warm. Die Kälte nahm mir den Atem. Ich stieß mich ab und hielt auf das Treibgut zu. Die Strömung zog an mir, es gab keine Geräusche. Lautlos trieb mich das Wasser zum Wehr. Nun stirbst du und hast deine Mutter nicht aufgesucht. Der Gedanke machte das Wasser kälter, die Strömung stärker. Sei nicht dumm, dachte ich, denk etwas anderes. Kinderverse fielen mir ein. Warum war ich ins Wasser gegangen? Denk nicht daran! Ruhig schwamm ich in einem warmen See.

Wie leicht mir Abschiede fielen! Nun auch von mir. Dennoch begann ich, Spiele zu spielen, um die Zeit zu dehnen.

Ich schwamm mit langen, kräftigen Zügen.

Ich kam meinem Ziel nicht näher. Die Pointe eines Witzes fiel mir ein, den ich vor langer Zeit gehört hatte, und ich fühlte, wie ich lächelte, während ich schwamm. Ich sah das Bündel nicht mehr, zu sehr blendeten mich die Edelsteine. Als ich kurz zurückblickte, sah ich meine Kleider auf der Bank am Ufer liegen, viel näher bei mir als das Treibgut. Etwas wird geschehen. Zu meinen Kleidern schaffe ich es noch. Keiner wird sehen, dass du das Kind nicht rettest. Wer weiß, vielleicht ist es schon tot. Währenddessen war ich vorwärts geschwommen.

Mein Geld war in der Jacke.

Ach, dachte ich, sind hier nicht immer schon welche ertrunken?

Ich horchte in mich hinein, ob mein Fuß versuchte, sich zu verkrampfen. Denn dann ist es aus, dachte ich zufrieden.

Etwas Wasser lief in meinen Mund.

Alle Verstrickungen würde der Tod für mich lösen: Ich hätte den Reichtum gar nicht gebraucht.

Fetzen aus meiner Vergangenheit zogen an mir vorüber, die schöne Zeit in Amerika, als der alte Mann starb; aber auch anderes, Filme, die ich gesehen hatte. Der Schrei Tarzans in einem alten Schwarzweißfilm. Keiner schwamm so gut wie Tarzan. Das Wasser war warm im Dschungel. Spielend leicht, der Krokodile nicht achtend, kam Tarzan voran: das Wasser sein Element. Und ich sah die Schlagzeilen vor mir, die Fotos, den Film: Tarzan, der das Kind vorm Ertrinken rettet.

Ich war am Ziel. Nun war das andere Ufer näher.

Ich packte den kleinen Körper und brachte ihn ohne Mühe an Land. Wie leicht er war!

Es war ein Mädchen, vielleicht fünf Jahre alt. Ich legte es auf den Rasen. Auf der anderen Flussseite sah ich mein Kleiderbündel auf der Bank.

Als ich mit den Wiederbelebungsversuchen begann, hörte man die erste Sirene.

Nun erfährt deine Mutter, dass du hier bist und sie nicht gleich aufgesucht hast.

Ich presste meine beiden Hände auf den winzigen Brustkorb. Wie leicht konnte ich dem Mädchen die Rippen zerbrechen! Vielleicht war sie schon tot. Würde sie wieder lebendig, sie würde ihr Leben Tarzan verdanken, nicht mir.

Sie schlug die Augen auf. Eines war grün, das andere braun.

Grüne Augen Froschnatur.

Ich zitterte vor Kälte.

31

Feuerwehrleute und Rettungssanitäter waren bei mir, auch Polizei. Es gab kein Entkommen. Man nahm mir das Kind ab und legte es in den Krankenwagen.

Jemand reichte mir eine Decke und stellte mir Fragen. Die ersten Schaulustigen stellten sich ein. Eine alte Frau hatte alles gesehen und erzählte es immer wieder. Wie das Kind in den Fluss gefallen sei, wie ich in den Fluss gestiegen sei, wie das Kind aufs Wehr zugetrieben sei, wie ich zu ihm hingeschwommen sei, wie das Kind in den Fluss gefallen sei, wie sie die Feuerwehr gerufen habe, wie sie alles gesehen habe und die Feuerwehr gerufen habe …

Aufhören! herrschte ich sie an.

Sie schwieg erstaunt, dann wandte sie sich, diesmal mit leiserer Stimme, erneut an die Umstehenden: Wie das Kind in den Fluss gefallen sei, wie sie es gesehen habe, wie ich mich ausgezogen hätte und in den Fluss gestiegen sei, wie ich das Kind erreicht und es ans Ufer gebracht hätte, wie sie alles gesehen habe und die Feuerwehr gerufen …

Du hast kein Recht, dachte ich, der Frau den Mund zu verbieten.

Ein Krankenwagen stand auch für mich bereit und man riet mir, mich auf die Bahre zu legen.

Es ist viel Geld in meiner Jacke, sagte ich zu den Polizisten, ob sie mich auf die andere Flussseite fahren könnten zu meinen Kleidern?

Im Polizeiwagen legte ich die Decke unter, um mit meiner Hose den Sitz nicht nasszumachen.

Als man mich aussteigen ließ, bat man um meine Personalien.

Hier ist Geld, sagte ich und holte es aus der Jacke. Wie viel sie haben wollten, damit ich unbekannt bliebe? Hier ist Geld, wiederholte ich und hielt Scheine in beiden Händen, um sie den beiden zu geben.

Nein, ich solle auf der Stelle meinen Ausweis zeigen, sagte der Ältere schließlich, und man werde auch nachsehen, ob ich nicht zur Fahndung ausgeschrieben sei.

Ich fror. Ich dachte an Tarzan, und wie er das Mädchen gerettet hatte.

Sie sind längst fotografiert, sagte der Jüngere und gab mir den Ausweis zurück. Um einen Bericht in der Zeitung käme ich nicht herum.

Ich möchte jetzt allein sein, sagte ich. Sie sollten mir ein Taxi rufen. Unschlüssig standen die beiden da, dann telefonierten sie und fuhren davon.

Auf der anderen Uferseite war es leer geworden. Nur die alte Frau stand noch dort, umringt von vier Personen, nein nur noch drei. Einmal zeigte sie zu mir herüber, und die Blicke der Zuhörer folgten der ausgestreckten Hand. Was sie denken mochten, sah ich nicht, nur die Telefone in ihren Händen, mit denen sie mich fotografierten.

Das Taxi kam, der Fahrer, ein älterer Mann, wusste schon alles.

Ich sei müde und nass, sagte ich, ich wolle von mir

und meinen Taten nichts hören. Er solle mich nur in die Backofensiedlung bringen.

Niemand fällt zwei Mal in denselben Fluss.

Zuhause legte ich mich ins Bett, obwohl es noch Nachmittag war, und fiel in einen bleiernen Schlaf.

Oft dachte ich in jener Zeit, als mir alle Möglichkeiten offenstanden, ob nicht ein schlechtes Leben einem guten, das nur im Überdruss endet, vorzuziehen wäre.

Am nächsten Tag besuchte ich meine Mutter.

Ich war abends zu ihr gegangen, eine Stunde, nachdem das Grissmannhaus geschlossen hatte; hatte ihr Zeit geben wollen, sich von der neuen Arbeit auszuruhen. Als ich klingelte, öffnete sie die Wohnungstür mit einer müden Bewegung, so als erwarte sie von dem unerwarteten Besuch nichts Gutes. Wohl weil sie nicht mit mir gerechnet hatte, erkannte sie mich nicht gleich; dann fiel sie mir um den Hals und drückte mich mit einer Heftigkeit an sich, die mich überraschte. Ganz ausgehungert nach körperlicher Nähe schien sie zu sein.

Hier, sagte ich, machte mich los und reichte ihr die Blumen, die Pralinen und die Flasche Wein. All das hatte ich bei Armbruster gekauft.

Endlich bist du da.

Ja, antwortete ich. Sie war nicht kleiner geworden in der Zeit, immer noch war sie größer als ihr Mann es gewesen war. Mir fiel ein, dass er tot war.

Sie esse gerade zu Abend, ich solle ihr doch Gesellschaft leisten, dann sei alles wie früher.

Wieder wollte sie mir um den Hals fallen, hielt dann aber inne.

Ob ich vielleicht schon länger in der Stadt sei? In der Zeitung sei ein Bild gewesen, und obwohl es sehr unscharf gewesen sei, habe der Mann darauf mir ähnlich gesehen. Mehr seine Haltung als sein Aussehen, vage und unentschlossen, der Gesichtsausdruck, als wolle er nicht viel vom Leben.

Lass uns beim Essen darüber reden, sagte ich. Gibt es Heringe aus der Büchse, in der roten Sauce?

Wir saßen am Küchentisch, das Radio lief leise. Wir schwiegen, aber sie musterte mich immer wieder. Ich aß von den Heringen, der verhassten Speise meiner Jugend. Sie schmeckten mir ausgezeichnet.

Nun musst du sagen, sagte ich, wie schade, dass du nicht Professor geworden bist. Dann würde ich mich wieder ganz zuhause fühlen. Sollen wir von Papa reden?

Morgen, antwortete sie.

Zum Wein setzten wir uns ins Wohnzimmer. Ich musste den Geschmack meiner Eltern bewundern, die mit geringen Mitteln den kleinen Raum so ausgestattet hatten, dass man die Verwandtschaft mit der Einrichtung des Grissmannhauses sofort bemerkte.

Hier sei der Mann, sagte meine Mutter und reichte mir die Zeitung. Er habe einem kleinen Mädchen das Leben gerettet. Sie wäre stolz, wenn ich es gewesen wäre. Ein Leben zu retten, dazu noch das eines Kindes – etwas Größeres könne man im Leben nicht leisten.

Ich schwieg. Mir war wohl in Gesellschaft meiner

Mutter; hier zu sitzen und ein Glas Wein zu trinken, ließ mich den Rest der Welt vergessen. In diesem Moment, in diesem Grissmannpuppenhaus schien mir alles enthalten, was ich vom Leben wünschte.

Ja, das glaubte ich auch, sagte ich, als ich merkte, dass sie eine Antwort erwartete.

Die Zeit verging.

Sag es jetzt, ermahnte ich mich. Wenn du es aufschiebst, wird es immer schwerer, schließlich sogar unmöglich.

Wann ich aus Amerika zurückgekommen sei?

Heute Morgen, antwortete ich. Dort sei ich übrigens reich geworden.

Draußen wurde es dunkel, und meine Mutter machte den Kronleuchter an, die Kopie eines Leuchters aus dem Museum, ein Geschenk meines Vaters. Sein Licht war zu hell für das kleine Zimmer.

Ja, ja, antwortete die alte Frau. Alte Frau, wie kam ich darauf? Ja, meine Mutter war alt in dem unbarmherzigen Licht. Bald war auch ich alt. So schob sich die Zeit immer weiter voran.

Wie schade, dass du nicht Professor geworden bist! Die Anlagen hattest du.

Ich nickte. Wie oft hatte ich das gehört! Nun konnte es mir nichts mehr anhaben. Und ein Gedanke, der mir gefiel, trug zu meinem Wohlbehagen noch bei: Du wirst das Amt deines Vaters übernehmen. So verbringst du dein Leben, nicht Held oder reicher Mann.

Sie müsse nun schlafen gehen, sagte meine Mutter endlich. Die Arbeit im Grissmannhaus mache sie müde. Ich solle es niemand verraten, aber sie mache ihr keinen Spaß. Wenn ich wolle, könne sie mir im Kinderzimmer das Bett beziehen.

Ich würde in der Mansarde übernachten, antwortete ich. Vorher jedoch noch hier sitzen, während sie bereits schlafe, und meinen Wein austrinken.

Ich hörte sie ins Badezimmer, dann ins Schlafzimmer gehen.

Meine Mutter schlief. Ich saß im Wohnzimmer und sah die Patiencekarten auf dem Tisch. Ich nahm sie und legte ihre Lieblings-Patience, die „Harfe". Es war Nacht und sehr still.

Krautmann, dachte ich, wenn ich diese Szene beschreiben könnte und das, was ich dabei empfinde – es käme einem Heimatbegriff sehr nahe.

32

Mein Gang hat sich verändert. Ich war wie jeden Morgen durch die Siedlung, dann ein wenig durch den Wald gestreift, und als ich aus dem Wald trat, auf dem Weg zu Armbruster, merkte ich, dass ich mich gerader hielt als sonst; nun, da mir die ersten Anzeichen aufgefallen waren, wurde mir bewusst, dass ich langsamer ging, und ohne es bislang bemerkt zu haben, rollte ich mehr in Schultern und Hüften, wie es Seeleute tun oder Boxer.

Ich versuchte, diesen neuen Gang zu unterdrücken, versuchte, mich zu erinnern, wie ich als Student gegangen war und danach als fahrender Vortragsreisender – wie der Herumtreiber, der ich die letzten Jahre gewesen war: Etwas gebückt, die Füße achtlos nachziehend, die Arme schlenkernd, den Kopf aufreizend frech zurückgelegt. Eine Weile gelang es mir. Kaum aber ließ meine Aufmerksamkeit nach, fiel ich wieder in die neue Gangart.

Ich werde das studieren, dachte ich, als ich bei Armbruster ankam.

Ich wurde nicht gleich bedient, ein Junge stand vor mir und kaufte eine Flasche Bier.

Ich wollte Armbruster darauf aufmerksam machen, dass der Junge minderjährig sei, unterließ es dann aber. Es war derselbe Junge, der mit dem Stock auf mich losgegangen war. Wir erkannten einander, grüßten jedoch nicht, und der Junge nahm hastig seine Flasche und verließ den Keller.

Also doch, sagte Armbruster statt einer Begrüßung.

Ich hatte mit Armbruster plaudern wollen, meine Einkäufe wären dafür nur ein Vorwand gewesen, nun hatte er mich mit seinem Ernst, ja seiner Bestürzung angesteckt.

Was ist, Armbruster? rief ich lachend, also doch, also doch, was soll das heißen?

Er habe mich im Kellergang auf sich zukommen sehen, antwortete er, und etwas an mir habe es ihm verraten.

Mein Gang?

Er ging nicht darauf ein.

Sie sind es also doch, der Mann in der Zeitung.

Und wenn?

Wir wollen keine Aufmerksamkeit im Viertel, entgegnete er.

Nein, sagte ich, welcher Mann, was hat er getan? Ich hätte die Zeitung nicht gelesen.

Armbruster schüttelte den Kopf, und ich schämte mich meiner Lügen.

Was er sagte, machte mich beklommen, mehr aber noch seine Niedergeschlagenheit, und erst, als ich mir ins Bewusstsein rief, dass ich überall hingehen konnte, ließ die Angst, die mich angeflogen hatte, nach.

Vielleicht wird es diesen Laden bald nicht mehr geben.

Kaufen die Leute nicht genug?

Ich kaufte Dinge, die ich gar nicht brauchte, konnte ihn dadurch aber nicht aufheitern. In sich gekehrt stellte er alles vor mich hin; dann merkte er doch meine gute Absicht und lächelte.

Es gäbe einen idealen Ort für jeden von uns, sagte er mir zum Abschied. Und seiner sei vielleicht das Gefängnis.

Keiner kann einfach dort leben, wo er will. Selbst wenn er reich ist. Irgendwann müsste ich die Siedlung verlassen. Vielleicht würde ich in die Stadt ziehen, oder zu meiner Mutter. Oder nach Amerika.

Vor der Tür von Haus Eins standen, als ich mit den Einkäufen näherkam, zwei Frauen und ein Mann. Vielleicht war es der Anblick dieser drei Menschen, der mir die Gedanken über Bleiben und Weggehen eingegeben hatte. Aber auch Armbrusters Philosophenworte über den idealen Ort konnten daran schuld sein.

Es war ein Paar Mitte dreißig, elegant, aber unauffällig angezogen – hier, in der Siedlung fielen sie dadurch umso stärker auf – und eine jüngere Frau in einer modischen Lederjacke.

Das ist er.

Sie machten Platz, so dass ich an die Haustür treten und aufschließen konnte.

Wir wollen uns bedanken, sagte der Mann.

Ich hätte keine Zeit, antwortete ich.

Wir sind die Eltern, sagte seine Partnerin.

Die jüngere Frau hatte eine Kamera in der Hand und fotografierte. Jetzt entdeckte ich eine Schrift an der Hauswand, neu und rot.

Hier wohnen Reiche. Und darunter, etwas kleiner, in Schwarz: Haus Eins! Wir kennen euch!

Sie sei von der Zeitung, sagte die Fotografin, und das seien die Eltern der kleinen Sophia. Sie wollten sich bedanken bei mir. Sie hätten nicht gewusst, wer ich sei und wo ich wohne, und ihre Zeitung habe es für sie bei der Polizei herausbekommen.

Das unterlassen Sie! rief ich.

Sie fotografierte mich aber erneut. Aus ein paar Metern Entfernung begannen uns Schaulustige zu beobachten. Auch der Junge mit dem Stock war darunter. Ich schloss auf und ließ die drei ins Treppenhaus, um uns den neugierigen Blicken zu entziehen.

Sie sollten es mir nicht übelnehmen, wandte ich mich an das Paar, aber ich wolle mit meiner Tat nicht in Verbindung gebracht werden. Das belaste mich.

Ich blickte der Frau, dann dem Mann ins Gesicht, hatte sogar, obwohl es Tag war, das Treppenlicht angemacht: Die Frau hatte braune, der Mann grüne Augen.

Sie seien wohlhabend, sagte die Frau, und wollten mich belohnen für meine Tat, auch wenn keine Belohnung der Welt dafür ausreichend sei.

Fast gleichzeitig hatte mich die Journalistin gefragt, was es mir bedeute, ein Menschenleben gerettet zu haben.

Von draußen hörte man die Schaulustigen etwas rufen; ein lautes Gemurmel, das man nicht verstand.

Was rufen die da? fragte die Journalistin. Was ist mit den Reichen?

Tarzan, dachte ich, Tarzan wäre glücklich und zufrieden gewesen mit seiner Tat. Bei mir war es schwieriger.

Ja, antwortete ich, nicht sicher, ob ich die richtigen

Worte finden würde, es habe mir Spaß gemacht, ein Kind vor dem Ertrinken zu retten.

Während ich sprach, hörte man das laute Zerklirren einer Scheibe. Der Lärm verschluckte meine Worte, und auch das Mikrofon der Journalistin hatte sie wohl nicht registriert. Ich öffnete die Haustür und blickte hinaus. Es war niemand zu sehen.

Sie brauchen hier nicht zu wohnen, sagte die Mutter des Kindes, wir können Ihnen ermöglichen, in die Stadt zu ziehen.

Verschwinden Sie, hauen Sie ab! rief ich.

Sie taten, als hätten sie nicht richtig gehört, dann warf der Vater seine Visitenkarte in meine Einkaufstüte.

Ich stieg die Treppe hinauf. Bis in den zweiten Stock konnte ich sie noch diskutieren hören. Dann hörte ich sie nicht mehr, hatte sie schon vergessen.

Armbruster, dachte ich, was ist mit dir?

Ein paar Tage hatte ich Ruhe.

33

Ich werde Morler kommen lassen. Er soll sicherstellen, dass alles beim Alten bleibt. Dass man mich nicht vertreibt aus der Siedlung, und auch Armbruster nichts passiert.

Ich hatte mir Kaffee gemacht und trank ihn aus dem Blechbecher, den ich gerade im Geheimladen erstanden hatte; das Blechgefühl an Lippen und Zähnen ließ mich an Lagerfeuer, an ein Leben als Cowboy denken. Ja, ich erwartete von Morler, mit der Situation in der Siedlung und den Problemen in der Stadt fertig zu werden.

Es war drei Uhr nachmittags, als ich diesen Einfall hatte. Um sechs fuhr ich, um einer leichten Unruhe Herr zu werden, mit dem Bus in die Stadt, um zu essen. Ich zog dazu die neuen Kleider an, die inzwischen geliefert worden waren.

Der Bus war leer bis auf mich. Wäre es nach mir gegangen, es hätte immer so bleiben können. Noch immer war ich nicht am Grab meines Vaters gewesen. Ich schlenderte durch die Stadt und dachte an die vielen Male, die ich sie gehasst hatte. All das hier, dachte ich, die Stadt, die Siedlung, du selbst, ist nur vorübergehend; ewig ist nur das Grissmannhaus.

Ich hatte mich für das Restaurant „Krone" entschieden. Krautmann hatte uns kurz vor seinem Verschwinden einmal dorthin eingeladen. Uns Assistenten aber hatten die dunklen Andeutungen über seine und unsere Zukunft den Appetit verschlagen.

Ich war allein im Lokal. Nur an einem Tisch hinter einem Pfeiler saßen noch Gäste, die ich hören, aber nicht sehen konnte. Und ein anderer Restaurantbesuch fiel mir ein, vor langer Zeit in Berlin, bevor ich reich geworden war. Vor wie vielen Jahren war das? Erst vor drei Wochen. Vielleicht gilt für Reiche eine andere Zeit.

Der Kellner brachte die Karte. Es war ein muskulöser Bursche mit öligem, zurückgekämmtem Haar, die ganze Erscheinung wie vom Bolzplatz hereingeholt und in eine Kellnerjacke gezwängt.

Hier, sagte er, und fügte im Flüsterton hinzu: Der Bürgermeister säße hinter dem Pfeiler und würde auch gerade speisen.

Der Bürgermeister war nicht allein. Jemand war bei ihm, sie unterhielten sich.

Dort saß der Mann, mit dem meine Frau jetzt lebte. Eine schräge Herbstsonne schien zum Fenster herein, von draußen hörte man den Verkehr, der über die Brücke musste. Ich war mit mir im Reinen.

Selbst sein Gang ist anders geworden, ließ sich eine Stimme hinter dem Pfeiler vernehmen. Sie klang besorgt. Niemals wäre es dem Bürgermeister eingefallen, besorgt zu klingen.

Als Antwort erscholl das dröhnende, sorglose Lachen des Bürgermeisters. Einen Riesen hätte man hinter diesem Lachen vermutet.

Und nun, fuhr die erste Stimme fort, ungehalten über

die Gleichmut des anderen, ist er auch noch ein Held!

Ja, ließ der Bürgermeister seine volle, schmeichelnde, drohende Stimme vernehmen. Das habe er dem Wicht nicht zugetraut. Diese Tat hätte er selbst gern vollbracht. Wie schade, dass er nicht zur Stelle gewesen sei!

Meine Vorspeise kam. Und während ich weiterhin das Gespräch belauschte, grübelte ich darüber nach, wieso ich gestern im Wohnzimmer meiner Mutter so glücklich gewesen war.

Auch solle der Bürgermeister seinen Sexualtrieb zügeln, besonders so kurz vor der Wahl; es seien Neider unterwegs, die das politisch ausnützen könnten.

Meinst du? antwortete der Bürgermeister und brach wieder in sein sorgloses Lachen aus.

Dieses Lachen, dachte ich, ist seine schärfste Waffe. Verspricht es doch, alle Probleme der Stadt zu lösen.

Nun fiel mir wieder ein, dass meine Frau während unserer Trennung den Bürgermeister als unermüdlichen Liebhaber gerühmt hatte, und wie ich, als sie das sagte, ein uralter Mann hatte sein wollen, der mit all dem nichts mehr zu schaffen hat.

Ihm brauche er nicht mit seinem Lachen zu kommen, rief der erste Mann ungehalten.

Nun erkannte ich die Stimme: Gesellius saß dort und sprach mit dem Bürgermeister über dessen politische Zukunft.

Hüte dich vor ihm, er ist mächtig geworden und könnte sich sehr wohl rächen!

Gut, erwiderte der Bürgermeister. Er werde den

Störenfried ins Rathaus einladen und ihn als Lebensretter ehren.

Der Kellner ging mit zwei silbernen Platten, zwei silbernen Warmhaltehauben an mir vorbei. Kapaune mussten darunter sein, die Spezialität des Hauses. (Ich selbst hatte das Gleiche bestellt.)

Ich hörte die Männer essen. Und, als der Kellner zurück zur Essensausgabe ging und kurz darauf mit einer weiteren Platte hereinkam, dachte ich, er wolle mir den Hauptgang servieren. Doch wiederum ging er hinter den Pfeiler.

Ich stand auf und trat zu ihnen.

Der große, schlaksige Bürgermeister mit seinem roten Haar, Gesellius in einer Schlangenlederjacke, und zwischen beiden die dritte Person, die bisher geschwiegen hatte.

War sie also dem Bürgermeister in die Hände gefallen!

Britta trug ein Abendkleid. Der Anblick ihrer runden, nackten Schultern zog mir das Herz zusammen. Ihre Zähne leuchteten. Nur wenn man genau hinsah, entdeckte man die überschminkten blauen Flecken in ihrem Gesicht.

Bist du also Bergius in die Hände gefallen! wiederholte ich.

Bergius hatte sich schnell gefasst und ohne seine Tätigkeit zu unterbrechen – er tranchierte den Kapaun des Mädchens, schnitt das Fleisch in kleine Bissen und legte sie ihr vor, lächelte er mir zu. Bergius ist, bevor er in die Politik ging, Lateinlehrer gewesen. Wir Schüler haben ihn geliebt.

Gesellius hatte sich vom Stuhl erhoben, bereit, sich auf mich stürzen, sollte ich handgreiflich werden.

Ein wenig wolle ich noch in der Backofensiedlung wohnen, mehr hätte ich nicht vor, sagte ich.

Britta machte mir ein Zeichen, dass ich die Geschichte ihrer Zähne nicht erwähnen sollte, und als Zeichen des Einverständnisses zwinkerte ich ihr zu.

Setz dich, Gesellius, rief der Bürgermeister lachend, du weißt, ich bin ein Kraftmensch, ich altere nicht, und sollte Georg sich auf mich stürzen, würde ich leicht mit ihm fertig. Komm, Georg, setz dich zu uns!

Er winkte dem Kellner, noch ein Gedeck aufzulegen.

Mein Essen kam, eine Weile aßen wir schweigend Kapaun.

Wenn man unerwartet reich wird, muss man alles neu lernen, sein Verhalten gegen sich und andere. So als habe man die Sprache verloren und müsse sie neu erwerben.

Nur der Koch,
nahm sie doch,
steckte sie ins Ofenloch,

sagte Bergius endlich. Kennst du das, Britta? Die Kinder geben es nicht mehr weiter. Georg wollte es retten.

Nun schlug Bergius vor, alle am Tisch sollten ihre Zukunft voraussagen.

Eins sollst du vorher noch wissen, fuhr der Bürgermeister fort, deine Frau weiß von Britta – wie von allen andern auch. Sie liebt mich trotzdem, so wie ich sie.

Ich wollte meinem Lateinlehrer antworten, aber Britta hatte bereits begonnen.

Bergius wird mir den Laufpass geben, sagte das Mädchen. Dann werde sie in eine Großstadt ziehen, eine Ausbildung machen und Abenteuer bestehen.

Wir hatten aufgegessen. Ich setzte an, Brittas Prophezeiung zu kommentieren, aber Bergius bedeutete mir, dass das nicht dazu gehöre.

Wie jung er geblieben war! Wie ein alter Schüler sah er aus. Uns dagegen, Gesellius und mir, die wir bei ihm im Unterricht gesessen hatten, war jede Jugendlichkeit abhandengekommen.

Du wirst die Wahl gewinnen, rief Gesellius, und er würde darüber wachen, dass kein Störenfried das verhindere!

Ja, ich werde die Wahl gewinnen, wiederholte Bergius.

Wiederum lachte er. Und es war genau dieses Lachen gewesen, mit dem er im Unterricht die schlechtesten Noten gegeben hatte. Aber du musst dich nicht mit ihm messen, dachte ich. Womöglich ist der Bürgermeister, verglichen mit dir, nur noch ein Zwerg.

Sie blickten mich an, ich war an der Reihe.

Ich würde, sagte ich, vom Unernst des Spiels verführt, in die Fußstapfen meines Vaters treten; an seine Stelle als Hausmeister, Kustos, Cicerone; fügte aber hinzu: Wenn ich Wicht mich nicht doch noch an dir, Bergius, räche.

Wir waren nicht im Unfrieden geschieden.

Der Bürgermeister hatte die Rechnung übernommen. Kurz standen wir noch vor dem Lokal, es war herbstlich kühl, und wir genossen es zu spüren, wie unsere Körper, versorgt mit den besten Speisen, die Kühle bewältigten. Für einen Augenblick waren wir eine Gemeinschaft.

Er habe noch zu tun, sagte der Bürgermeister zu Britta. Heute könne er sie nicht auf ihr Zimmer begleiten.

So gingen wir unserer Wege, jeder für sich.

Später war ich allein in meiner Mansarde. Ich öffnete das Fenster. Der Vollmond stand über dem Trennwald und schien zu mir herein. Die Einsamkeit war verschwunden. Schon dachte ich nichts mehr. Doch: An den Nachtwind, der ruhig hereinkam und sich kühl auf mein Gesicht legte.

Im Grissmannhaus

34

Vielleicht wäre es an der Zeit gewesen, mich genauer über meinen Reichtum zu informieren. Aber ich fürchtete um meine neu gewonnene Freiheit. Alles Genaue engt ja ein, raubt einem Möglichkeiten, alles, was man tut, schließt andere möglich gewesene Taten aus. So spürte ich, auch ohne dass mein eigentliches Geheimnis öffentlich wurde, wie die Stadt mich, durch meine Rettungstat auffällig geworden, zu formen und einzuengen begann. Wie konnte der „Kinderretter vom Wennfelder Garten" nachts grölend durch die Gassen ziehen, wie ich es noch als Student so gern getan hatte? Im Backofen stieß man sich an, wenn ich morgens an den Grüppchen der Biertrinker am Kiosk vorbeikam: Der hat die kleine Sophia gerettet. Ich spürte aber, dass man mich dafür nicht liebte, eher hatte man eine unbestimmte Angst vor mir.

Soll doch der Bürgermeister, dachte ich in diesen Momenten, soll doch Bergius behaupten, er sei es gewesen, der das Mädchen gerettet hat. Ich hätte meine Ruhe gehabt.

Heute ist Morler angekommen.

Er scheint mir größer als damals, lächelnd steht er vor mir, mit blitzenden weißen Zähnen – wie jemand, der mich nicht braucht. Ein Kahlkopf von berstender Vitalität. Vielleicht, denke ich, bist du ihm gar nicht gewachsen.

Bist du es, Morler? frage ich, als er auf der Schwelle steht und Anstalten macht hereinzukommen.

Du hast mich um Hilfe gebeten. Hier bin ich.

Seine Präsenz füllte die ganze Mansarde, fast platzte sie aus ihren Nähten.

Was?! rief er mir ins Gesicht, nachdem er sich kurz umgesehen hatte in meiner Behausung, was, so wohnt ein reicher Mann?

Er war empört, als habe man ihn hereingelegt, als würde die Welt stets lügen und alles mit Absicht verkomplizieren. Doch dann brach er in schallendes Gelächter aus.

So wohnst du also!

Er hob drohend den Zeigefinger. Wundere dich nur, was ich weiß! sollte das wohl bedeuten.

Nun jedoch solle ich ihm meine Lage schildern. Kein Problem sei unlösbar.

Hätte ich ihn nicht von früher gekannt, ich hätte geglaubt, einen Fremden vor mir zu haben: So strotzte der Detektiv von Optimismus und Lebensfreude.

Ich schilderte meine Situation und bat um seinen Rat. Ach, fügte ich noch hinzu, bevor er antworten konnte. Für die Dauer seines Aufenthalts hätte ich ihn in der „Krone" einquartiert, dort dürfe er an meiner statt, auf meine Kosten das Leben eines Reichen führen. Nur seine Arbeit solle er nicht vernachlässigen darüber.

Ob ich ihn nicht nach seinem Befinden fragen wolle, rief Morler statt einer Antwort. Es gehe ihm nämlich ausgezeichnet.

Seine extrem gute Laune hatte etwas Bedrohliches. Wie gern wäre ich diesen Maniac wieder losgeworden!

Das Angebot gefalle ihm, fuhr der Detektiv fort. Das Leben eines Reichen zu führen sei immer sein Wunsch gewesen. Er wolle sich übrigens noch bedanken bei mir.

Seine Stimme wurde vertraulich.

Für meine Wurstigkeit gegenüber der Welt. Er habe sie sich abgeschaut. Nun mache das Leben ihm wieder Spaß, auch wenn er unter seiner übergroßen Euphorie manchmal leide. Arbeiten könne er jetzt besser denn je. Nun jedoch ins Hotel! Wenn ich wolle, könne ich zum Abendessen dazustoßen. In zwei Stunden solle ich da sein.

Das letzte hatte Morler in einer Art Befehlston gesagt, den ich mir nicht gefallen lassen wollte. Aber was soll's, dachte ich, soll der Detektiv mir doch Entscheidungen abnehmen! Denn wenn Geld für Entscheidungen keine Rolle mehr spielt, ist die Anzahl möglicher Entscheidungen Legion, und jede Hilfe willkommen.

Morler hat in der „Krone“ die Fürsten-Suite genommen. Früher hieß sie Grissmannsuite, nach einem Vorfahren von mir, einem Bürgermeister der Stadt im Dreißigjährigen Krieg. Ich lasse den Detektiv gewähren, ja, es freut mich sogar, wie er mein Geld verschwendet.

Als ich zwei Stunden später das Restaurant betrat, saß Morler bereits am Tisch hinter dem Pfeiler, dort, wo zwei Tage zuvor der Bürgermeister gesessen hatte.

Dies sei der Bürgermeistertisch, rief Morler mir entgegen, er habe ihn aber trotzdem bekommen. Er zeigte mit einer großartigen Geste auf den Platz ihm gegenüber und ich setzte mich.

Morler hatte schon bestellt, sich auch, wie er sagte, die Freiheit herausgenommen, für mich mitzubestellen; Kapaune, die äße man hier.

Warum nicht, dachte ich, war doch der Kapaun hier sehr gut gewesen.

Überhaupt könne er mir viel abnehmen, fuhr der Detektiv fort, wenn ich es denn wünsche und die Bezahlung entsprechend sei.

Mir war das Thema plötzlich unangenehm, auch der verwandelte Morler entsprach nicht meinen Vorstellungen, und ich fragte mich, ob ich dem Detektiv nicht einfach Geld in die Hand drücken und ihn auffordern sollte, die Stadt zu verlassen. Trotzdem begann ich von mir zu erzählen. Vom Rausch der Zufriedenheit, der mich oft in der Mansarde überfiel, wenn ich nachts bei geöffnetem Fenster in den Wald hinausblickte, den Rotwein des Philosophen Armbruster trank, vor mich hinsummte und dem Rauschen der Zweige eine zweite Stimme verlieh. Selbst das gelegentliche nächtliche Grölen und Greinen der Betrunkenen auf dem Kinderspielplatz könne dann meine Seelenruhe nicht stören.

Zu meiner Verwunderung begriff Morler sofort, wovon ich sprach, machte auch dem Kellner, der das Essen servieren wollte, ein Zeichen zu warten, bis ich ausgeredet hatte. Ja, jetzt erst, als ich davon sprach, wurde mir bewusst, wie gut ich es in der Backofensiedlung hatte.

Er beneide mich, sagte Morler, nachdem ich geendet hatte, auch wenn er selbst neuerdings aus gänzlich anderem Holz geschnitzt sei.

Er blickte in eine unbestimmte Ferne, lächelte und bedeutete dem Kellner, nun zu servieren.

Wenn du willst, Georg, nehme ich dir alle Aufgaben ab. Ich könne dann mein Mansardenleben führen, solang ich wolle.

Ja, sagte ich, das höre sich gut an.

Wir aßen schweigend. Der Kapaun schmeckte mir, und einen Augenblick dachte ich, ich sollte nun täglich hier essen.

35

Drei Tage war ich danach nicht in der Stadt gewesen, hatte niemanden getroffen, auch Morler nicht – unaufgefordert solle er keinen Kontakt mit mir aufnehmen, hatte ich mir ausbedungen. In dieser Zeit, die mich unendlich dünkte, hatte einmal die Journalistin vor der Tür gestanden. Ich hatte geöffnet, sie aber nicht hereingebeten. Ihre Leser wollten mehr über mich wissen, sagte sie und lächelte, und es kam mir vor, als habe die junge Frau sich absichtlich aufreizend gekleidet, mit einem kurzen Rock und einem tief ausgeschnittenen T-Shirt. So schnell habe man einen Lebensretter nicht vergessen; auch könne ich ihre Karriere fördern, wenn ich ihr ein Interview gewährte.

In der „Krone" wohne der Privatdetektiv Morler, hatte ich geantwortet, an den solle sie sich wenden, er wisse alles über mich.

Sie hatte nichts dazu gesagt, sondern an mir vorbei ins Mansardenzimmer geschaut, wo auf dem Bildschirm des Fernsehers Helenas Film lief. Ich wandte den Kopf. Es war die Stelle, wo die Schuhverkäuferin Schuhe ins Schaufenster stellt. Niemand war nackt.

Als sie fort war, rief ich Morler an, um ihn vorzuwarnen: Alles dürfe er von mir erzählen, ruhig auch Lügen, falls ihm danach sei. Nur meinen Reichtum solle er nicht erwähnen.

Mit kräftiger, vor guter Laune zitternder Stimme versprach es der Detektiv.

Morier, fragte ich, ehe ich auflegte, hast du einen Zwillingsbruder?

Ich bin nun doch am Grab meines Vaters gewesen. Es ist das kleinste unter den Grissmanngräbern, selbst der versoffene Schuster, der das Haus verlor, liegt unter einem prächtigeren Stein.

Hier, sagte ich, ich habe dir Blumen gebracht.

Es tat mir gut, laut mit ihm zu sprechen, es war auch trotz des schönen Vormittags kein anderer Friedhofsbesucher zu sehen.

Ich legte die Blumen nieder, und so groß war mein Trauerstrauß, dass er die anderen Blumen, die dort noch lagen, verdeckte.

Ja, sagte ich, ich sei reich geworden, wenn auch ohne eigenes Zutun, allein durch Verwandtschaft und Zufall.

Nicht weit entfernt von den Gräbern meiner Familie befindet sich das Grabmal eines Dichters, dessen Werk mir am Herzen liegt; und ein paar Verse aus einem Gedicht von ihm fielen mir ein. Es handelt vom Lebenslauf.

Ich würde noch kurz ans Dichtergrab treten und dann zurückfahren in die Siedlung. Dann konnte ich am Nachmittag Armbruster davon erzählen. Auch er verehrt diesen Dichter sehr.

Bitterer Buchsbaumgeruch lag in der Luft, und ich schlurfte durch die bunten Blätter, die auf den Wegen lagen. Niemand sah mich, als ich wie ein Kind durch das raschelnde Laub schlurfte.

Zwei Männer stehen vor dem Dichtergrab.

Ich wollte mein Gedenken mit niemandem teilen, drehte mich um und ging.

Es waren Bergius und Morler.

An diesem Nachmittag fühlte ich mich nach sehr langer Zeit wieder einsam. Armbruster ist verhaftet worden.

Ich hatte zum Laden gehen wollen, noch ganz erfüllt vom Friedhofsbesuch, aber am Hauseingang waren sie mir entgegengekommen: Armbruster in Handschellen zwischen zwei Polizisten. Sie trugen Trenchcoats, wie in einem Film, ernste, finstere Männer, die darauf achteten, nicht zu schnell zu gehen für einen alten Mann.

Armbruster, was ist los? hatte ich gerufen. Aber Armbruster hatte nur gelächelt und den Kopf geschüttelt.

Der eine Beamte sah mich an, und sie blieben stehen.

Das ist der Mann, der das Mädchen gerettet hat, erklärte er seinem Kollegen. Das haben Sie gut gemacht.

Kurz meinte ich, von den Beamten ginge Buchsbaumgeruch aus, es war aber wohl nur eine Friedhofserinnerung vom Vormittag.

Eine Ästhetik, Georg, werde ich schreiben! rief Armbruster plötzlich. Und wenn ich ihn angezeigt hätte, hätte ich ihm einen Gefallen getan. Doch er habe den Jungen mit dem Stock in Verdacht.

Sie hatten es nun eilig, auch weil Schaulustige sich einfanden, gingen zu ihrem Wagen und stiegen ein.

Die Nachmittagssonne schien, die ich so fürchtete.

Ja, dachte ich, meine Zeit hier ist zu Ende. Und, als die Fahrertür sich noch einmal öffnete, der zweite Beamte noch einmal ausstieg, zu mir trat und mir die Hand drückte, dachte ich den gleichen Gedanken erneut: Dass ich fortziehen würde aus der Siedlung.

Wenn Sie kandidieren, wähle ich Sie.

Der Wagen fuhr davon, nicht schnell, nicht langsam, und ich war mir nicht mehr sicher, ob der Polizist das wirklich gesagt hatte.

Eine Weile stand ich auf der Straße, als wartete ich darauf, dass sich die Leerstelle, die Armbruster hinterlassen hatte, wieder füllen würde. Aber nichts geschah, und ich beschloss in den Wald zu gehen, bis der Nachmittag und meine Einsamkeit vorüber waren.

36

Die Wurstbude im Trennwald ist wiedereröffnet worden. Stand bei der Vorgängerin „Waldbratwurstbude“ in geschnitzten Holzbuchstaben auf dem Brett über der Tür, so steht dort jetzt „Waldbratwurstbaude“. Bei der Eröffnungsrede hat der Bürgermeister dazu aufgerufen, diese Abweichung vom Althergebrachten nicht zu wichtig zu nehmen, vielmehr die Baude als einen „gemeinsamen Treffpunkt“ zu begreifen.

All das weiß ich von Morler, der überall dabei ist, alles sieht und hört.

Auch die Firma, die jetzt wieder die Baude mit Wurst und Fleisch beliefert, habe ihren Namen geändert. Sie heiße jetzt „Neue Fleiko“.

So etwas wolle ich nicht hören, sage ich zu Morler. Morler, sage ich, du hast mich doch zu dieser Bude bestellt, um mir etwas Wichtiges zu sagen?

Wir sitzen auf einer rohgezimmerten Holzbank vor der Bratwurstbude. Man hat von hier einen schönen Blick über die Lichtung, an deren anderem Ende wieder der Wald beginnt. Ein wenig Restnebel wabert über dem Gras, er riecht nach Bratwurst.

In dem Lande wohnt ein Förster /

der frisst Kinder wie die Wörster

sagt Morler und gibt zu verstehen, dass er sich auch mit mir befasst hat; es ist ein Kinderspruch aus meinem Buch:

In dem Lande der Chinesen /
bin ich zwar noch nie gewesen …

Die Einweihung sei ein Volksfest gewesen, ausgelassen und gutgelaunt habe man das Freibier und die Freiwürste genossen; dazu habe Musik gespielt. Schade, fügt Morler nach einer kurzen Pause, in der mir seine Hände auffallen, hinzu, schade, dass du nicht dabei warst.

Morlers Hände sind manikürt, seine großen Detektivhände aufs äußerste gepflegt, selbst die kleinen Finger extrem gepflegt; mit solchen Spätzeithänden schwadroniert er von Volksnähe und Freibier. Aber, so denke ich, das sind sicher Bergius' Worte, die Morler hier vor mir abspult. Doch haben nicht auch der Bürgermeister, und auch Gesellius, und auch die Mutter des geretteten Mädchens solch manikürte Hände? Und ich stelle mir vor, dass es einen Geheimbund gibt, und das ist sein Erkennungszeichen. Aber ich selbst habe ja in der Zeit der Hinterzimmer, als ich meine Vorträge hielt, oft mein letztes Geld auf eine Maniküre verwandt. Damit ich nicht gänzlich herausfiel aus der Gemeinschaft der Menschen.

Ich hatte mich in Erinnerungen verloren, und mein Blick ging über die Nebelfetzen, bis er auf den jenseitigen Wald stieß.

Wenn du nicht gegen Bergius antrittst, sagte Morler beiläufig, ist der Bürgermeister bereit, dir deine Frau zurückzugeben. Das habe er von Bergius auf dem Friedhof erfahren, wo sie mich durchaus gesehen hätten. Ob ich geglaubt hätte, unsichtbar zu sein?

Er lachte.

Mir aber war, als sei ich nicht überrascht, ja, als hätte ich nichts anderes erwartet.

Weiß sie, dass ich reich bin?

Ein Lieferwagen kam auf die Lichtung gefahren. Zwei Männer stiegen aus, ich sah sie genau: der eine fröhlich pfeifend, der andere schweigend, mit den verlangsamten Bewegungen, wie sie oft Trauernde haben.

Nein, natürlich nicht! Selbst Bergius wisse ja nichts davon, auch wenn er es ahne. Trotz ihrer Freundschaft habe Gesellius es ihm nicht erzählt.

Der Traurige schloss die Baude auf, der andere holte Würste aus dem Lieferwagen. Es mussten Hunderte sein.

Ein Treffen zwischen ihr und mir sei bereits ausgemacht. Heute, im Café „Völter" um drei. Das Café kennst du doch? Er habe Bergius gesagt, dass er nicht garantieren könne, dass ich Ingrid zurückhaben wolle. Ich könne mir also heute Nachmittag ganz frei meine Meinung bilden.

Morler, antwortete ich, wer ist auf die Idee gekommen, dass ich zur Wahl antrete? Dementiere das!

Dafür sei es zu spät, das würde jetzt niemand mehr glauben.

Er war aufgestanden bei diesen Worten und an die Baude getreten, wo jetzt das Rollo hochging. Der Oberkörper des Traurigen wurde sichtbar, dann der Hals, dann der Kopf.

Die erste Wurst ist für mich! rief Morler in die Baude

hinein, dem Mann ins Gesicht. Die zweite für meinen Freund Georg!

Sei nicht zornig! wandte er sich an mich, du brauchst ja nicht hinzugehen. Dann sitzt sie eine Weile dort, merkt, dass du nicht kommst, und geht nach Haus.

Ich wollte nichts davon hören. Zu viel in der Vergangenheit ist noch ungeklärt, dachte ich, als dass man sich dauernd mit Gegenwart und Zukunft beschäftigen kann.

Morler, wie lange wärst du weitergelaufen?

Er wurde rot.

Morler, in Amerika, was war da los? Was hast du gefühlt auf deinem Gang über das Feld? Weißt du, was ich glaube? Dass du glücklich warst, als du dort gingst. Glücklicher als je in deinem Leben. Dass du auf diesen vierhundert, fünfhundert Metern der glücklichste Mensch warst auf Erden.

Das sei kompletter Blödsinn, ruft Morler und lacht. Aber er ist rot geworden, und kurz sieht er so aus wie damals, tief enttäuscht, dass er zum Stehen gekommen war.

Ich solle da nichts hineingeheimnissen, sagt der Detektiv und blickt mir fest in die Augen, als sei ich es gewesen, der auf dem fremden Kontinent geradeaus gegangen war, weiter und weiter in die fremde Landschaft hinein; wie einer, der gerade vom Schiff kommt und nun das Unbekannte erkundet.

Ach, Morler! will ich antworten, doch er drückt mir die Pappschale in die Hand, mit der kleingeschnittenen

Bratwurst darin, und ich soll essen. Und Morler hat seine Wurst fast schon verschlungen, während ich noch den ersten Bissen nehme und merke, dass er nicht schmeckt, und ich stehe auf und werfe den Rest meiner Wurst in den Abfalleimer, wie es Reiche tun, wenn es ihnen nicht schmeckt; und, um den Detektiv zu beschwichtigen, der mich vorwurfsvoll anschaut, sage ich, dass ich kommen würde ins „Völter". Noch etwas, Morler. Armbruster, der Philosoph, sei festgenommen worden, er solle sich darum kümmern.

Mit ruhigen Schritten ging ich zum Wald, und ohne mich umzusehen wusste ich, dass die drei Männer mir nachblickten und keiner von ihnen mich verstand.

37

Ich war zu früh dran, als ich das Café „Völter“ betrat. Ich komme gern als Zweiter; dann hat man einen Auftritt durch seinen Gang, seine Garderobe, die Art, wie man Mantel oder Jacke ablegt. So grundiert man das Treffen und gibt den Ton an.

Diesmal war mir das egal.

Das „Völter“ ist mit schwarzen Holzmöbeln eingerichtet, mit durchsichtigen Spitzenvorhängen an den großen Fenstern zur Straße, die wie Schaufenster sind.

Ich setzte mich an einen Tisch am Fenster und sah hinaus. Wie mochte Ingrid jetzt aussehen? Es gelang nicht, sie mir vorzustellen. Immer wieder schob sich ein Hochzeitsfoto dazwischen. Wie Idioten feixen Braut und Bräutigam in die Kamera; daneben Krautmann als Trauzeuge, so als ahne er bereits die Zukunft und führe uns trotzdem dorthin.

Britta kam und fragte nach meinen Wünschen – nein, es gab nur eine vage Ähnlichkeit zwischen der Kellnerin und ihr; bei genauerem Hinsehen keine.

Bringen Sie mir irgendetwas, sagte ich. Ein Bekannter habe mir erzählt, ich solle hier jemanden treffen. Aber jetzt hielte ich das für ein Lügengespinst und fühlte mich nicht wohl in meiner Haut.

Irgendetwas?

Alles, was ich sonst gesagt hatte, schien für sie nicht von Interesse.

Um drei herrscht noch Nachmittag, und ich spürte, wie hilflos ich war.

Kaffee oder Bier, antwortete ich.

Ein alt gewordener Student verlangte lauthals die Rechnung, und sie ging davon.

Ich schaute auf die altbekannte Gasse. Der Laden, in dem ich mich neu eingekleidet hatte, lag gegenüber.

Als die Bedienung mit einem Glas Bier und einem Kännchen Kaffee zurückkam, fiel mir eine Besonderheit der Beziehung zu meiner Frau wieder ein: Dass ich sie oft mehr geliebt hatte, wenn ich an sie dachte, als wenn sie da war.

Eine große, dunkelhaarige Frau um die vierzig war hereingekommen und schaute sich um. Sie sah mich sofort. Ihre grünen Augen sandten Todesstrahlen. Die Jahre unseres Zusammenlebens fielen mir ein, und ich wusste nicht, ob ich sie mithilfe meines Reichtums von Neuem durchleben wollte.

Hier, sagte Ingrid.

Ich war aufgestanden, sie überreichte mir einen Blumenstrauß.

Die Blumen seien für den Lebensretter, nicht für den Mann, mit dem sie zusammen gewesen und den sie einmal geliebt habe.

Ich hätte Kaffee und Bier, antwortete ich.

Sie nahm einen Schluck vom Bier und verzog das Gesicht.

Bei der Rettung des Mädchens hätte ich einen ketzerischen Gedanken gehabt, sagte ich. Beim Schwimmen sei mir die Bevölkerungsexplosion eingefallen, und ob es nicht das Beste wäre, wenn ich und das Mädchen ertränken.

Sie blickte sich um, als suche sie noch jemand anderen im Café.

Nach wem hältst du Ausschau?

Sie blicke sich nur um, antwortete Ingrid, hier sei es ja gewesen, wo wir uns kennengelernt hätten. Sie hätte lieber einen anderen Treffpunkt gewählt, aber dieser Morler habe sich nicht davon abbringen lassen.

Die Bedienung kam an unseren Tisch.

Meine Frau will Champagner. Bringen Sie eine Flasche!

Willst du wirklich kandidieren?

Der Nachmittag war vorüber. Eine unbändige Freude über meinen Reichtum erfasste mich. War ich nicht reich genug, den Käfig der Schuldgefühle, in dem ich so lange gesessen, für immer zu verlassen?

Wer hat dir davon erzählt? fragte ich zurück, selbst neugierig geworden.

Ach, antwortete sie ungehalten, als wisse ich genau Bescheid und wolle sie nur zum Narren halten: Morler zum Beispiel, der seit kurzem bei ihnen ein und aus ginge, als sei er ein Freund der Familie.

Dieser Morler, sagte ich, sei ein hinterhältiger Kerl, dem man kein Wort glauben dürfe.

Die Bedienung kam mit der Flasche. Gäste sahen herüber, wer da Champagner tränke, Champagner am helllichten Tag.

Ach, gehen Sie doch weg damit, rief Ingrid, als die Kellnerin ihr die Flasche zeigte, und das Mädchen wandte sich an mich. Ich nickte, die Flasche wurde geöffnet.

Der Ärger hatte meine frühere Frau schöner gemacht, und ich wurde schwankend in meinem Urteil, das ich längst gefällt glaubte.

Bergius habe die Stadt gut geführt und sie wolle, dass er es weiterhin tue. Doch die Liebe zwischen ihnen sei nicht mehr wie früher…

Ich schob ihr ein Glas hin, und weil sie in Gedanken war, trank sie davon.

Sie sei bereit, zu mir zurückzukehren; wenn ich das wünschte und verspräche, nicht gegen Bergius anzutreten.

Ich musste diesen Wahnsinn beenden, sonst war es zu spät.

Sie ginge wohl davon aus, sagte ich, dass ich sie immer noch liebe. Das sei vor vier Wochen noch so gewesen; nun nicht mehr. Ich sei ein völlig anderer geworden und wolle ihr Opfer nicht. Ich hätte vor, in den Tag hineinzuleben, ohne Bindungen, nur meinen Launen unterworfen.

Während ich so sprach, begann ich mehr und mehr zu glauben, was ich sagte.

Deswegen könne ich ihr zehn Mal versprechen, nicht zu kandidieren, aber aus einer Laune heraus würde ich es vielleicht doch tun.

Ich nahm ihre Hand und streichelte sie.

Ja, dachte ich, vielleicht bist du doch der Störenfried, für den Gesellius dich hält.

Weine nicht, sagte ich, obwohl sie keineswegs weinte.

Die Bedienung war an unseren Tisch getreten um nachzugießen, eigentlich aber aus Neugier.

Räumen Sie den Champagner weg, sagte ich, um sie loszuwerden.

Ist etwas damit? Ist er nicht gut?

Doch, sagte ich, aber es gäbe nichts zu feiern.

Sie warf mir einen Blick zu, sah mir etwas länger in die Augen als nötig, und ich verstand, dass ich wiederkommen solle, allein, und ihr alles erzählen …

Sie nahm die halbvolle Flasche und ging.

Wenn du neu anfangen willst, sagte ich, ohne mich und ohne den Lateinlehrer, wenn du etwa fortgehen wolltest von hier, nach Übersee, nach New York, so helfe ich dir; ich sei zu etwas Geld gekommen.

Ich zahlte und verließ das Café. Man hatte das Licht angemacht. Draußen dunkelte es und ich sah Ingrid auf ihrem Platz sitzen, den Kopf gesenkt, als müsse sie nachdenken oder als weine sie. Und während ich zurückschaue, in Gedanken bereits in der Siedlung, drängen mich zwei Passanten fast vom schmalen Bürgersteig, und ich höre den einen sagen:

Gestern hat Morler im Reithaus Sekt ausgegeben.

38

Warmes Wasser bedeckt mich, doch Wasser ist durchsichtig, so dass ich meinen Körper sehe. Selbst als ich noch schöner war, zu Krautmanns Zeiten, haderte ich mit ihm. Das ist vorbei. Er gehört nun einmal zu mir, wie mein Name, meine Vergangenheit, mein Reichtum.

Von unten, aus der Wohnung Bausinger, ist Gepolter zu hören, so als sei jemand hingefallen, kurz stört das meine Gedanken; dann bin ich wieder dankbar, dass es hier im Haus Eins, in der Mansarde, eine Badewanne gibt, und dass heißes Wasser fließt, wann immer ich will. Kurz denke ich an den Fluss und den Tod, und dass ich hier wegziehen muss und weiß nicht, wohin. Und als ich an den Tod denke, fällt mein Blick auf die Seifenschale, in der geöffnet ein sehr scharfes Messer liegt; ein Geschenk Krautmanns, das ich häufig beim Baden offen neben die Wanne lege.

Hier, ein Finnmesser, hatte Krautmann gesagt, vielleicht können Sie es einmal gebrauchen. Ich schenke es Ihnen, weil mir Ihr Buch gefällt.

Wer sich umdreht oder lacht /
Kriegt den Buckel blau gemacht.

Morgen, oder eher übermorgen, denn morgen will ich Armbruster besuchen, werde ich Morler zum Reithaus befragen.

39

Früher sei man Burschen wie mich mit Geld losgeworden.

Gesellius sagt das lächelnd, schüttelt ein wenig den Kopf, kann es gar nicht fassen, dass jemandem mit Geld nicht beizukommen ist.

Ich war mit dem Bus in die Stadt gekommen. Der Fluss ließ Nebel aufsteigen, es war Herbst. Unendlich langsam fuhr der Bus durch die graue Wand, und die wenigen Fahrgäste kamen sich näher, weil es vor den Busfenstern nichts als Nebel gab.

Was für ein Nebel, sagte der Mann, der hinter mir saß. Er war in meinem Alter, doch weniger gut gekleidet. Er beugte sich vor, seine Arme hingen über die Sitzlehne neben mir, und ich sah, dass er sowohl am linken, als auch am rechten Handgelenk eine Uhr trug. Zwei Uhren, dachte ich, die eine teuer, die andere billig.

Er müsse nun öfter in die Stadt, sagte der Mann, weil es im Backofen keinen Laden mehr gebe.

Das könne man ändern, mischte eine Frau sich ein. Grissmann habe versprochen, einen großen Supermarkt mit preiswerten Sonderangeboten in der Siedlung zu bauen. Man müsse ihn nur zum Bürgermeister wählen. Dann hätte der Backofen den schönsten Supermarkt, um den uns die Städter beneiden würden und dann müssten sie in die Siedlung kommen, um richtig gut einzukaufen.

Wer das sei, dieser Grissmann? fragte der Mann mit den Uhren.

Sie wissen ja nichts! lachte die Frau ihn aus.

Wir waren angekommen und verließen den Bus.

Gesellius, frage ich, willst du mir keinen Kaffee anbieten? Für einen Kaffee verzichte ich auf die Kandidatur. Esau und das Linsengericht!

Doch Gesellius, früher der Witzbold unter Krautmanns Assistenten, kann darüber nicht lachen und in Erinnerung an unsere frühere Freundschaft lege ich meine Hand auf sein Knie und rüttle daran, um ihm die schwarzen Gedanken zu verscheuchen.

Wäre Krautmann doch noch da! Nie habe er Bankdirektor werden wollen.

Ich nehme das Geld und stehe auf.

Was hat es auf sich mit meiner Kandidatur? Wer steckt dahinter? frage ich zum Abschied. Ist es Morler?

Aber Gesellius lacht nur bitter.

Das Untersuchungsgefängnis liegt in der gleichen Straße wie die Bank.

Ich stieg die steile Straße hinauf und mir brach der Schweiß aus. Plötzlich lichtete sich der Nebel. Das Gefängnistor lag vor mir.

Morler hatte die Formalitäten erledigt und ich brauchte nur meinen Ausweis zu zeigen.

Ein Beamter führte mich in den Gesprächsraum, und als Armbruster erschien, blieb der Beamte bei uns.

Wir setzten uns einander gegenüber an den Tisch, der Justizbeamte saß an der Stirnseite. Armbruster sah gut aus, wie erholt, ein wenig wie Einstein, nur gepflegter.

Grissmann, wie schön, Sie zu sehen. Aber was machen Sie nur?

Hier, sagte ich und überreichte ihm eine Schachtel Konfekt, belgische Pralinen.

Er riss die Schachtel auf und wollte probieren, besann sich aber und bot erst mir, dann auch dem Beamten etwas an.

Man wird, so allein, zum Solipsisten und vergisst die Manieren. Er lachte.

Der Beamte lehnte ab, er dürfe davon nicht essen. Ich aber ließ mir einen weißen Trüffel mit schwarzer Füllung schmecken.

Ich hätte doch keinerlei Erfahrung mit der Führung oder Verwaltung einer Stadt. Welcher Teufel mich geritten habe, für das Bürgermeisteramt zu kandidieren? Oder stimme es nicht, was die Zeitungen schrieben?

Der Trüffel schmolz in meinem Mund.

Ob der Anwalt, den ich ihm besorgt hätte, schon bei ihm gewesen sei?

Nein, antwortete Armbruster erregt. Nur mein Bevollmächtigter habe ihn aufgesucht, dieser Morler.

Ich sah in Armbrusters schönes Philosophengesicht, die edle Miene aber, mit der er mir Vorhaltungen machte, verdross mich.

Der Beamte war ein noch junger Mann, kahlköpfig und bereits mit Bauch. Als Pykniker erinnerte er mich an meinen Vater, und ich versuchte mir vorzustellen, wie es war, tot auf dem Friedhof zu liegen, unter der Erde, im Grissmanngrab.

Er wolle eine Bemerkung machen, sagte der Beamte, an Armbruster gewandt: Er würde Grissmann wählen. Viel zu lange sei der geile rothaarige Specht im Amt. Ich, als ein Lebensretter, sei der bessere Mann für die Stadt.

Wir schwiegen. Die beiden Männer sahen mich an, als erwarteten sie etwas von mir. Ich blinzelte in die Sonnenstrahlen, die durch das Fenster fielen.

Du sollst Vater und Mutter ehren /
Wenn sie dich schlagen, sollst du dich wehren /
Wenn sie noch um die Ecke gucken /
Sollst du sie in die Fresse spucken.

Ich sei ein freier Mensch, sagte ich endlich, und als solcher besäße ich die Freiheit, mich nicht zu entscheiden.

Noch während ich das aber sagte, überfiel mich das Bewusstsein von den unendlichen Möglichkeiten, vom Abgrund der Entscheidungen, der sich vor jedem Reichen auftut. Ein ungeheurer Kosmos der Freiheit umgab mich und drohte mich zu verschlingen. Mir wurde schwindelig und ich rückte meinen Stuhl aus der Sonne.

Armbruster, sagte ich, um wieder Boden unter die Füße zu bekommen, ist es nicht bedauernswert, dass mit dem Wissen über die Religion, mit dem Absterben jeglichen Bibelwissens, auch die Witze darüber zugrunde gehen?

Es heißt, der Mensch könne die Entfernungen, die im Weltraum eine Rolle spielen, nicht nachempfinden. Ich blickte aus dem Fenster hinaus auf den Mond. Es war spät, die Gedanken des Tages waren von mir abgefallen, selbst der eine, der mich seit längerem so aufdringlich begleitete: Dass ich reich bin.

Das Licht des Trabanten war heilig – nüchtern wie Quellwasser, und ich machte mich in Gedanken auf die Reise. 384 000 Kilometer. Was war das schon?

Einmal dachte ich, dass ich morgen mit Morler reden musste, einmal, dass ich, bekannt, wie ich war, nicht hier in meiner vertrauten Umgebung bleiben konnte.

Dann schob ich diese Gedanken beiseite und setzte meine Reise fort …

40

Morler hatte vorgeschlagen, dass wir uns bei einem Waldspaziergang aussprechen sollten. Der Vorschlag war von ihm gekommen, ich hatte nur zugestimmt.

Wir gehen deinen Weg, deinen Lieblingsweg.

Seine Stimme am Telefon hatte geklungen, als spreche er mit einem Kind oder einem Kranken.

Eine Weile waren wir schweigend gegangen, und während der Wald uns umfing, hätte ich gewünscht, allein diesen Weg zu gehen. Als wir vor den Wald traten, die Stadt unter uns lag, wollte ich etwas sagen; wollte zumindest andeuten, dass ich vielleicht fortgehen würde von hier und seine Dienste dann nicht länger benötigte. Mir war aber aufgefallen, wie sehr er gerade die Natur genoss. Mit beseligter Miene blickte er über die Obstwiesen hinunter auf Stadt und Strom.

Du kennst den Gesichtsausdruck, dachte ich. So hat er ausgesehen, als er in Amerika querfeldein ging. Ich griff nach seinem Arm und hielt ihn fest.

Wieso eigentlich? dachte ich. Warum lässt du ihn nicht hineinlaufen in diese herrliche Landschaft?

Lächelnd, mit einer zarten Bewegung, nahm Morler meine Hand von seinem Arm.

Du musst nicht kandidieren, Georg. Du kannst gehen, wohin du willst, du bist reich und frei. Aber diese Stadt könnte dir gehören.

Er zeigte mit großer Gebärde hinunter ins Tal.

Vielleicht hatten mich der Reichtum, die Ausschläge des Schicksals in den letzten Wochen verändert – ich ohrfeigte ihn.

Wir staunten beide über die Wucht des Schlages, seine Wange färbte sich rot, es hatte laut geklatscht. Morler stand da, verwundert erst, dann traurig. Ich wollte beobachten, was in ihm vorging.

Als er nun seine Wange betastete, rutschte der Ärmel seiner Lederjacke hoch. Auf Morlers Handgelenk war eine Tätowierung, umlief es wie ein Armband. In blauen schmucklosen Großbuchstaben stand dort der Name: Helena.

Ich verzeihe dir, Georg, sagte Morler und lachte. Ich muss dir verzeihen, denn durch dich leb ich in Saus und Braus. Im Übrigen brauche er neues Geld zum Verjubeln.

Ich holte das Geld hervor, das Gesellius mir gegeben hatte und gab ihm den größeren Teil. Nach Helena, dachte ich, werde ich ihn später fragen.

Wirst du wieder im Reithaus Sekt ausgeben?

Er antwortete nicht. Eine Weile blickten wir schweigend ins herbstliche Tal. Die Sonne, die uns gegenüber stand, begann zu sinken und vergoldete uns.

Warum willst du Ingrid nicht zurück, sagte Morler endlich und schüttelte sich, ihm war kühl geworden.

Ach, Morler, antwortete ich, bist du in sie verliebt?

Wir schirmten unsere Augen mit den Händen gegen die Sonne, und mir kam in den Sinn, nun, da Armbruster im Gefängnis saß, stattdessen Morler von mir zu erzählen. Die letzten Sonnenstrahlen beleuchteten seine brennende Wange.

Morler, sagte ich, du bist der einzige, mit dem ich über meinen Reichtum sprechen kann. In diesem Augenblick ginge mir auf, dass viele alte Sprichwörter mich nun, da ich reich war, nichts mehr angingen. *Morgenstund hat Gold im Mund. Müßiggang ist aller Laster Anfang. Früh krümmt sich, was ein Häkchen werden will.* Dass man sich mit Ehrgeiz, Fleiß, Arbeit und Hartnäckigkeit durchbeißen müsse…Das alles gelte nicht mehr für mich. Ich wisse nicht, ob ich froh darüber sei.

Morler machte mir ein Zeichen, dass ich schweigen solle. Eine Stimmung der Eintracht und des Friedens war um uns, obwohl ich ihn eben geschlagen hatte. Nun solle ich diese Aura nicht zerstören, sondern mich schweigend dem Sonnenuntergang hingeben.

Wir mussten das Schauspiel zu lange genossen haben, denn als wir den Trennwald wieder betraten, überraschte uns die Dunkelheit. Ich konnte den Weg kaum erkennen, doch wenn ich meine Augen anstrengte, meinte ich, dass er ein wenig heller war als das sonstige Dunkel. Ich ging voraus, Morler folgte mir. Der Detektiv hatte sein Telefon hervorgeholt. Doch als Morler versuchte, mit dem Licht des Telefons den Weg zu finden, merkten wir, dass das Gerät fast entladen war – das Licht erlosch.

Im Dunkel des Waldes begann ich, Morler Vorhaltungen zu machen. Ich hätte ihn kommen lassen, damit sich mein Leben einfacher gestalte – nun sei es durch das Gerede über die Kandidatur komplizierter geworden. Dass ich ihn kaum wiedererkennte mit seiner überschäumenden Lebensfreude. Vor wenigen Wochen noch sei er Melancholiker gewesen …

Wir waren stehengeblieben.

Still! rief der Detektiv leise.

Und wirklich, ganz schwach hörte man von fern stampfende Musik, unterbrochen von Gejohle und Gegröle.

Das ist die Baude! Von dort kenne ich den Weg, sagte Morler, wieder glücklich und voller Tatendrang. Und was meine Vorhaltungen angehe, sei ich doch selbst schuld: Wärst du auf Ingrids Vorschlag eingegangen, du hättest nicht zu kandidieren brauchen.

Dem Klang folgend stolperten wir über die schlechten Wege auf die Bratwurstbaude zu. Immer lauter wurden die Musik und das Gegröle.

Jemand hatte ein Bierzelt auf die Lichtung gestellt.

He, da gehen wir hin!

Wie ein Schuljunge freute sich Morler, dass etwas los war.

Wie so oft, wenn der eine etwas will, der andere aber schwankend ist, folgte ich ihm. Und ein Satz von Krautmann fiel mir ein, den er uns eingeschärft hatte: Ihr müsst hingehen, wohin es euch nicht zieht. Ohne das Volk lernt ihr die Heimat nicht kennen.

Aus der hell erleuchteten Baude trat ein Mann, den

ich kannte. Es war der Traurige, der die Jalousie hochgezogen hatte. Er trug ein riesiges Tablett, auf dem vierzig, fünfzig gebratene Würste liegen mochten, einige schwarz verbrannt, andere bleich, kaum gebraten. Morler nahm sich eine Wurst vom Tablett und begann sie sofort zu essen.

Dann hielt er für den Wurstmann die Zeltplane des Eingangs hoch. Zu dritt betraten wir das Zelt.

Es war voller Menschen. Sie saßen auf Bänken an langen Tischen, Bierkrüge vor sich. An der Stirnseite gegenüber dem Eingang war ein Podest, auf dem die Kapelle saß und einen Beatles-Song spielte. Ein Paar rückte auf seiner Bank zusammen und nickte uns freundlich zu. Kaum hatten wir uns gesetzt, der Wurstmann war weitergegangen, brachte uns eine junge Frau Bier. Ich wollte zahlen, doch sie schüttelte den Kopf: Alles sei frei. Unsere Banknachbarn hoben ihre Krüge, um anzustoßen.

Was willst du hier? dachte ich, doch das Paar neben mir rührte mich mit seiner Freude an Bier, Wurst und Musik, und ich prostete ihnen zu. Aus dem Augenwinkel sah ich, dass auch der Detektiv seinen Krug hob.

Die Kapelle hatte ihr Stück beendet, man hörte nur noch das Brausen, das eine feiernde Menge hervorbringt. Dann trat ein Mann ans Mikrofon. Es war Gesellius.

Noch einmal wolle er uns alle herzlich willkommen heißen. Wie schön diese Mischung sei, viele aus der Stadt seien hier und viele aus dem Wennfelder Garten …

Morler stieß mich an, und als ich mich nach ihm

umdrehte, zeigt er mit seinem Krug nach vorn auf den Redner und feixte.

Wenn wir uns hier wohlfühlten, bei Musik, Bier und Wurst, dann sollten wir das zum Ausdruck bringen durch Klopfen mit den Krügen auf die Tische und mit Applaudieren!

Er machte eine Pause, das Zelt wurde still, von draußen hörte man den Herbstwind in den Bäumen, sie ächzten.

Doch nun klopfte doch jemand mit dem Bierkrug, rief jemand Bravo, jauchzte, wie es Musikanten in den Alpen tun, ein hohes, sich überschlagendes „Juchhu"! Es war Morler.

Dann erfasste das Klopfen das ganze Zelt; ja, auch ich klopfte und rief.

Gleich, dachte ich, als kennte ich die Zukunft, gleich wird Bergius erscheinen.

Einem Mann aber, rief Gesellius ins Mikrofon, einem Mann verdanken wir besonders, dass wir hier feiernd beisammensitzen… Der so viel getan hat für unsere Stadt, der sie vorangebracht hat… hier ist er, unser Gastgeber, der Bürgermeister!

Morler, fragte ich, hast du von dieser Veranstaltung gewusst?

Er schüttelte den Kopf und ich glaubte ihm.

Morler, ich wäre ein schlechterer Bürgermeister als er!

Der Bürgermeister begann von seinen Amtszeiten zu erzählen – kleidete aber die Liste seiner Erfolge in die Form einer Beichte: Dann habe er noch eine Sünde begangen. Die neuen Busverbindungen zwischen Stadt und Wennfelder Garten – fast hätte er Backofen gesagt! fügte er scherzend hinzu.

Krautmann hat über diese Art von Reden vor langer Zeit eine Vorlesung gehalten. Jetzt fiel mir der Titel wieder ein: „Volksredner und ihre Psychologie“; hatte damals allerdings gemeint, diese Art Redner seien, ebenso wie ihr Publikum, zum Aussterben verdammt.

Gelächter und Beifall brandete auf. Meine Banknachbarin drehte sich zu mir und nickte zustimmend.

Leute, ich habe gesündigt, ich habe gebeichtet. Ich möchte weiter euer Bürgermeister sein. Wollt ihr mich alten Sünder behalten?

Gesellius hat ihm das einstudiert, dachte ich. Gesellius hat damals die Vorlesung mitgeschrieben.

Bergius machte eine Geste, und aus der ersten Reihe stand eine Frau auf und ging auf die Bühne. Sie stellte sich neben ihren Mann, nahm seine Hand und lächelte ins Publikum.

Obwohl ich ihr Angebot ausgeschlagen hatte, zog sich mein Herz zusammen, sie dort oben stehen zu sehen, neben dem untreuen Mann, so schön.

Lass uns gehen, Morler!

Noch fünf Minuten, bat der Detektiv.

Ich werde weggehen aus dieser Stadt, sagte ich. Dann brauche ich deine Dienste nicht mehr.

Es war, als hätte ich das nur gedacht, nicht gesagt. Morler reagierte nicht und starrte unverwandt auf die Bühne.

Gleich macht er einen Fehler, sagte Morler.

Eins noch, sagte Bergius: Mit ihm zusammen wähle man auch seine bezaubernde Frau, deren Anteilnahme am Wohle der Stadt jeder kenne.

Dann wollte er abgehen. Gesellius stand bereit, das Schlusswort zu sprechen, das Volksfest freizugeben. Die Kapelle nahm die Instrumente auf.

Für einen Augenblick hörte man das Ächzen und Stöhnen der Bäume.

Dann trat der Bürgermeister erneut ans Mikrofon.

Es gäbe jemanden, der gegen ihn antreten wolle. Aber auch wenn dieser Mann ein Kind gerettet habe, so wisse man etwas anderes nicht über ihn: Obwohl er im Wennfelder Garten wohne, sei dieser Mann sehr reich.

Er zeigte auf mich.

Du bist reich und frei, dachte ich. Wenn du willst, gehst du jetzt, wenn nicht, bleibst du und siehst, was kommt.

Morler ging nach vorn, sprang auf die Bühne und nahm das Mikrofon.

Wer reich ist, lässt sich nicht so leicht bestechen!

Er machte der Kapelle ein Zeichen, sie spielte einen Tusch.

Jetzt gehen wir, sagte der Detektiv.

Ich stand auf, verbeugte mich und verließ das Zelt.

Der Wind hatte zugenommen, die Bäume seufzten und ächzten. Über der Lichtung stand der Mond, Wolken deckten ihn zu und gaben ihn wieder frei.

41

Ich wohne jetzt bei meiner Mutter. Dass ich reich bin, nimmt sie mir nicht übel. Nur dass sie es aus der Zeitung erfahren musste, findet sie nicht schön. Ich höre sie jetzt öfter die Texte ab, die sie bei den Führungen vorträgt. Sie vergisst sie immer wieder. Beim Abhören lerne ich viel über meine Familie. Mein Vater hat von nichts anderem geredet, mich hat es damals nicht interessiert. Auch im Haushalt mache ich mich nützlich. Die Familiengeschichte habe ich in der linken, den Staubsauger in der rechten Hand. So gehe ich durch die Wohnung, und meine Mutter folgt mir und sagt ihren Text auf; laut, um das Gerät zu übertönen. Vor den Touristen muss sie laut sprechen, so ist es eine gute Übung für sie.

Willst du wirklich Bürgermeister werden?

Ich wisse es nicht, sage ich dann, und fahre fort: Wer Rektor der Universität gewesen sei im achtzehnten Jahrhundert und worin seine Bedeutung bestanden habe? Die Antwort ist, dass dieser Rektor Grissmann die kopernikanische Lehre geleugnet hat.

Überall klebt man Wahlplakate für dich! Wer macht das, wenn du es nicht willst?

Morler, antworte ich, wahrscheinlich mein Angestellter Morler.

Wärst du stolz, wenn ich Bürgermeister wäre?

Sie habe gehofft, ich würde Professor werden.

Und wir fahren fort in der Familiengeschichte, bis sie sich wieder unterbricht.

Im Restaurant des Reitervereins gäbe ein Mann fast täglich Champagner aus. So habe es in der Zeitung gestanden. Ob das dieser Morler sei?

Tagsüber sitze ich jetzt viel im Kinderzimmer und denke über mich nach. Abends lege ich im Wohnzimmer Patiencen und trinke Bier dazu. So vergehen die Tage, und die Wahl, an die ich meist nicht denke, rückt näher. Bei unserem letzten Treffen habe ich Morler angewiesen, er solle bekanntgeben, dass ich nicht kandidiere, aber er hat es nicht getan – im Gegenteil, er hält in meinem Namen Versammlungen ab. Seit Neuestem lese ich die Zeitung nicht mehr, habe auch meiner Mutter verboten, mir daraus zu berichten. Ich will nichts von den Umfragen wissen, in denen ich bald aufhole, bald zurückfalle in der Gunst der Wähler.

Wenn ich hinausgehe in die Stadt, gefällt sie mir nicht, und so meide ich sie, so gut ich kann. Doch manche Gänge lassen sich nicht vermeiden. Heute muss ich zu Gesellius, neues Geld holen.

Auf dem Rückweg, sage ich beim Frühstück, werde ich Vaters Grab besuchen. Was für Blumen ich dafür kaufen solle?

Und wie ich sie so dasitzen sehe, schon beim Frühstück über ihre Texte gebeugt, nehme ich mir vor, auch ihr Blumen zu schenken. Du brauchst diese Arbeit nicht zu machen, sage ich, ich könne ihr Geld geben, so viel sie wolle.

Sie bedankt sich für das Angebot, doch ich spüre ihre Ablehnung.

Gestern Abend, sage ich, als du im Bett warst und ich noch im Wohnzimmer, war ich wieder sehr glücklich.

Manchmal auf der Straße stellte ich mir vor, ich sei ein unbeschriebenes Blatt, ein Fremder, der durch eine schön restaurierte Altstadt geht; und als könne ich überall hin, nach Süden oder Norden, hinaus aus der Stadt oder den Schlossberg hinauf. Dann sah ich an einer Mauer ein Plakat. Und obwohl der Mann auf dem Bild fast genauso gut Morler sein konnte, stand doch mein Name darunter, und so war ich kein Fremder, sondern ein Unruhestifter.

Ich war auf dem Weg zur Bank. Passanten musterten mich in der Fußgängerzone, unsicher, und manche grüßten, für alle Fälle. Ich grüßte dann zurück, unwillig erst, dann lächelnd, dann leicht mit der Hand winkend, ganz Wahlkämpfer.

Wie viel weniger Plakate als Morler hatte der Lateinlehrer und Kraftmensch gehängt!

Vor der Tür der Bank blieb ich stehen und prüfte meine Stimmung. Ich war ruhig und gut gelaunt, ohne jene Spitzen der Euphorie, die so oft Angst machen.

Gesellius, rief ich, noch ehe er die Tür seines Büros hinter uns geschlossen hatte. Gesellius, Du hast unser Geheimnis verraten! Aber auch wenn du hier der Bankdirektor bist, so gibt es sicherlich in der fernen Zentrale jemand, der über dir steht. Dort werde ich deinen Vertrauensbruch zur Kenntnis bringen!

Ich hatte Gesellius damit erschrecken wollen, es war nur ein Scherz. Inzwischen war es mir gleichgültig, ob man von meinem Reichtum wusste. Doch der alte Sanguiniker zeigte keinerlei Erschrecken. Sein Gesicht war fahl und wirkte seltsam klein, so dass mich Mitleid erfasste und ich meine Drohung bereits bereute.

Ach, Georg, antwortete Gesellius, ich habe nichts verraten. Dein Freund Morler hat es dem Bürgermeister erzählt.

Was hast du? fragte ich. Du siehst fürchterlich aus. Unter Krautmanns Assistenten war er immer der Schönste gewesen.

Hast du Kummer? Bist du krank?

Er antwortete nicht, sondern ging zu dem kleinen Tresor, der fast unsichtbar in der Ecke des Büros stand, nahm ein Bündel Banknoten heraus und legte es vor mich hin. Seine Bewegungen waren langsam, so als müssten sie ihm erst wieder einfallen.

Hier.

Ist es, weil ich dir gedroht habe? Aber das sei gegenstandslos, wenn nicht er den Bürgermeister informiert habe.

Ich sei ein Störenfried, der Unfrieden in die Stadt gebracht habe und einen verdienten Mann beiseiteschieben wolle, antwortete der Bankdirektor mit leiser Stimme. Es wundere ihn allerdings nicht. Einmal vor langer Zeit sei Krautmann auf mich zu sprechen gekommen, und angeregt vom Wein habe der Professor sich zu Aussagen hinreißen lassen, die man gegenüber Kollegen oder Freunden des Betreffenden eigentlich nicht macht. Aber das sei es nicht allein. Es sei etwas ungleich Größeres.

Seine Sekretärin brachte Kaffee, und Gesellius stürzte sich geradezu darauf, goss sich schon nach, noch ehe ich meinen ersten Schluck genommen hatte.

Er zweifle am Sinn des Lebens, sagte er mit etwas festerer Stimme. Metaphysischer Trost sei ihm nicht zugänglich, und er habe niemanden, mit dem er über diese Zweifel sprechen könne; seine Frau, aber auch Bergius, lachten ihn aus, wenn er ihnen damit käme. An vielen Tagen glaube er ihnen, an anderen, so wie heute, nicht. An diesen Tagen könne er sich selbst nicht ertragen und um nicht an sich selbst zu denken, stelle er seine Person ganz in den Dienst anderer, so dass sie sich quasi auflöse… Heute aber wolle das nicht gelingen.

Er war rot geworden und schämte sich. Und doch sah er etwas frischer aus als zuvor.

Von früher erinnerte ich mich an solche Zustände, an ähnliche Strategien, sie zu bekämpfen. Ich kennte das, sagte ich, fügte aber hinzu, dass mir das nun als Reicher fremd sei.

Er kam noch auf den Neid zu sprechen, den er gegenüber bereits toten Schulkameraden hege; ich stimmte mit ihm überein.

42

Heute habe ich – meine Mutter fühlte sich am Morgen nicht wohl – zum ersten Mal eine Gruppe Touristen durchs Grissmannhaus geführt. Mein Gedächtnis ist gut, durch das wiederholte Abhören meiner Mutter konnte ich die Texte auswendig.

Alle Teilnehmer müssen Filzpantoffeln über ihre Straßenschuhe ziehen, um die wertvollen Böden zu schonen. Nachdem ich das Eintrittsgeld kassiert hatte, fragte ich, ob alle Deutsch verstünden, und sie nickten. Hinter der Kasse hängt ein Stammbaum, und auf die Frage eines älteren Mannes, die Führungen würden doch von Familienangehörigen durchgeführt und wo ich auf dem Stammbaum sei, antwortete ich, ich sei noch nicht eingezeichnet, aber mein Vater. Für mich sei auf dem Pergament ja gar kein Platz mehr, rief eine Frau. Damit die Touristen nicht glaubten, man wolle sie betrügen, holte ich meinen Personalausweis hervor und ließ ihn herumgehen.

Grissmanns mit dem Vornamen Georg seien selten, sagte ich, nur einer meiner Vorfahren heiße wie ich, ein Gelehrter und Rektor der Universität aus dem 18. Jahrhundert, der das kopernikanische System geleugnet habe.

Sie lachten, als sei es ein Witz.

Es war mir, als hätte ich diese Führung schon immer gemacht. Meine Stimme wurde nach dem ersten Zimmer kraftvoll, lebendig und ich merkte, wie sich mein erst gespieltes, dann echtes Interesse für die Familiengeschichte auf die Zuhörer übertrug. Die glanzvollen Episoden schilderte ich in einem stolzen, fröhlichen Ton, den Niedergang, den schließlichen Notverkauf des Hauses mit schleppender Stimme und gesenktem Kopf.

Ich musste es gut gemacht haben, denn als ich am Ende der Führung die Touristen hinausließ, bedankten sie sich, und gaben alle ein hohes Trinkgeld – so als wollten sie mich trösten über den Abstieg meiner Familie.

Die nächste Führung war erst am Nachmittag, und ich ging hinüber in unsere Wohnung, machte einen Kräutertee und brachte ihn meiner Mutter ans Bett.

Hier sagte ich, die Trinkgelder.

Ich legte das Geld auf die Bettdecke.

So viel! rief meine Mutter. So viel habe sie noch nie bekommen.

Anfängerglück, antwortete ich. Das also, dachte ich, hat dein Vater jahrzehntelang gemacht.

Am Nachmittag hatte ich noch zwei Gruppen. Ich prüfte mich, ob mich diese Tätigkeit bereits zu langweilen begann. Nein: Nun, da ich mehr Routine besaß, fand ich Gelegenheit, mich selbst in den Räumen umzuschauen, und die von meinem Vater hundert- oder tausendfach erzählte Geschichte trat mir als ein bunter Historienteppich entgegen, der mich für kurze Zeit mein jetziges Leben vergessen ließ.

Zum Abendessen stand meine Mutter auf, es ging ihr bereits etwas besser. Von unserem Wohnzimmer aus war auf der anderen Seite der Gasse das Grissmannhaus zu sehen, und ich zeigte hinüber, um meine Mutter auf die Schönheit der erleuchteten Fassade aufmerksam zu machen.

Den ganzen Tag hatte ich nicht an Morler gedacht. Nun, wo die Türglocke ging, kam er mir in den Sinn.

Wer klingelt so spät? rief ich ungehalten.

Nach dem Abendessen, so hatte ich es mir vorgestellt, sollte meine Mutter früh zu Bett gehen, ich aber wollte nach dem gelungenen Tag noch mit einer Flasche Bier im Wohnzimmer sitzen.

Meine Mutter ging, um zu öffnen. Ich hörte an ihrer Stimme, dass es ein ihr Fremder war. Was sie sagte, konnte ich nicht verstehen, und auch die Worte des Besuchers nicht, doch ich hörte ihn lachen. Meine Mutter zögerte, ihn einzulassen, und als Reaktion darauf wurde sein Lachen lauter.

Es war mir, als kennte ich die Situation: Man glaubt, nur Zeuge zu sein, nur zufällig hört man etwas mit. Dann aber ändert sich alles.

Wieso geben Sie im Reiterverein Champagner aus?

Es ist für Ihren Sohn, antwortete Morler.

Sie traten ins Wohnzimmer, das Gesicht meiner Mutter verdeckt von einem riesigen Strauß Gladiolen; dahinter Morler, eine Champagnerflasche in der Hand.

Ich merkte, dass es ihm wehtat, mich so am Esstisch im Wohnzimmer sitzen zu sehen, einen Teller mit

Butterbrot und Käse vor mir, daneben ein Glas Bier. Er wandte seinen Blick ab, zum Fenster, durch das die Fassade des Grissmannhauses leuchtete.

Brauchst du neues Geld, Morler?

Ich hatte das Geld ja bei mir, brauchte nur in die Tasche zu greifen, es hervorzuholen, die Banknoten in zwei ungleiche Hälften zu teilen, und ihm die größere zu geben. Ohne Rücksicht auf meine Mutter steckte er es ein.

Ohne Morler wäre ich nicht reich, sagte ich.

Sie legte noch ein Gedeck auf. Ich ging in die Küche, um Bier für den Gast zu holen, und als ich die Flasche aus dem Kühlschrank genommen hatte, zögerte ich, ins Wohnzimmer zurückzukehren. Jetzt könntest du, dachte ich, unbemerkt die Wohnung verlassen, und wenn man dein Fehlen bemerkte, wärest du bereits weit fort.

Ich ging leise auf den Flur. Wenn man die Wohnungstür etwas anhob, machte sie beim Ins-Schloss-Fallen kein Geräusch.

Dann stand ich auf der Straße, reich und frei. Wer träumte nicht davon? Eine große Begeisterung erfasste mich. Die Altstadt war menschenleer und still, meine Schritte in den neuen Schuhen hallten zwischen Wohnhaus und Grissmannhaus wider. Gleich würden die Schritte meine Mutter ans Fenster locken und ich wäre entdeckt – ich blieb stehen und überlegte, was mich mehr an diesen Ort band: Die Wohnung meiner Mutter oder das Grissmannhaus.

Niemand hatte meinen Fluchtversuch bemerkt. Als ich das Wohnzimmer wieder betrat, saßen meine Mutter und Morler auf dem Sofa, tranken Champagner und besprachen meine Chancen bei der Wahl.

Dann habe ich das Bier umsonst geholt, sagte ich.

Etwas stimmte nicht: Das waren nicht unsere Sektgläser, aus denen die beiden tranken, das waren alte, handgeschliffene Kelche. Meine Mutter musste sie aus dem Museum gestohlen haben.

Das Wahlvolk, fuhr Morler in der Unterhaltung fort, das Wahlvolk liebe Abwechslung. Selbst Perikles wäre abgewählt worden, wäre er nicht vorher an der Pest gestorben.

Der Champagner hatte meiner Mutter gutgetan, die kränkelnde Frau von heute Morgen war verschwunden, ihr Gesicht heiter und jung.

Ich sei als Verlierer aus der Heimat ausgezogen, sagte Morler, und kehre nun als reicher Mann zurück – welche Geschichte habe der Bürgermeister dagegen zu bieten? Dass nur er, nicht der Kandidat selbst bei den Veranstaltungen auftrete, stachele die Neugier der Menge zusätzlich an.

Und wenn er nicht Bürgermeister werden will? rief die Frau auf dem Sofa.

Mutter, wo hast du die Gläser her?

Geliehen; nicht mal geliehen. Denn im Grunde gehören sie uns!

Es waren nur zwei Kelche vorhanden, und so trank ich Bier.

Er müsse ihr etwas beichten, sagte Morler. Anfangs

habe er hier in der Stadt nur seinen Spaß haben wollen. Dann jedoch habe er sich in die Frau des Bürgermeisters verliebt. Die aber wolle nichts von ihm wissen; und so werde er sich rächen.

Verliebt ihr beiden euch bloß nicht ineinander! scherzte ich. Eben, auf der Gasse, hatte ich mich stark und frei gefühlt und es genossen, allein zu sein. Nun war ich wieder in Gesellschaft.

Morler hob den Finger, als hätte er etwas vergessen, dann holte er aus der Innentasche seines Jacketts ein Heft oder Büchlein hervor. Er hatte es zusammendrücken müssen, es wäre sonst zu groß für die Tasche gewesen.

Hier, sagte Morler, an meine Mutter gewandt, sein Büchlein. Ich möchte, dass er es signiert.

Ach das, antwortete sie.

Hören Sie, rief Morler und las vor: „*Auf der Insel Amerika, stehen schöne Mädchen da* …“ Das sei hochinteressant und erinnere ihn an seine Jugend. Signier es, Georg! Er reichte mir einen Füllfederhalter.

Ich setzte zu einer Widmung an. „Für Morler von Georg“, mehr fiel mir nicht ein. Aber die goldene Feder kratzte über das schlechte Papier und es floss keine Tinte heraus.

Morler, ich werde nicht kandidieren. Du solltest abreisen und deine Liebe vergessen.

Wir dachten darüber nach und schwiegen.

Ich werde zu Bett gehen, sagte ich endlich, und morgen die erste Führung übernehmen.

Vergiss nicht, rief Morler mir nach, bald kommt dein großer Tag!

Im Bett hörte ich den Klang der Gläser, Morlers laute Stimme, die leisere meiner Mutter und ihrer beider Lachen. Morgen würde ich die Kelche zurück in ihre Vitrine stellen.

Später wachte ich kurz auf. Es war still. Die Fassadenbeleuchtung des Grissmannhauses war erloschen.

Du hast beschlossen, deinen Launen und Stimmungen zu leben, rief ich mir zu. Fast körperlich spürte ich den Druck, der von dem großen, dunklen Baukörper ausging.

43

Ich bin, glaube ich, zum richtigen Zeitpunkt reich geworden. Wäre das Ereignis früher eingetreten, hätte es mich aus der Bahn geworfen, und ich hätte mein Vermögen verschwendet und vergeudet, für Luxus oder hochtrabende Projekte. Später hingegen wäre ich ein älterer Mann gewesen, jeden Augenblick der Angst ausgesetzt, in den Wirtschaftsnachrichten etwas zu lesen, das seinen Traum von Sicherheit und Unabhängigkeit in sich zusammenstürzen ließe. Den Optimismus der Jugend habe ich abgelegt, und meine alte Hoffnung aus jenen Tagen, einmal durch Leistung oder Glück reich und unabhängig zu werden, hatte ich längst aufgegeben. Wenn ich zurückblicke auf das Ereignis – ist es wirklich erst ein paar Wochen her? –, denke ich, dass Gott oder sonst ein Planer der Menschenschicksale den Zeitpunkt nicht besser hätte treffen können. Denn nun mache ich mir nicht viel aus Geld. Reife! Ein seltsames Wort in diesem Kontext. Ich werde Armbruster dazu befragen, wenn ich ihn wieder besuche.

Ich fand die Kelche in der Küche, abgewaschen und abgetrocknet, trat zum Fenster und hielt sie gegen das Licht: Kein Sprung, kein Kratzer war zu sehen. Ich wusch sie ein zweites Mal und trocknete sie vorsichtig ab. Aus dem Elternschlafzimmer hörte ich durch die dünnen Wände das Schnarchen meiner Mutter. War nicht früher das Schnarchen meines Vaters immer ein Problem für sie gewesen?

Ich versteckte die Gläser in einer Tüte, bevor ich sie über die Straße trug.

Als ich sie im Grissmannhaus in ihre Vitrine stellte, stießen sie an andere kostbare Gläser, und ein feines teures Klingen ertönte, und mir fiel der Satz ein, den Morler mir gestern gesagt hatte: Bald kommt dein großer Tag!

Ich konnte diesen Satz nicht loswerden und begann darüber nachzudenken, ob es in meinem Leben große Tage gegeben hatte, und welche das gewesen waren; bei der ersten Führung, eine Schulklasse mit neunjährigen Schülern, war ich mir sicher, nie einen großen Tag gehabt zu haben.

Leiern Sie nicht so!

Man habe ihr als Führerin eine ältere Frau angekündigt, sagte die Lehrerin, sie wisse überhaupt nicht, wer ich sei.

Georg Grissmann, der Sohn, antwortete ich und zeigte meinen Ausweis. Alle wollten ihn sehen, und sie ließ ihn herumgehen. Seine Großeltern und seine Urgroßeltern und deren Eltern hätten früher, vor hunderten von Jahren einmal in diesem prächtigen Haus gelebt. Die Kinder staunten mich an.

Ich gab mir Mühe, und die Kinder hörten mir aufmerksam zu. Im vorletzten Raum aber, wo die Führung den Text über den Schuster, den Niedergang und den

Verkauf des Palais vorsieht, begann, noch ehe ich den Schuster erwähnt hatte, unter den Kindern ein Getuschel. Ich wollte warten, bis sie sich beruhigt hätten, dann hörte ich aus dem Getuschel ein Wort heraus, und jetzt sie riefen laut und zeigten auf mich: Bürgermeister, Bürgermeister!

Ach, Sie sind das, sagte die Lehrerin. Sie habe meine Wahlveranstaltungen besucht. Mein Stellvertreter habe so einseitig, so hasserfüllt gegen die Reichen gewettert – das sei ihr zu weit gegangen. Sie werde mich trotzdem wählen.

Sie lächelte mich an.

Morler! dachte ich, was tust du nicht alles, was richtest du nicht alles an!

Ich lächelte zurück.

Als sie fort waren, holte ich die Kelche wieder aus der Vitrine und nahm sie mit nach Haus.

44

Noch einmal werde ich all jene aufsuchen, die hier in der Stadt für mich von Bedeutung waren. Krautmann wird nicht darunter sein, eine schmerzende Leerstelle in meinem Leben.

Ich wolle zum Grab meines Vaters gehen, sagte ich. Nun, da ich aus eigener Erfahrung wisse, wie er sein Leben verbracht habe, ziehe es mich erneut dorthin. Ob sie die nächste Führung übernehmen könne?

Es war ein milder Herbsttag, Friedhofswetter, dachte ich. Am Friedhofseingang kaufte ich Blumen, legte sie am Grab meines Vaters nieder und dachte an ihn. Trauer fühlte ich nicht. Aber mir fiel ein, dass er mich wohl geliebt hatte und das rührte mich. Dann hörte ich vom Grab des Dichters, an dem ich neulich Morler und den Bürgermeister zusammen gesehen hatte, ein Weinen; das Weinen eines Mannes.

Ich sah ihn nicht gleich, er war hinter dem Grabmal des Dichters fast ganz verborgen, und erst als ich nähertrat, erkannte ich ihn. Es war Bergius.

Ich sei am Grab meines Vaters gewesen, sagte ich. Er wischte sich die Tränen ab.

Werden Sie mich besiegen?

Ich hätte das in fremde Hände gelegt, antwortete ich.

Er sei hergekommen, um nachzudenken, Bergius lachte. Das tue er oft, er gehe zum Dichtergrab und denke nach.

Die Sonne war herausgekommen und beleuchtete sein rotes Haar.

Oft müsse er dann an einen Vers, eine Zeile des Dichters denken und die Schönheit der Sprache überwältige ihn. Über Politik weine er nie, gegen diese Dichtung aber sei er hilflos.

Mir fielen sofort Gedichte ein, die auch mich ergriffen hatten. „*Alles prüfe der Mensch … und verstehe die Freiheit / aufzubrechen, wohin er will.*" zitierte ich. Wie gut das passte auf meine jetzige Situation!

Das sei eine seiner Lieblingsstellen! rief der Bürgermeister. Er sehne sich, fuhr Bergius unvermittelt fort, nach der Schule, nach dem Unterricht. Doch nicht als Besiegter wolle er dorthin zurück!

Bergius, versuchte ich ihn zu beschwichtigen, Sie sind ein guter Lateinlehrer gewesen. Wenn auch manchmal ein Sadist. Im Übrigen glaubte ich, keinerlei Chance gegen ihn zu haben.

Meinen Sie? rief Bergius. Dann ruf deinen Bluthund Morler zurück!

Morler habe seinen eigenen Kopf, sagte ich, und ich stünde in seiner Schuld, denn er habe mich reich gemacht.

Er ging, ich war allein auf dem Friedhof. Und während ich noch zwischen dem Grab des Dichters und den Grabmalen meiner Familie stand, fiel mir ein, dass ich Morler ursprünglich herbeigerufen hatte, damit sich mein Leben einfacher gestalte.

Kopernikus, du Schwein! dachte ich, als ich erneut

am Grab meines Vorfahren, des Leugners, vorbeikam. Wie hast du uns alle bedeutungslos gemacht!

Wen soll ich mir nun vornehmen? dachte ich am nächsten Tag. Gesellius mit seinen ständigen Tiraden, seiner fixen Idee, ich sei ein Unruhestifter?

In der Fußgängerzone lächelten mich Passanten an. Lächelt nur, dachte ich, werft mir verstohlene Blicke zu! Ich mache doch, was ich will!

In den Minuten, ehe ich die Bank erreichte, stellte ich Vergleiche an zwischen den Momenten, in denen ich frei gewesen war, und versuchte sie einzuordnen nach dem Grad ihrer Freiheit. Mir schien, als wäre ich im Leben nie freier gewesen als auf der Fahrt durch Amerika.

Ein Mädchen kam aus der Bank, als ich hineinwollte, und wir stießen zusammen.

Sie sei zurück aus der Großstadt, sagte sie, bevor ich fragen konnte. Es sei schön, mich zu treffen, und sie habe auch die Plakate gesehen.

Ach die Plakate! rief ich lachend und lud sie zu einem Kaffee ein. Das Geldholen konnte warten. Auch sie eine Heimkehrerin, dachte ich.

Mit dem Bürgermeister sei es aus. Sie seien ohne Streit auseinander gegangen.

Ich hörte mit halbem Ohr zu und fühlte mich wohl in ihrer Gesellschaft.

Wie, fragte ich, wie?

Sie wiederholte ihre Frage: Ob ich Bürgermeister werden wolle?

Viel lieber, sagte ich, würde ich zusammen mit ihr zu meiner Mutter ziehen und die Führungen durch das Grissmannhaus übernehmen. Ich sei mir nicht sicher, antwortete ich.

Ich sähe so wehmütig aus, sagte Britta. So könne man nicht Bürgermeister werden.

Wenn man wehmütig sei, müsse man sich verabschieden, antwortete ich.

Sie habe keine Wohnung, sagte das Mädchen. Falls ich sie besuchen wolle, sie wohne in der „Krone". Morler habe ihr das angeboten. Es sei mein Geld, nicht seins, habe er versichert.

Ich nickte und ging zur Bank, sie in die entgegengesetzte Richtung.

45

Bald würde der Nachmittag kommen und mich schwächen. Geschwächt wollte ich Gesellius nicht gegenübertreten. Einmal noch holst du dir Geld bei ihm ab, dann womöglich nie wieder.

Kurz vor zwölf betrat ich Gesellius' Büro.

Gesellius, ich brauche mehr Geld als sonst, begrüßte ich ihn.

Er antwortete nicht, sah nicht einmal auf, sondern starrte unverwandt auf den Bildschirm, der seinem Schreibtisch gegenüber hing. Sonst, erinnerte ich mich jetzt, waren dort Börsenkurse zu sehen gewesen oder Sendungen über Börse und Wirtschaft, ohne Ton. Ich wollte wissen, was ihn so faszinierte, und trat neben ihn. Jemand tanzte und sang dort, auch wenn wir nichts hörten, dann wieder wurde auf ein begeistertes Publikum geschnitten. Es war ein Kind, das sich bewegte wie ein Erwachsener, ein Junge von etwa sechs Jahren. Und nun, als Gesellius von Stumm auf Ton schaltete, hörte man ihn auch singen. Er sang laut und rau, ganz wie sein Vorbild, nur höher. Doch die Tanzbewegungen, bei seinem Idol rebellisch und männlich, wirkten bei einem Kind aufreizend und obszön. Der Sänger trug das weiße Elviskostüm.

"You are nothing but a hound dog ..."

Gesellius sang leise mit und schwang im Sitzen ein wenig die Hüften. Weißt du noch? Krautmann?

Krautmann sei ein großer Fan von Elvis gewesen. Im Fasching habe Krautmann stets dieses weiße Paillettenkostüm getragen.

Der Sänger hatte geendet, die Kamera ging über das Publikum und verharrte bei einer Frau, die begeistert klatschte: Helena.

Aber nicht das wolle er mir zeigen. Er schaltete um, und Bänder aus Zahlen liefen über den Bildschirm. Weißt du, was das bedeutet? Er lachte ein unfrohes Lachen. Dass sein kleines und das große Vermögen, das mir in den Schoß gefallen sei, bald völlig verschwunden sein könnten.

Dann gib mir noch einmal Geld, doppelt so viel wie sonst!

Ich klang leichtsinnig. Und doch beschlich mich eine Angst, dass sich mein Leben ein zweites Mal binnen kurzer Zeit radikal ändern könnte.

Der Nachmittag kündigte sich an. Gerade diesen übermütigen Satz hatte ich noch herausgebracht. Ich nahm das Geldbüschel, das Gesellius mir hingelegt hatte, und stürzte ohne Gruß hinaus.

In zwei Tagen war Sonntag. Wahlsonntag.

Meine Mutter war von meinem Vorschlag, sie ins Reithaus auszuführen, begeistert gewesen, viel zu wenig habe mein Vater sie in den letzten Jahren ausgeführt, und schon um fünf, als ich im Kinderzimmer auf dem Bett lag und den Nachmittag abklingen fühlte, hatte sie mit ihren Vorbereitungen für den Abend begonnen.

Als ich von der Abendführung zurückkam, die Besucher waren Bewohner eines Altenheims gewesen, fand ich eine sorgfältig geschminkte, elegante, wenn auch für ihr Alter etwas zu jugendlich gekleidete Frau vor.

Sie zweifele jetzt, sagte sie, ob sie mitkommen solle, frage sich, ob man ihre Toilette nicht als zu jugendlich verstehen würde? Ob es nicht überhaupt schöner sei, wenn ich allein ginge und ich würde ihr danach berichten, ob ein Bericht nicht schöner sei als die Wirklichkeit?

Komm mit, entgegnete ich. Wer weiß, wo ich morgen oder übermorgen bin! So hätten wir noch einmal etwas gemeinsam unternommen. Und hier, diese Haube hätte ich aus dem Museum mitgebracht.

Ich holte die Haube hinter meinem Rücken hervor und setzte sie ihr vorsichtig auf.

Sie betrachtete sich im Spiegel und schwieg. Die Haube stand ihr sehr gut. Meine Mutter blickte in den Spiegel und weinte. Wie gut, dachte ich, dass es deine Mutter ist und nicht eine fremde Frau, von der du nun nicht wüsstest, was sie denkt und fühlt, und wie du sie gewinnen kannst.

Kurz vor neun kam das Taxi, das ich gerufen hatte. Es war der gleiche Fahrer, der mich einmal in die Backofensiedlung gefahren hatte, der im Trennwald überfallen worden war.

Wir müssten noch etwas warten, sagte ich, als ich in den Fond des Wagens stieg, meine Mutter habe sich noch nicht entschieden, ob sie mitkommen wolle. Er könne das Taxameter ruhig laufen lassen. Ob er diesen Morler schon gefahren habe?

Oh ja, gerade eben habe er ihn von der „Krone“ abgeholt und vor dem Reithaus abgesetzt. Wie schon an anderen Abenden, wenn ihm nicht ein Kollege die Fuhre weggeschnappt hätte. Überhaupt würde Morler sich ausschließlich in Taxen fortbewegen.

Ich bin reich, unterbrach ich ihn endlich, und hasse Verzögerungen. Zum Reithaus! Fahren wir!

Aber ich kenne Sie! rief der Fahrer plötzlich und musterte mich im Rückspiegel. Und es war dieser kurze Satz, diese winzige Verzögerung, die es meiner Mutter, die als Silhouette in der Tür erschienen war, erlaubte, noch rechtzeitig zuzusteigen.

Im Reithaus

46

Das Reithaus lag auf einer Hochfläche etwas oberhalb der Stadt. Der Reitsportverein hatte hier gekauft und gebaut, eine Reithalle, Stallungen, ein Clubhaus mit Restaurant, ursprünglich nur für Mitglieder. Noch immer haftete der Gaststätte „Zum Reithaus" etwas Exklusives an.

Ich selbst war nie dort gewesen, kannte das Lokal nur von einem Vorfall, der sich dort zugetragen hatte: Krautmann hatte kurz nach der Eröffnung im Reithaus randaliert. Er sei betrunken gewesen, hatte er uns am nächsten Tag in kühlem Ton, ohne jede Reue oder Angeberei, erzählt. Da habe er alles kurz und klein geschlagen.

Vor dem Eingang drängten sich die Gäste. Ungeduldig schoben uns Neuankömmlinge von hinten vor sich her. Ich fragte meine Mutter, ob ich mein Inkognito lüften und wir einfach durchgehen sollten? Doch sie war begeistert, unter Menschen zu sein, die Enge, das Gedränge, vielleicht auch die Blicke der Männer gefielen ihr.

Von dort, wo wir standen, konnten wir durch die offene Tür ins Innere des Lokals sehen. Es war ein großer nüchterner Raum, die Tische und Stühle im skandinavischen Design. An den Wänden hingen Pferdebilder. Alle Tische waren besetzt.

Hier also hatte Krautmann randaliert. Ich bedauerte nun, meine Mutter mitgenommen zu haben. Was würde sie denken, wenn ich alles hier kurz und klein schlug?

Ein großer Mann in einem dunklen Anzug vertrat uns den Weg.

Ob ich reserviert hätte? fragte der Mann höflich.

Wer sind Sie? Petrus? rief ich, so dass man mich auch hinter uns hören konnte. Gelächter wurde laut. Ich drehte mich nach meiner Mutter um. Hatte ihr eben das jugendliche Kleid noch gut gestanden, so sah sie jetzt verloren darin aus. Eine große Enttäuschung lag auf ihrem Gesicht.

Du brauchst nur zu sagen, wer du bist, dachte ich.

Aus der Tiefe des Saals kam ein Mann auf uns zu, breitete die Arme aus und lächelte.

Aber Mathias, sagte er zu dem Mann im dunklen Anzug. Das ist doch Grissmann, Georg Grissmann.

Er habe mich nicht gleich erkannt, entschuldigte sich Mathias bei mir.

Morler nahm meine Mutter bei der Hand und führte sie in den Saal. Ich folgte ihnen.

An den Tischen, die wir passierten, blickten die Gäste auf, manche applaudierten oder winkten uns zu.

Du solltest bekannter sein, sagte Morler, als wir an seinem Tisch Platz nahmen. Aber mach dir nichts draus!

Ich grüßte die anderen Gäste an unserem Tisch, es waren vielleicht zehn. Ich kannte keinen von ihnen, halt, ganz am anderen Ende saß Ingrid, meine frühere Frau.

Schön, dass du einmal vorbeikommst, sagte Morler, wartete aber meine Reaktion nicht ab, sondern wandte sich wieder meiner Mutter zu, die auf seiner anderen Seite saß. Ich blickte mich um.

Sind Sie der neue Bürgermeister? wandte sich mein Tischnachbar an mich. Es war einer der Studenten, die hier umsonst Champagner tranken; die wilde Frisur, die stechenden Augen verrieten eher den Fanatiker als den Schnorrer.

Ich hätte seine Stimme sicher, falls nicht in letzter Sekunde der große Zerstörer erschiene, auf den im Grunde doch alle warteten.

Ihm könnte ich erzählen, dachte ich, dass ich mit dem Gedanken spielte, hier im Lokal alles kurz und klein zu schlagen.

Langweilst du dich, Georg? fragte Morler. Ich seh' es dir an. Das ist das Problem mit euch Reichen!

Wirklich hatte ich begonnen, mich zu langweilen. Und du? fragte ich. Tust du dies alles nicht auch nur aus Langeweile?

Er halte immer eine Live-Band vor, wich Morler aus. Wenn er die Stimmung für geeignet erachte, gäbe er das Zeichen, sie spielten auf und man könne tanzen.

Danach war für einen Moment Stille eingetreten; und nur deshalb konnte ich hören, was Ingrid in die Stille sagte: Nur wegen des Tanzens bin ich hergekommen.

Eine große Gelassenheit kam über mich. All dem hier, dachte ich, kannst du ein Ende bereiten. Du brauchst nur Morler kein Geld mehr zu geben.

Morler hatte, als Ingrid das sagte, verliebt und leidend

dreingeschaut, war aufgestanden, und hob nun die Hand. Es war das Zeichen, und vier Musiker kamen herein, stiegen auf ein Podest in der Ecke des Saals.

Ob er mit ihr tanzen wolle, hörte ich meine Mutter Morler fragen, und Morler tat, als habe er nur darauf gewartet.

Ich wollte dieses ungleiche Paar, von denen beide einen so großen Einfluss auf mein Leben gehabt hatten, nicht tanzen sehen und blickte in eine andere Richtung.

Willst du mit mir tanzen? Ingrid war zu mir getreten. Wenn nicht, tanz' ich allein. Ach, warten wir noch, das ist nicht mein Stück.

Sie setzte sich auf Morlers Platz, und vielleicht aus Unaufmerksamkeit trank sie aus Morlers Glas.

Bergius sei verschwunden, sagte Ingrid. Seit gestern habe sie ihn nicht mehr gesehen. Es fühle sich ähnlich an wie damals bei Krautmann. Schon am Vortag seines Verschwindens sei er uns verändert vorgekommen, wie durchsichtig, nicht mehr vollständig vorhanden.

Ja. Wir hatten es bemerkt und hatten nichts dagegen tun können. Krautmann habe damals keinen Grund gehabt, fuhr Ingrid fort. Jetzt bei Bergius sei es anders: Morler und ich hätten ihn aus der Stadt getrieben.

Ich nahm ihre Hand und führte sie auf die Tanzfläche, ganz ähnlich, wie es eben Morler mit meiner Mutter getan hatte.

Das Stück, das die Band jetzt spielte, war alt. Es war ein Stück, zu dem ich als Schüler vor dem Spiegel tanzen geübt hatte. Jetzt erinnerte sich mein Körper, die Bewegungen kamen von selbst. Ingrid war schon immer eine gute Tänzerin gewesen.

Das Stück war zu Ende. Von irgendwoher meinte ich, Gegröle und das Krachen umgeworfener Tische zu hören, konnte aber im Saal nichts entdecken, was das Getöse erklärte. Dann setzte wieder Musik ein.

Wo wäre ich jetzt gern gewesen? In der Mansarde vielleicht.

Hier, sagte eine Stimme hinter mir, was soll ich mit ihm machen?

Ich drehte mich um. Bergius stand dort. Vor sich hielt er im Polizeigriff den Studenten, der neben mir gesessen hatte. Der Student wand sich, kämpfte gegen den Griff, doch Bergius hielt ihn ohne Mühe.

Er habe den Randalierer Morler vorführen wollen.

Morler käme gleich, er tanze mit meiner Mutter, sagte ich.

Bergius sah mich belustigt an, so als würde ich alles Morler überlassen, unfähig, selbst etwas zu tun. Ich nahm ihm den Randalierer ab und hielt ihn nun selbst im Polizeigriff. Auf dem Weg zum Ausgang, wir kamen an den zerschlagenen Stühlen vorbei, versuchte der Student noch einmal, sich zu befreien. Aber auch ich war zu stark für ihn.

Hier, Mathias, ein Randalierer, werfen Sie ihn hinaus.

Vielleicht, dachte ich, sollte ich Bergius fragen, ob ich nicht mitkommen könne mit ihm, falls er die Stadt verließ. Ich wartete, bis die Musik aussetzte, legte die

Hände wie ein Megaphon vor den Mund und rief durch den Saal:

Bergius, du rothaariger Specht! Nimm mich mit, wenn du die Stadt verlässt!

Alles drehte sich nach mir um und lachte.

Er war längst fort.

Morler war zu mir getreten:

Wenn morgen bekannt wird, dass er die Stadt verlässt, bist übermorgen du der Bürgermeister.

Er wolle wieder Latein unterrichten. Und ich, Morler? Was will ich?

Morler aber ging zu Ingrid am anderen Ende des Tisches und wechselte einige Worte mit ihr. Es war klar, dass er ihr seine Liebe gestand, und sie ihn abwies.

47

Ich sitze im Blauen Zimmer, im Rokoko-Zimmer. Wintersonne scheint zum Fenster herein, fällt auf den Sekretär aus hellem Holz, fällt auf die kunstvollen Intarsien auf den Türen des Schränkchens über der Schreibfläche: Erde, Sonne, Mond und Sterne. An solch einem Sekretär hat im Jahr der Französischen Revolution Georg Grissmann seine Streitschrift gegen Kopernikus verfasst, und so zeigen die Intarsien den Himmel, wie mein Vorfahr ihn wollte. Wir sind der Mittelpunkt, wir!

Drei Tage bin ich jetzt hier, und der zierliche Stuhl des Leugners ist mein Lieblingsplatz geworden. Hier sitze ich und denke über mein Leben nach, während vor mir die Erde die Sonne regiert. Doch auch wenn ich versuche, mich einzufühlen in eine Welt, in der wir im Mittelpunkt standen – das Gefühl der Wichtigkeit stellt sich bei mir nicht ein.

Zurzeit ist mir das Blaue Zimmer am liebsten, und ich lasse mir hier das Essen servieren, auch wenn das unpraktisch ist. Denn die Küche ist im Souterrain und das Zimmer im ersten Stock; die Speisen werden leicht kalt.

Wie gut man in diesem stillen Haus ihre Schritte höre, sage ich zu Edna, als sie das Essen bringt, wie lang es dauere, bis sie vom Treppenabsatz das Blaue Zimmer erreiche! Die ganze Weitläufigkeit des Gebäudes könne man daran ermessen, und das erfülle mich zum ersten Mal mit Besitzerstolz.

Sie lächelte ihr freundliches Lächeln, und ich merkte, dass sie sich freute, dass ich zurück war, sie etwas zu tun hatte und einen Menschen zum Reden – ganz allein hütete sie während meiner Abwesenheit mein Haus.

Was sie von mir hält, weiß ich nicht. Manchmal sehe ich sie draußen am Grab meines Vorgängers stehen, mit gesenktem Kopf. Er sei vielleicht später ein schlechter Mensch gewesen. Früher aber, erzählt Edna auf meine Frage, habe er mit seinem Reichtum gute Werke getan. Dann habe er jegliche Lust dazu verloren.

Edna ist gläubig, sogar fromm, und wenn sie von den guten Werken erzählt, lächelt sie voller Begeisterung.

Keine Sekunde langweile ich mich hier! Nur Armbruster fehlt mir ein wenig und manchmal ein Mädchen wie Britta. Alle anderen, denke ich, auf der Kopie des Stuhles des Leugners sitzend, den ich ans Fenster gerückt habe, alle anderen dort drüben können mir gestohlen bleiben! und ich blicke in den winterlichen Garten hinaus, den die Sonne, unsere Herrin und Vorgesetzte, milde bescheint. Ich sollte, wenn er entlassen wird, Armbruster zu mir nehmen, und vielleicht auch meine Mutter. Aber sie muss das Museum hüten. Ausgerechnet sie, die sich aus dem Grissmannhaus so wenig machte, dass mein Vater ihr vorwarf, sie liebe ihn nicht; und sie beteuern musste, doch, sie liebe ihn, jedoch als Individuum. Die Wände unserer Wohnung sind dünn, und wenn ich diese Gespräche im Kinderzimmer mitanhörte, hielt ich mir die Ohren zu.

Draußen singt der Bullfinch, und durch das Fenster des Blauen Zimmers sehe ich ihn in seinem strahlenden

Blau; und jetzt, da ich ihn wieder höre und sehe, fällt mir ein, dass ich einmal hinübergelaufen war ins Schlafzimmer meiner Eltern und gerufen hatte: Nicht darüber reden! Aufhören! Aufhören!

Für heute Abend habe ich Edna gebeten, mir beim Essen Gesellschaft zu leisten, sie solle etwas kochen, was sie selbst gern äße. Sie hat ein altes Sklavengericht aus dem Süden vorgeschlagen, Schweinefleisch mit roten Bohnen. Als er noch essen konnte, habe Wilhelm das gern gegessen, sie auch einmal dazu gebeten.

Edna, hatte ich schließlich gerufen, ich weiß, Sie trinken gern Rotwein. Holen Sie heute Abend eine Flasche herauf.

Im Blauen Zimmer, Georg?

Wir aßen früh, denn ich gehe früh schlafen. Das Essen war scharf und köstlich, und ich lobte Edna dafür. Nur an Feiertagen hätte man das gegessen, erwiderte sie, sonst aber Bohnen und Reis.

Wir sprachen wenig, fast nichts, doch keiner von uns wurde verlegen, und ich sah zu, wie sie den Wein trank, mit halbgeschlossenen Augen.

Dass sei wohl einer der besten Weine im Keller?

Oh nein, antwortete sie, nachsichtig, wie auf eine törichte Frage. Herr Grissmann habe ganz andere Kaliber dort liegen! Ob sie mich etwas fragen dürfe?

Wenn es nicht zu persönlich sei, antwortete ich.

Sie habe ferngesehen. Die Lieblingssendung ihres verstorbenen Mannes und nun, zum Andenken, auch ihre.

„Kurioses aus aller Welt". Dort käme Europa oft vor, und in einer Kleinstadt habe es eine Bürgermeisterwahl gegeben. Der Name der Stadt sei ihr bekannt vorgekommen. Vielleicht hätte Herr Grissmann ihn erwähnt.

So? fragte ich, ohne es als Frage zu meinen.

Und man habe Bilder gezeigt, vom Bürgermeister und vom Herausforderer. Es sei ein älterer Mann gegen einen jüngeren gewesen.

Das sei nichts Ungewöhnliches, sagte ich.

Edna machte eine Geste, dass ich sie nicht unterbrechen solle.

Am Wahlsonntag habe sich herausgestellt, dass beide Kandidaten die Stadt verlassen hatten; niemand wisse, wohin.

Sie hatte sich vorgebeugt und sah mir ins Gesicht. Unsinn, dachte ich, da ist nichts Lauerndes, sie ist fröhlich vom guten Wein.

Aber da sei ein dritter Mann gewesen.

Sie stand auf, um den Nachtisch zu holen, und als sie zurückkam, dachte ich, dass sie das alles vielleicht inzwischen vergessen hätte.

Und dieser dritte Mann, fuhr Edna fort, sei Morler gewesen, der Mann, der mich damals hierhergebracht habe.

Und? sagte ich. Wie ging es weiter?

Der Jüngere habe gewonnen. Nun werde im Stadtrat darüber beraten, ob sein Stellvertreter das Amt vorübergehend kommissarisch übernehmen dürfe … Sie wären ein guter Bürgermeister geworden. Oder waren Sie das nicht, der Jüngere, der Wahlsieger?

Nein, sagte ich, das sei nicht ich gewesen.

Ihr Gesicht entspannte sich. Fast hätte diese Sache unseren gemütlichen Abend getrübt.

Sie ging, um Kaffee zu machen, und während sie fort war, dachte ich, dass sie und Armbruster gut miteinander auskommen müssten.

Hier, sagte sie, als sie zurückkam. Mein Vorgänger habe, als er es noch durfte und konnte, oft zum Kaffee eine Zigarre geraucht. Sie rieche den Rauch so gern. Ob ich mir nicht auch eine anstecken wolle?

Ja, dachte ich, warum nicht? Dann fiel mir der Bullfinch ein und wie wenig man vom Leben begreift.

Letzte Nacht, sagte ich, hätte ich geträumt, ich sei reich.

Das träume auch sie manchmal, erwiderte Edna. Wir lachten über die Merkwürdigkeit der Welt.

Heute sind gegen meinen Willen drei Männer eingetroffen.

Ich war im Park, hatte darüber nachgedacht, ob es möglich sei, einen beliebigen Ort zur Heimat zu erklären; ob man dann nicht, vielleicht nach einiger Zeit, den gleichen Rückhalt, die gleichen Energien aus dieser selbstgeschaffenen Heimat ziehen könnte wie aus einer herkömmlichen, überkommenen.

Ich war im Park gewesen, als ich von fern das Knirschen von Reifen auf dem Kiesweg hörte. Das Geräusch kam näher, in der Winterluft war es scharf und hell. Es war Vormittag, ich fürchtete mich nicht. Zwei

Limousinen fuhren vor. Beide wurden von Chauffeuren in Uniform gelenkt, doch sie blieben im Wagen und waren durch die Frontscheibe nicht genau zu erkennen.

Hallo, George.

Der Rechtsanwalt. Der Notar aus New York, den ich kannte von meinem ersten Aufenthalt hier.

Aus dem zweiten Wagen waren zwei junge Männer in dunklen Anzügen ausgestiegen, die sich nun zu uns stellten.

Mormonen, dachte ich. Wie Zwillinge sehen sie aus. Mormonenzwillinge, was wollen sie hier?

Greg, ach ja, Greg! Tüchtige Männer seien das, sagte Greg, die großen Anteil an der Verwaltung meines Imperiums hätten.

Sind das nicht Mormonen, fragte ich auf Deutsch, die mich irgendwo verstecken sollen, wo ich den Rest meiner Tage in äußerster Glückseligkeit verdämmere?

Edna kam uns in der Halle entgegen: Sie habe dem Anrufer gestern gesagt, dass ich nicht besucht werden wolle, sie habe geglaubt, man würde sich daran halten.

Schon gut, erwiderte ich, bring uns Kaffee in das Zimmer des Leugners – aber sie verstand mich nicht – ins Blaue Zimmer.

Alles laufe gut, sagte Greg, seine große sportliche Figur passte kaum auf den zierlichen Stuhl, und auch die Mormonen und ich selbst saßen im Blauen Zimmer wie auf Kinder-, auf Zwergenmöbeln. Er habe mich persönlich treffen wollen, und Tom und Harry ihren Arbeitgeber zeigen.

Die beiden lächelten mich an, streckten ihre Hände aus, und ich nahm und drückte sie. Ihr Händedruck war stark und gleichzeitig beruhigend; wie der Händedruck von Engeln. Ja, dieser Vergleich erklärte auch ihre Schönheit, die seltsam steril wirkte, und ihre Jugend, ich schätzte sie auf Mitte Zwanzig, die jedoch etwas Zeitunabhängiges hatte.

Ich bin ein Wurm gegen sie, dachte ich, und doch arbeiten sie für mich.

Tom und Harry hätten einen Spitznamen in der Firma – darf ich es sagen, fragte Greg, und die beiden nickten – die Erzengel.

Sie hatten Tabellen dabei und andere Unterlagen und zeigten sie mir; ich warf einen Blick darauf, und als Greg mich noch einmal darauf hinwies, wie gut alles für die Firma, meine Firma, laufe, lobte ich sie und wunderte mich, welche Freude diesen Wesen mein Lob zu bereiten schien.

Wozu ich hergekommen sei, wenn nicht, um sie zu treffen? fragte Greg und fuhr fort: Wohl, um den Bullfinch wieder zu sehen, der mich damals so beeindruckt hätte.

Eine plötzliche Sehnsucht nach meiner Heimatstadt überfiel mich. Es waren ja Fremde, mit denen ich zusammensaß, auf einem fremden Erdteil; doch dieses Gefühl hielt nicht an und verzog sich wieder.

Ich schlug meinen Gästen vor, zum Mittagessen zu bleiben.

Nein, sagten die Zwillinge lächelnd, sie müssten wieder an die Arbeit. Auch Greg wollte nicht bleiben.

Ich war froh, sie loszuwerden, ehe der Nachmittag kam.

Es war blendend hell, als ich die Besucher zu ihren Wagen brachte. Nur ich trug eine Sonnenbrille, ihnen schien die gleißende Wintersonne nichts auszumachen. Bevor Greg einstieg, gab er mir Kreditkarten, damit ich stets so viel Geld hätte, wie ich brauchte. Das mit Gesellius sei etwas umständlich gewesen.

Ich sah sie abfahren. Dann hielt der Wagen der Zwillinge noch einmal an. Harry stieg aus, oder war es Tom, und kam auf mich zu. Sein Gang war stolz und gebieterisch. So geht kein Mensch, dachte ich.

Weißt du, wie gut es dir geht? fragte der Mormone. Er duzte mich, und weil er Deutsch sprach, glaubte ich, ich hätte mich verhört.

Ich wusste es nicht und schwieg.

Du hast es selbst ins Spiel gebracht, fuhr er fort. Falls du den Rest deines Lebens glückselig verdämmern willst – dafür steht alles bereit.

Er stieg wieder ein, und sie fuhren davon, langsam, als warteten sie noch auf etwas. Kurz wollte ich ihnen nachlaufen und rufen: Ja! Nehmt mich gleich mit!

Noch vor dem Einbruch des Nachmittags war ich wieder allein.

Ich war im Garten, als mich ein Gefühl der Verlorenheit überfiel. Ich war an einer Rasenfläche stehengeblieben und hatte den Raureif auf den kurzen Halmen betrachtet, als ich plötzlich nicht wusste, ob ich hier sein sollte oder woanders, und mir die Frage stellte, wo jemand, der so war wie ich, am besten aufgehoben wäre. Dann kam die unbestimmte leichte Trauer, die ich früher für das Gefühl der Einsamkeit gehalten hatte. Dann wieder, stärker, die Verlorenheit und das Schwinden jeder Entscheidungskraft. Wie hätte ich, da mir der Nachmittag so zusetzt, jemals ein Bürgermeister werden können? Ich wollte ein paar Schritte über den gefrorenen Rasen gehen, um das Knistern des Reifs unter meinen Schuhen zu hören, war aber unfähig, mich dazu zu entschließen. Geh jetzt, sagte ich mir, mach den ersten Schritt, dann wird es knistern und du kannst weitergehen, immer weiter; so wie Morler es damals gemacht hat, so machst du es auch. Aber der Nachmittag hat auch eine süße Seite, und es kann köstlich sein, seinen Willen zu verlieren. Ich war auf einem fremden Kontinent, wo ein blauer Vogel bald wehmütig, bald triumphierend sang, und regte mich nicht.

Viel zu viel Raum nimmt Morler in deinem Leben ein, dachte ich und dann an die Möglichkeit, mich jederzeit in die Obhut der Erzengel zu begeben. Dieser Gedanke gab mir Kraft, der Griff des Nachmittags lockerte sich und ich betrat den gefrorenen Rasen. Mühelos ging ich darüber hin und lauschte dem Knistern, das meine Schritte erzeugten. Sonst war es still.

Ich hätte glücklich sein müssen, aber in den Wiesen am Trennwald hätte es anders geklungen. Ich blieb stehen und zog mein Hosenbein hoch, um nach dem Muttermal an meinem Knöchel zu sehen. Dann kehrte ich ins Haus zurück.

48

Nach dem Ende des Nachmittags bin ich oft fröhlich, sogar leichtfertig. Mir kam die Idee, am Abend Edna in der Küche Gesellschaft zu leisten. Ich esse, was Sie essen, hatte ich gesagt, ich teile Ihr Abendbrot. Keine Umstände.

Das Essen war dann sehr einfach, nur Brot und Käse und saure Gurken, dazu gab es Bier. Alles schmeckte sehr gut. Ein Gespräch aber wollte nicht aufkommen.

Sind Sie arm, Edna? fragte ich nach einer Weile.

Aber nein, erwiderte sie, fast beleidigt.

Noch immer spürte ich den Leichtsinn.

Auf der Insel Amerika /

Stehen schöne Mädchen da /

Suche mir die schönste aus /

Nehme sie dann mit nach Haus …

Ich hatte das auf Deutsch gesagt, und Edna sah mich verständnislos an.

Das seien Kindersprüche, sagte ich.

Sie bat mich, zu übersetzen, doch ich schämte mich.

Ich sei zu allein in dem einsamen Haus, sagte sie. Aber mit den Erzengeln solle ich nicht mitgehen, dafür sei ich zu jung.

Wenn Sie über mein weiteres Leben zu bestimmen hätten, sagte ich, müde geworden vom Bier, vom Winter, welche Richtung würden Sie ihm geben?

Ich solle Gutes tun mit meinem Reichtum.

Ja, ja, sagte ich und stand auf. Ich hatte etwas schroff geklungen, und so setzte ich hinzu: Ja, vielleicht sollte ich das tun. Dann aber rief ich im Hinausgehen: Ich wollte Leute herkommen lassen, auch Frauen.

Das kenne sie, nickte die Köchin. Das habe Herr Wilhelm auch getan. Sie wünschte mir eine gute Nacht.

Ich aber ging aus dem Haus, ging über das gefrorene Gras, das im Mondlicht leuchtete, es war Vollmond, ging unter den alten Bäumen, die mir gehörten, spazieren, hörte nächtliche Tiere rufen und sah sie über das Gelände huschen, das mir gehörte. Von hier kam mir das Grissmannhaus, wie es im Mondlicht lag, klein und nichtig vor. Ja, so unscheinbar lag es dort, von Silber übergossen, dass es mich fast rührte. Dort war mein Vorgänger gestorben, dort war ich reich geworden. Dort war ich unter dem Einfluss des Reichtums vom Rechts- zum Linkshänder geworden.

Könnte ich doch beides haben, dachte ich, als ich wieder im Treppenhaus stand, das Duplikat und das Museum!

Edna will Gäste für mich einladen. Sie sagte es mir am Morgen, als sie das Frühstück brachte. Hier sei ein Buch, aus dem ich auswählen könne. Ich blätterte in dem Album. Bilder von mir unbekannten Menschen waren darin. Alle wohnten nicht weit entfernt, jeder könne in einer dreiviertel Stunde hier sein. Aber das Album sei alt, so Edna, und die Menschen älter geworden. In den letzten Jahren habe Herr Wilhelm keinen Besuch mehr gewollt.

Ich trank von der Schokolade, die sie mir gebracht hatte. Was das für Gäste seien? Freunde von Wilhelm?

Es seien Deutschstämmige, mit Wurzeln in Wilhelms alter Heimat. Doch nur einer sei darunter, der noch selbst hierhergekommen sei. Sie alle würden für ihren Besuch bezahlt.

Wählen Sie welche aus, rief ich, es sind ja Fremde! Und nicht mehr als fünf, denn es sei eine Umstellung für mich nach den einsamen Tagen.

Edna nickte und ging hinaus. Ich war allein im Blauen Zimmer, trank am Fenster, das ich geöffnet hatte, Schokolade und hörte dem Bullfinch zu. Wintersonne schien herein und wärmte mich, kalte Luft strömte herein und kühlte mich ab. Heute Abend würden Gäste kommen. Jetzt genoss ich die Einsamkeit. Was, dachte ich und forderte das Schicksal heraus, könnte schöner sein als dieser Moment?

Um sieben Uhr trafen die Gäste ein. Sie waren mit dem Wagen gekommen, einer auch mit dem Taxi. Die Sonne war untergegangen, die Nacht zog herauf und man sah die Scheinwerfer der Fahrzeuge früh in dem dunklen Land.

Es waren sechs Personen geworden: Ein Ehepaar mittleren Alters hatte seine Tochter, eine junge Frau Anfang zwanzig, mitgebracht. Dazu gab es einen Mann und eine Frau um die vierzig, die nicht zusammengehörten, und einen älteren Mann. Er war mit dem Taxi gekommen.

Kurz vor der Ankunft der Gäste hatte ich noch in ihren Dossiers geblättert, es dann aber vorgezogen, mich überraschen zu lassen.

Der ältere Mann und das Ehepaar kannten sich von früheren Besuchen, und nachdem wir uns miteinander bekannt gemacht hatten – wir alle standen mit Gläsern in der Hand im Esszimmer – begannen sie sich über die früheren Male, die sie hier gewesen waren, zu unterhalten. Niemand war verlegen; aber, dachte ich, was wundert dich das, es sind erfahrene Gäste, die sich keine Blöße geben.

Nach einer Weile trat die junge Frau, mit deren Besuch wir nicht gerechnet hatten, näher an mich heran: Ob sie von sich sprechen solle oder ich von mir? Sie lächelte dabei. Ihre weißen, ebenmäßigen Zähne erinnerten mich an Britta. Auch Lorna war blond, und wie Britta hatte sie eine leichte Stupsnase. Beide hatten blaue Augen, doch Lornas waren amerikanisch, ruhig und entspannt, und so konnte man sich lange ins Gesicht sehen; Brittas Blick hatte ich nicht lang ertragen, so wie sie meinen nicht, so dass sich der Blick, indem man zu Boden oder zur Seite sah, öfter vom Blick des anderen erholen musste.

Es war ein Hochgenuss, sich bei einem ausgezeichneten Essen mit diesen kultivierten, und witzigen Menschen zu unterhalten, die taktvoll genug waren, ihren Gastgeber nicht allzu sehr spüren zu lassen, wie viel weniger er in der Kunst der Konversation, der angeregten Diskussion beschlagen war. Meine ungeschickten Bemerkungen fingen sie auf, ließen sie geistreich erscheinen, spielten sich untereinander die Bälle zu, quer über den Tisch, auf den Edna die köstlichsten Speisen stellte.

Anfangs ließ ich mich nur unterhalten, dann erwachte mein Ehrgeiz, und ich kam auf die Idee, über die Theorien und Ansichten meines ehemaligen Lehrers und Mentors Krautmann zu sprechen.

Nur zwanzig Prozent einer Person, höchstens dreißig, zeigten sich im Umgang mit anderen, im sozialen Austausch, sagte ich. Der Rest der Persönlichkeit bleibe im Dunkeln, im Gespräch mit sich selbst, bleibe im Dunkel des Denkens, der Gefühle, unsichtbar wie der größere Teil des Eisbergs; selbst, wenn man wolle, könne man Freunden, Geliebten, Kindern nur zwanzig Prozent von sich geben. Das sei die These meines Lehrers Professor Krautmann gewesen, dem ich viel zu verdanken hätte.

Die Gäste hatten gerade über Oper und Tod geplaudert.

Eine Gesprächspause trat ein, alle dachten darüber nach, was ich gesagt hatte, und Edna kam, räumte ab und ging hinaus, um den nächsten Gang zu holen.

Dies ist nicht das Grissmannhaus, dachte ich, es ist nur ein Imitat. Ich hatte das beinahe vergessen. Und vielleicht war es in diesem Moment das erste Mal, dass ich mir wünschte, es würde keines von beiden geben: Nicht das Museum und nicht die Kopie.

Dieser Krautmann müsse ein interessanter Mann gewesen sei, sagte endlich Lorna und lächelte mir zu.

Der ältere Mann am anderen Ende des Tisches hatte den ganzen Abend über geschwiegen. Übellaunig kam er mir vor, und ich überlegte, ob ich Edna nicht bitten sollte, ihm zu sagen, er möge gehen. Dieser Krautmann, fuhr ich fort, habe vor seinem Verschwinden an einer Typologie aller Menschen, der gesamten Menschheit gearbeitet. Es gebe nur wenige Menschentypen, so Krautmann, die aber wolle er ein für alle Mal klassifizieren! Und wirklich, rief ich und lächelte Lorna zu, erinnere sie mich an ein anderes Mädchen.

Ich sah das Gesicht des älteren Mannes sich immer mehr verfinstern.

Und ich? fragte Lornas Vater, welcher Typ sei er?

Ich sah ihn an, und er machte eine Kopfbewegung wie jemand anderes, den ich gekannt hatte. Doch ich kam nicht darauf, wer es war.

Sie hingegen, wandte ich mich an meine Tischnachbarin, gleiche ein wenig meiner früheren Frau, die mich verlassen habe.

Der ältere Mann war aufgesprungen und zeigte mit dem Finger auf mich.

Was ist? rief ich, was wollen Sie von mir?

Alle starrten mich an.

Geh zu den Erzengeln, dachte ich, dort hast du nichts mehr mit Menschen zu tun.

Der Gast stand immer noch da, doch ein Wechsel war in ihm vorgegangen.

Es sei ein entzückender Abend gewesen, sagte er, nun aber müsse er sich verabschieden und stehe als Gast nie wieder zur Verfügung.

Nun ist er in der Halle, dachte ich, nun drückt ihm Edna das Geld in die Hand.

Wir plauderten weiter, eine heitere Abendgesellschaft, streiften noch einmal Krautmanns Thesen, kamen auf Sport zu sprechen und später auf Moral und Gerechtigkeit.

Ich aber musste immer noch an den Gast denken, der gegangen war: Nun wartet er an der Auffahrt auf das Taxi, nun hört er es kommen, nun steigt er ein und gibt die Adresse an … Die Taxe fuhr an und ich verlor ihn.

49

Die Gäste sind gegangen. Wieder sitze ich im Zimmer des Leugners, wo jetzt auch mein Bett aufgeschlagen ist. Die meisten Räume des großen Hauses benutze ich nicht. Vor dem Fenster Mondlicht, gelb am Himmel, blau auf dem Schnee.

Ich hatte Lorna bitten wollen, zu bleiben, vielleicht hatte sie es erwartet. Es wäre schön gewesen, den anregenden Abend so ausklingen zu lassen, aber meine Gedanken waren bei dem Gast, der früher gegangen war, und so fragte ich sie zum Abschied nur, ob wir uns wiedersehen könnten.

Ja, wir könnten uns wiedersehen. Sie hatte gelächelt und meine Hand länger gehalten als nötig – so hatten wir in der Halle gestanden, die anderen Gäste, auch ihre Eltern, waren schon von Edna begleitet vor die Haustür getreten.

Sie ist ganz anders als Britta, hatte ich gedacht, aber sofort wieder zu grübeln begonnen, ob etwa meine Ausführungen über Krautmanns Thesen den älteren Mann so aufgebracht hatten, und Lorna war zu den anderen gegangen. Kaum war sie hinaus, hatte ich mir ins Gedächtnis gerufen, wie schön sie war.

Ein Fuchs schnürt über den Schnee. Ich sehe ihn genau, denn ich bin ans Fenster getreten und der Mond ist hell. Er trägt etwas im Maul, aber ich kann nicht erkennen, ob es ein Vogel ist oder eine Maus.

Später im Bett schrak ich hoch, kaum dass ich Schlaf gefunden hatte und mir war klar, wie alles zusammenhing. Ich stand auf und weckte Edna.

Ob sie die Adresse des Gastes habe, der früher gegangen sei?

Ja, die Adresse des Professors habe sie, antwortete sie schlaftrunken. In ihrem Pyjama, mit den wirren Haaren, abgeschminkt für die Nacht, sah sie wie eine Hexe aus.

Dann solle sie ein Taxi rufen.

Das Taxi kam, der Fahrer stieg aus und Edna ging ihm entgegen.

Er will zur Farm des Professors.

Der Fahrer erinnerte an einen Cowboy, hager und durchtrainiert, und als wir schweigend durch die mondbeschienene Schneelandschaft fuhren, sah ich den Cowboyhut auf der Hutablage. Wir bogen von der Landstraße ab und fuhren einen ungepflasterten Weg auf ein Farmhaus zu, das klein neben einer riesigen Scheune im Mondlicht lag. In einem Fenster brannte noch Licht.

Wie ist der Professor? fragte ich, als der Wagen vor der Eingangstür bremste.

Ein Fremder, aber er wohne schon lange hier. Er nenne sich Troutman, Forellenmann, aber keiner glaube, dass das sein richtiger Name sei. Früher habe er Forellen gezüchtet, es dann aber aufgegeben.

Ich bat ihn zu warten, bis ich zurückkäme.

Keiner wird einem Reichen verbieten, ihn auch noch nach Mitternacht zu besuchen.

Ich drückte auf die Klingel, die neu war und nicht zu dem verwahrlosten Haus zu passen schien – überhaupt hatte das Mondlicht mit seinem Silberglanz es schön und gepflegt aussehen lassen, von nahem aber merkte man, wie vernachlässigt es war.

Schritte näherten sich der Tür. Sie schlurfen etwas, dachte ich, aber noch ist in ihnen die frühere Energie zu spüren.

Haben Sie mich also gefunden!

Er sagte das auf Deutsch, noch ehe er die Tür geöffnet hatte, und so war es leicht, die Stimme zu erkennen, die uns vor Jahren in ihren Bann gezogen hatte. Wie hatte ich sie nicht schon bei der Abendgesellschaft erkennen können!

Sie also haben Wilhelm beerbt.

Die Tür wurde geöffnet, und ich sah, dass er nicht allein war, dass hinter ihm eine Frau stand, mit Indianergesicht, eine Squaw, dachte ich. Das schwache Flurlicht, aber auch die Anwesenheit der Frau, die jung war, machten ihn älter.

Dies sei einer der schönsten Augenblicke meines Lebens, sagte ich. Er könne gar nicht ermessen, wie ich mich freue, ihn gefunden zu haben. *Auf der Insel Amerika*, begann ich zu skandieren, und wollte ihn an unsere gemeinsame Zeit erinnern.

Die Indianerin war, während ich sprach, wie schützend vor ihren Mann getreten, und begann unter Beschimpfungen in einer mir unbekannten Sprache auf mich einzuschlagen. Schläge, die mein Gesicht treffen sollten, konnte ich abwehren – ihren Tritten wich ich aus, elegant wie ein Tänzer.

Krautmann sagte etwas zu ihr, etwas Kurzes, vielleicht ihren Namen, und sie beruhigte sich.

Sie hasst alles aus meiner Vergangenheit, sagte Krautmann, auch die Heimatsprache. Wenn ich ihm einen Gefallen tun wolle, sollten wir Englisch miteinander reden.

Die Indianerin war stark, es hatte mich Kraft gekostet, sie zu bändigen. Und auch sie war außer Atem, ihr dunkles Gesicht von der Anstrengung dunkler geworden; es war, als hätten wir zusammen Liebe gemacht und müssten uns nun erholen.

Er hat Forellen gezüchtet, dachte ich, nun lebt er mit einer Indianerin auf einer heruntergekommenen Farm in einem entlegenen Ort im Osten der USA. Ich spürte, wie der Neid auf dieses fremde Schicksal in mich hineinkroch. Und, dachte ich, wie könnte es bei Krautmann anders sein, selbst im Verfall ist die Farm noch schön und herrlich gelegen, wie auch ihn selbst das Charisma noch immer umgibt. Und doch war da etwas anderes, das ich früher an ihm nicht gekannt hatte, und das ich mir nicht eingestehen wollte.

Krautmann, rief ich, wollen Sie nicht zurück? Ich stelle Ihnen ein Institut hin, gegen das Ihr altes gar nichts wäre!

Er antwortete nicht.

Ich schämte mich, fügte ich auf Englisch hinzu, um die Indianerin nicht zu reizen, dass ich ihn vorhin im

Grissmannhaus nicht erkannt hätte; aber man habe ihn für tot gehalten. Nun sei ich glücklich, dass er noch lebe.

Plötzlich machte die Indianerin eine Geste, und obwohl ich sah, dass es Krautmann nicht recht war, folgte ich ihr ins Haus. Wie schlicht, wie ärmlich hier alles war!

Ja, ich bin arm, rief der Professor, der meine Blicke bemerkt hatte, alles, was ich hatte, haben die verfluchten Forellen verschlungen, und nun muss ich Gast sein bei reichen Leuten!

Er lachte.

Während ich mich gänzlich unbefangen im Wohnzimmer umsah – im Kamin brannte ein Feuer und die Indianerin hatte Bier gebracht, das wir aus der Flasche tranken, bemerkte ich, dass hinter der Kargheit ein Plan steckte. Genau so, dachte ich und musste lächeln, sollte ein Museum eingerichtet sein, das sich einmal mit Krautmann befasst.

Keiner von uns hatte Lust zu reden, und ich respektierte diese Stimmung, malte mir nur stumm die Neugründung des Instituts und Krautmanns Rückkehr in seine Heimatstadt aus.

Das Feuer war etwas heruntergebrannt, seine scharfe Hitze einer milderen, gleichmäßigeren gewichen, die mich schläfrig machte. Die Indianerin hatte gleich mehrere Flaschen für jeden von uns gebracht. Eine Gruppe lodernder Scheiter fiel funkenstiebend im Kamin in sich zusammen und es wurde noch dunkler; wir hatten kein Licht gemacht.

Sie küssen sich, dachte ich, im Augenwinkel aber sah ich, wie Krautmann die Brüste der Indianerin zu kneten begann.

Ob ich gehen solle, fragte ich, ich käme dann morgen wieder.

Das Paar hatte mich nicht gehört, ganz so, als sei ich nicht da. Krautmann knöpfte der Frau die Bluse auf, um besser an ihre Brüste zu kommen, und im schwachen Licht des Feuers sah ich, dass ihre Brustwarzen dunkler waren als die von Europäerinnen.

Das Licht nahm immer mehr ab, nur das Knacken der Scheite und die Geräusche des Paares waren zu hören, dann fiel die Glut noch weiter zusammen, und, wie es bei Sternen ist, ließ das Zusammenfallen das Feuer neu entflammen, und so sah ich das Schamhaar der Indianerin. Dann drang der Mann in sie ein, sie half ihm dabei. Ich wandte den Blick ab.

Ein Satz Krautmanns über Heimat und Heimatlosigkeit fiel mir ein. Leise stand ich auf und verließ das Haus.

Draußen war der Mond verschwunden, ein riesiger Sternenhimmel breitete sich aus. Ich dachte an Raum und Zeit und wusste nichts damit anzufangen. Dennoch, dachte ich, die Schönheit bleibt.

Neben seinem Wagen stand der Taxifahrer und rauchte. Er hatte den Cowboyhut dazu aufgesetzt. Der Motor lief.

50

Gleich am nächsten Tag hatte ich wieder zu Krautmann fahren wollen. Doch nach dem Frühstück war ich stattdessen in den Park gegangen; hatte mir vorgestellt, wo in der Heimatstadt ich das neue Institut hinstellen wollte, und ob es dem alten gleichen sollte.

Jedenfalls, dachte ich, soll das neue Zimmer des Direktors größer werden als das alte – und schon das alte war uns groß vorgekommen. Gesellius hatte oft gespottet, dass das Direktorzimmer die Assistentenzimmer zusammengequetscht hätte, dass sie früher größer gewesen seien, dass es unsere Zimmer irgendwann alle zerquetschen werde.

Aber würde sich Krautmann, wie ich ihn vorgefunden hatte, in einem derartig großen Direktorzimmer wohl fühlen, ist er nicht überhaupt – und ich hatte an seinen Liebesakt mit der Indianerin ohne Rücksicht auf meine Gegenwart denken müssen – ungeeignet, ein neues, größeres Institut zu leiten? Er hat Forellen gezüchtet und ist gescheitert, dachte ich, aber mir war, als sei ich es gewesen, der beim Forellenzüchten versagt hatte. Meine Vergangenheit als Vortragsreisender fiel mir ein.

In der Ferne war das Grissmannhaus zu sehen, es gehörte mir. Wie schön lag der Schnee auf den Bäumen und Wiesen des Parks! Ein Bullfinch saß blau auf dem weißen Schnee.

Schon damals waren wir, er und die Assistenten, von akademischer Seite stark angefeindet worden. Sie haben Angst, hatte Krautmann gesagt, Angst, dass wir Heimatforscher etwas Ungeheures zu Tage fördern.

Lorna habe angerufen, sagte Edna beim Mittagessen. Lorna fühle sich heute sehr schön, das lasse sie mir ausrichten. Und es habe noch einen Anruf gegeben. Morler habe gefragt, ob ich hier sei. Sie habe das verneint, wie ich es gewünscht hätte. Er habe ihr aber nicht geglaubt.

Ich hätte im Park Tagträumen nachgehangen, antwortete ich lachend. Dabei gäbe es für jemanden wie mich gar keine Tagträume, denn fast alles könne ich in die Tat umsetzen.

Und was Lorna beträfe, rief ich, wenn sie wieder anriefe und sich schön fühle, solle sie herkommen! Dann würde geheiratet.

Das sei nur ein Scherz gewesen, sagte ich, als ich Ednas Verblüffung sah.

Der Nachmittag kam. Alles war umsonst, das Auffinden Krautmanns sinnlos.

51

Ich habe Krautmann Geld angeboten, damit er sagt, warum er verschwunden ist; warum er uns im Stich gelassen hat. Wir sitzen im Zimmer des Leugners und Edna serviert uns Tee. Krautmann habe ich im Taxi herbringen lassen. Es ist früher Abend, gleich werde ich das Licht anmachen.

Warum er uns im Stich gelassen habe?

Er aber antwortet nicht, sondern fängt von den Forellen an, die ihn ruiniert hätten, und ich entschuldige mich: Ich hätte die Frage ohne Aussicht auf Geld stellen sollen, wie unter Freunden üblich.

Er sieht fast aus wie früher, groß und schlank, aber bald wird er hager sein, und sein volles Haar wird grau.

Ich betrachte ihn genau, wie ich es neulich im Überschwang, ihn gefunden zu haben, nicht konnte; ja, ich sehe ihm an, wie er es genießt, hier in dem prächtigen Zimmer beim Tee zu sitzen, bei einem sehr reichen Mann, der ihn bewundert. Immer wieder nimmt er sich vom Gebäck, das Edna uns hingestellt hat.

Eines Morgens sei er aus unruhigen Träumen erwacht und wie verwandelt gewesen. Seine Liebe zur Heimatforschung, zum Institut: Das alles wäre vom ihm abgefallen, wie durch Schlaf und Traum gelöscht. All dies sei ihm im Moment des Erwachens völlig gleichgültig gewesen, ersetzt durch einen einzigen Gedanken: Du bist frei.

Das Metallische seiner Stimme, das uns früher so begeistert hat, ist verschwunden. Alles Schnarrende war einem melodischen, fast weichen Ton gewichen.

Ich bin reich, und so kann ich meinen Gefühlen freien Lauf lassen, und so lasse ich es zu, dass ich etwas enttäuscht bin von ihm. Auch ist er in einem Alter, in dem man nicht arm sein sollte.

Mit diesem Gedanken, frei zu sein, sei er aus dem Haus gegangen und dann nach Amerika. Nach einigen Jahren sei es zu spät für eine Rückkehr gewesen. Ich wolle das alte Institut also wieder gründen?

Es würde nach ihm, es würde Wilhelm-Krautmann-Institut heißen, antworte ich, und sehe im nachlassenden Licht sein glückliches Lächeln.

Er bedankt sich nicht. Krautmann von damals hätte sich auch nicht bedankt. Der jetzige aber, an der Grenze zur Hagerkeit, sollte es vielleicht doch.

Ob er dieses Institut dann leiten solle? fragte Krautmann. Hätte ich mir das so vorgestellt? Und ob ich nicht Angst hätte, mein Geld zu verplempern? Soll ich wieder Leiter sein und ihr Assistenten müsst mir gehorchen?

Er lachte, und wir schwärmten von der schönen Zeit, und immer mehr glich er dem leidenschaftlichen Wissenschaftler, der die Jugend begeistern konnte für seinen Gegenstand – dann sagte er etwas, und ich wusste wieder, dass sich unser Verhältnis verkehrt hatte:

Es tue ihm gut, hier zu sitzen.

Ja, ich verachtete ihn sogar ein wenig, sein Alter und seine Armut.

Edna kam herein, wollte abräumen und machte Licht.

Ich sah ihn nun wieder genauer. Seine Augen hatten den Glanz des Idealisten verloren; leicht gebeugt saß er im Sessel, seine Hand griff fahrig nach der Teetasse. Ich sollte ihn hinauswerfen, dachte ich. Soll ich einem gescheiterten Fischzüchter noch ein prächtiges Institut hinstellen?

Ob er ein Glas von dem guten Cognac haben könne?

Er sagte das zu Edna, die gerade hinausging, und sie sah mich an, und ich nickte.

Seine Frau habe Heimweh nach dem Reservat. Er hätte dort mit ihr leben wollen, aber es ginge nicht. Er habe ihre Sprache gelernt, sehr schnell, Sprachen machten ihm keinerlei Schwierigkeiten, auch die Indianersprachen nicht, aber je mehr er verstanden habe in den Wochen im Reservat, desto mehr sei ihm der Hass klar geworden, der ihm entgegenschlug.

Ob man ihn gehasst habe, weil er ein Weißer sei? fragte ich.

Ja, antwortete Krautmann. Und falls er wieder in der Heimatstadt Institutsleiter würde – er habe sich noch nicht entschieden – würde seine Frau zurückgehen ins Reservat.

Ich trüge übrigens einen sehr schönen Anzug, fuhr er fort, ob der aus der Heimatstadt sei? Es gebe dort einen Laden, der solche Anzüge führe. Und du? Ich darf dich duzen? Wirst du wieder Kinderverse sammeln?

Ja, das hätte ich vor, sagte ich. Und als wäre er Armbruster, dem ich alles anvertrauen konnte, erzählte ich von der großen Alternative zu diesem Plan: Von den Erzengeln und ihrer Glückseligkeit. Es gäbe Drogen, sagte ich, unvorstellbar teuer, kein normaler Mensch bekäme sie auch nur zu Gesicht. Ich kennte ihre Wirkung nicht, aber jeder, der sie einmal genommen habe, wolle nichts anderes mehr im Leben, so sei es mir berichtet worden. Und so sei der Geheimname dieser Droge auch „Gott". An einem schönen einsamen Ort könne ich den Rest meines Lebens im Zustand der Glückseligkeit verbringen, wenn auch unter ewiger ärztlicher Aufsicht.

Ich machte eine Pause. Krautmanns scharfes Verlierergesicht war weich geworden, nichts erinnerte daran, dass Forellen diesen Mann zugrunde gerichtet hatten.

Er habe davon gehört, sagte er endlich. Im Indianerreservat. Er habe es für Aberglauben, für Aberglauben der Eingeborenen gehalten. Sie behaupteten, ohne ihr Pilzwissen, das man ihnen gestohlen habe, hätte „Gott" niemals entwickelt werden können.

Krautmann richtete sich auf, sein Kopf kam auf mich zu, näher, und er sah mir in die Augen.

Wenn er dir zurät, dachte ich, tust du es.

Was gäbe ich darum, sagte er tonlos, an deiner Stelle zu sein!

Er lehnte sich wieder zurück und wandte das Gesicht ab.

Ich sah, dass er litt. Vielleicht war es sein Herzenswunsch, fernab aller Menschen für immer glücklich zu sein; vielleicht war dieser Traum im Reservat gereift, wo man ihn hasste; vielleicht war es ihm ein Trost gewesen zu glauben, dass es diese Droge nicht gab. Nun aber gab es sie doch. Nie würde er in ihren Genuss kommen. Ich wechselte das Thema.

Ich hätte Schwierigkeiten mit Entscheidungen, sagte ich, schon immer, und nun sei mir mit der Erbschaft eine unermessliche Entscheidungsfreiheit zugefallen. Ich könnte fast alles tun! Das erdrücke mich. Ich hätte ihn übrigens vorhin hinauswerfen wollen, sei aber an meiner Entscheidungsschwäche gescheitert. Nun aber sei ich froh, mit ihm zu plaudern.

Edna klopfte und ich rief sie herein. Auf einem Tablett brachte sie in einem großen Schwenker den Cognac. Sie hatte das Glas vor Krautmann hingestellt, der zusammengesunken dasaß, das Gesicht in den Händen vergraben. Wir lauschten beide, ob er nicht weinte, aber wir hörten nichts.

Ich machte Edna ein Zeichen, sich zu entfernen.

Georg, sagte Krautmann, als sie gegangen war, Georg, mein alter Assistent! Wenn du dort hingehst, Georg, nimm mich mit! Bitte, nimm mich mit! Nimm mich mit!

Er blickte mich an und schüttelte mit schöner, trauriger Gebärde den Kopf. Rembrandt hätte ihn so malen können.

Später, sagte ich, später, falls ich dort hinginge, nähme ich ihn mit.

52

Ich habe Krautmann Geld gegeben, damit er die drohende Zwangsversteigerung der Forellenfarm abwenden kann. Er besucht mich jetzt häufiger, kommt jedoch allein, denn, wie er nicht müde wird zu erzählen, seine Frau hasse alles aus seinem früheren Leben.

Wir haben, wenn er mit dem Taxi kommt, das ich ihm bezahle, ein Ritual entwickelt, das gepasst hätte in die Zeiten des Instituts: Krautmann steigt aus, ich stehe schon in der offenen Haustür, und Krautmann ruft: „*Fünf Minuten vor Erschaffung der Welt …*“, worauf ich antworten muss: „*Ging ich mal über ein Kartoffelfeld …*“ Dann gehen wir ins Haus und spielen Schach oder ich führe ihn durch das Gebäude und halte kleine Vorträge über die Grissmannfamilie. Krautmann selbst weiß wenig darüber, denn obwohl es in sein Fach fiel, hat es ihn damals nicht interessiert. Von allen Sprüchen übrigens, die ich jemals gesammelt habe, gefällt Krautmann der vom Kartoffelfeld am besten; ja, er ist der einzige, den er behalten hat.

Bald ist es Frühling, dann wollen wir gemeinsam in die Heimatstadt reisen und uns nach einem Grundstück umsehen.

Edna hat mir zu Leibwächtern geraten, und als ich Krautmann bei einem Spaziergang im Park – der Schnee ist fort – davon erzählte, verdüsterte sich sein Gesicht.

Früher habe er davon geträumt, so wichtig zu sein, dass er Leibwächter brauchte, bullige, bewaffnete Typen, die sich für ihn in die Schusslinie werfen würden; nun aber wolle er seinen Neid hinunterschlucken, fuhr er lachend fort, dass dies einem Assistenten gelungen sei.

Ach, es bedeute mir nichts, erwiderte ich verärgert, weil sein Neid meine Ruhe störte, und, Krautmann, zügeln Sie Ihren Neid, damit wir gut miteinander auskommen.

Sieh nur, Georg, antwortete er, die ersten Frühlingsblumen! Aber noch zum vorigen Thema, er hatte sich hinuntergebeugt, eine weiße, mir unbekannte amerikanische Blume gepflückt und ans Revers meines Mantels geheftet: er würde mir Indianer empfehlen, wortkarge, gefährliche Burschen; Verwandte seiner Frau übten diese Tätigkeit aus, auch ihr Bruder. Das sei übrigens die Indianerblume, die ich jetzt trüge.

Ich würde mich gern Krautmanns Führung anvertrauen, so wie früher, aber er kann es nicht, er kann nicht mehr führen. Er ist, oder sagt es von sich, ein gebrochener Mann.

Gebrochener Mann, rufe ich, was das überhaupt sei, ein gebrochener Mann?

Er schüttelt den Kopf: Wenn man es sei, wüsste man es.

Krautmann isst sehr viel, wenn er mittags zum Essen kommt, was jetzt häufig der Fall ist. Ich lasse ihn gewähren, leiste diesem fast unmäßigen Essen sogar noch Vorschub, indem Edna auf meine Bitte Heimatgerichte bereitet.

Bei sich auf der Farm gäbe es so etwas nicht und dort esse er wenig, entschuldigt er sich, wenn er sich wieder und wieder nachnimmt.

Gleich wird es Nachmittag, ich zweifle, ob Krautmann mir dann eine Hilfe sein kann. Ob es nicht besser wäre, dann allein zu sein oder zusammen mit Lorna. Die Reise mit Krautmann hängt in diesen Momenten wie eine dunkle Wolke über mir. Ich habe mich übrigens entschieden, nicht neu zu bauen – zu viel Zeit ginge damit verloren.

Krautmann, spürst du nicht auch, wie der Nachmittag kommt? habe ich ihn neulich gefragt. Er hatte die Frage jedoch gar nicht verstanden, meine Erklärungsversuche versandeten, und er nahm sich noch einmal nach.

Das Zimmer des Leugners gefällt mir nicht mehr. Ich habe Edna gesagt, sie solle mir das Sterbebett im Roten Zimmer beziehen. Das Bett dort sei breiter, die Federung härter – Edna lächelte, als ich das sagte, senkte den Kopf, damit ich ihr wissendes Lächeln nicht sah. Und sie hat recht: Ich trage mich mit dem Gedanken, Lorna einzuladen und es soll die Zeit des Nachmittags sein. Ob ihre Nähe geeignet ist, die Wucht des Nachmittags zu mindern? Vielleicht hilft sie mir, den Nachmittag zu besiegen.

Lorna habe wieder angerufen, sagt Edna, als ich bei ihr in der Küche zu Abend esse.

Wenn sie kommt, Edna, was erwartet sie von mir? Muss ich ihr Geld geben wie den Gästen?

Edna schüttelt den Kopf.

Bald lasse ich dies alles hinter mir, denke ich. Ich habe Krautmann gefunden und werde das Institut neu gründen. Und ich stelle mir vor, dass ich wieder in Schulen und Kindergärten gehe und bewahre, was sonst verloren ist.

53

Ich hatte nach meiner Unterhaltung mit Edna Lorna angerufen und gefragt, ob sie am nächsten Tag zum Mittagessen kommen wolle. Ihre Stimme klang, als sei sie schon im Bett gewesen.

Ob ich sie aufgeweckt hätte? Ihre Stimme klinge so müde, sagte ich und mir kam in den Sinn, dass es Traurigkeit sein könnte, nicht Müdigkeit.

Ich wiederholte meine Einladung und sie schwieg.

Um mittags zu mir zu kommen, müsse sie sich frei nehmen. Ob ich noch wüsste, was ihre Arbeit sei?

Es fiel mir nicht ein, und ich fragte mich, ob damals von ihrer Arbeit die Rede gewesen war.

Lehrerin, nein – Bibliothekarin?

Ja. Aber wenn ich es wollte, könne sie sich frei nehmen.

Es würde mich freuen, sagte ich. Am Abend sei ich nämlich oft melancholisch und wäre gern allein.

Sie werde sich morgen frei nehmen und zu mir kommen. Um zwölf, wenn mir das recht sei.

Eins müsse ich ihr noch sagen, antwortete ich, vielleicht würde sie dann nicht kommen wollen. Übermorgen führe ich nach Europa, vielleicht für immer, und so würde über unserem Treffen der Schatten des Abschieds liegen.

Sie antwortete nicht. Ich hörte sie atmen wie jemand, der fremde Leute anruft und sich nicht meldet, nur atmet.

Dann wolle sie nicht kommen. Sie danke mir aber für die Einladung.

Wir legten auf.

Ich war schon ins Rote Zimmer gegangen, als Lorna anrief und sagte, sie käme doch.

54

Ich stand am nächsten Tag in der offenen Haustür, dort, wo ich stehe, wenn Krautmann zu Besuch kommt, und blickte in die Bäume des Parks. Ein grüner Flaum beginnt sich an ihren Ästen zu zeigen, bald würde sich der Bullfinch in ihrem Blättergewirr verstecken können.

Morgen reise ich mit Krautmann nach Europa.

Ich streckte die Hand aus, um zu prüfen, wie stark der Regen war, der fiel. Was ich von Lorna wollte, wusste ich nicht mehr, und ich erschrak, als ich in der stillen Regenluft von fern ihren Wagen hörte.

Es war ein rotes europäisches Auto, klein für amerikanische Verhältnisse, und ich war überrascht, wie schnell sie fuhr, wie dicht sie an die Tür heranfuhr und wie scharf sie bremste: Kies flog auf, ein Kieselstein traf mich schmerzhaft am Kinn. Als sie ausstieg, sah ich, dass sie dasselbe Kleid trug wie neulich.

Die Melancholie, die sie am Telefon zugegeben hatte, schien verflogen und sie lächelte mich an.

Du fährst wie eine Rennfahrerin. Nicht wie eine Bibliothekarin.

Sie sei Amateurrennen gefahren. Aber um es zum Beruf zu machen, reiche ihre Begabung nicht.

Manchmal käme es mir vor, antwortete ich, als sei ich der einzige Mensch, der seine Träume verwirklichen könne.

Ich hatte Edna keine Anweisung gegeben, was sie uns auftischen solle, ich überlasse es dir, hatte ich gesagt. Nun brachte sie als ersten Gang Austern herein. Lorna musste lachen.

Worüber sie lache? fragte ich, wusste es aber längst.

Erst habe sie nicht kommen wollen, sagte Lorna, weil ich ja morgen das Land verließe. Aber Abschiede gehörten zum Leben, andauernd müsse man sich trennen.

Ich sagte, dass sie ein Mensch sei, der oft schwanke zwischen Ausgelassenheit und Melancholie.

Ob auch ich diese Schwankungen kennte?

Seit ich reich geworden sei, habe es nachgelassen. Mir fiel jedoch ein, dass es ja nach wie vor die Nachmittage gab, mit ihrem weichen Schrecken, der mich einhüllte wie Watte und zu ersticken drohte. Nach dem Essen, dachte ich, wirst du ihr vielleicht davon erzählen.

Wenn dir jemand einen Rennwagen zur Verfügung stellte, oder jemand einen Rennstall für dich gründen würde, wärst du dann glücklich?

Davon wolle sie nichts hören! erwiderte sie zornig. Was nütze es, wenn sie einen Wagen hätte und doch nur verlieren könne?

Gut, sagte ich, dann wolle ich von mir erzählen. Morgen würde ich mit Krautmann nach Europa reisen und in meiner und seiner Heimatstadt ein Institut neu gründen, das sich unter der Leitung Krautmanns schon einmal mit der Erforschung von Heimat beschäftigt habe. Ich wolle dort wieder als Assistent anfangen, darauf freute ich mich.

Ich hatte mich in Begeisterung geredet, und sah, dass ich Lorna damit ansteckte, ihr verschlossenes Gesicht sich entspannte. Mir aber begann meine Begeisterung Angst zu machen, ja, ich mochte diese Begeisterung nicht, und mir kamen nun Zweifel, ob sie nicht geheuchelt war. Alles kam mir unwirklich vor, und dass ich mich bemühen wollte, einer Frau zu gefallen, überforderte mich. Die Erzengel fielen mir ein.

Edna brachte den nächsten Gang.

Dies sei ein Fischgericht aus dem Süden. Kreolische Art, sage man heute, früher aber, sie habe das noch gehört, hätte man Sklavenart dazu gesagt.

Wir nickten, kosteten, und lobten sie. Sie ging hinaus und wir aßen. Und – als sei Magie im Spiel – gerieten wir plötzlich in einen Zustand der Verliebtheit.

Ich griff nach ihrer Hand.

Ich hätte einen kleinen Blutstropfen am Kinn. Sie stand auf, trat mit einem Taschentuch zu mir, tat so, als wolle sie ihn abwischen, und küsste mich.

Ich solle sie nicht vergessen, wenn ich mit meinem Institut in Europa Triumphe feierte; und, falls das nicht gelänge, könne ich zurück nach Amerika kommen, sie hätte dann Mann und Kinder, und wir würden zusammen Kaffee trinken und an den Nachmittag denken, an dem wir für einige Stunden verliebt gewesen seien.

Sie rührte mich, aber erregte mich auch, und ich führte sie ins Rote Zimmer.

Als wir anfingen, verglich ich nicht, wie ich es sonst oft tue, auch verwandelte meine Einbildungskraft sie nicht unversehens in eine andere Frau.

Erst spät merkte ich, dass es Nachmittag geworden war. Ich hatte sein Kommen, das schlimmer ist als seine Anwesenheit, gar nicht bemerkt. Was ging mich der Nachmittag an! Jegliches Bedürfnis, davon zu erzählen, war mir geschwunden.

Der Abschied war leicht, so als würde sie nur etwas holen und käme dann wieder.

Ich stand in der Haustür. Mit heulendem Motor, durchdrehenden Reifen fuhr Lorna davon. Eine Rennfahrerin. Ein Bullfinch erschrak und flog schreiend auf.

Am nächsten Morgen nahm ich Abschied von Edna.

55

Krautmann wartete vor dem Wohnhaus der Forellenfarm auf mich. Er hatte nur eine Sporttasche bei sich. Auch ich reiste mit Minimalgepäck. An solch einem Frühlingsmorgen sollte man ohne Gepäck verreisen. Neben ihm stand die Squaw und, etwas abseits, ein Mann vor einem hochbeladenen Pickup. Es war ein Indianer, schon die Körperhaltung, seine Art zu warten, verriet es.

Ich stieg aus der Taxe, zögerte aber, näher zu treten, weil Krautmann gerade seine Frau umarmte.

Die Sonne kam über das Scheunendach und blendete mich. Dann, als ich die Augen mit der Hand abschirmte, hatte sich nichts verändert. Umschlungen standen die beiden da; unbeweglich, ein Standbild, der Indianer vor seinem Truck.

Ich wusste nicht, wie man mich aufnehmen würde. Nun stand die Sonne hinter der riesigen Platane und ich sah die Farm in ihrer ganzen Verkommenheit. Vielleicht sollte ich sie kaufen, dachte ich, und hier Forellen züchten, bis es Zeit war für etwas anderes.

Die Frau machte sich los, kam noch einmal zurück und küsste ihn. Dann stieg sie in den Truck. Krautmann wischte sich die Augen.

Gut, dachte ich, das schmerzt, aber hier kann er nicht bleiben, und auch das Reservat kommt nicht in Frage.

Alle Zeichen standen auf Aufbruch, und als der Truck anfuhr, trat ich zu Krautmann, nahm seine Tasche und rief: Auf, Wilhelm, auf zu neuen Taten! Ja, er ist hager, dachte ich. Bald würde auch ich hager sein.

Auf, sagte ich, und schlug Krautmann auf die Schulter.

Auf! Auf! Ich konnte nicht aufhören damit.

Jubel. Welch seltenes Gefühl! Auf Sportplätzen, in der Politik kam er vor, selten im Alltag. Und, dachte ich, entspricht er deiner Situation? Wie oft passen sich Gefühle nicht der Wirklichkeit an, ist man glücklich in Situationen, die das nicht hergeben – unglücklich, wenn es keinerlei Grund gibt. Diese Kluft, hatte Armbruster gesagt – oder war es Krautmann gewesen, der alte Krautmann, nicht der Forellen-Krautmann, der jetzt neben mir sitzt – diese Kluft würde immer größer.

Unter uns der Atlantik. Ich sitze am Fenster, denn ich staune immer noch über das Wunder des Fliegens. Ja, Jubel. Und ich ertappe mich, dass ich gar nicht ankommen will, sondern hierbleiben, in der Luft.

Krautmann schläft, zwei Sitze neben mir, der Sitz dazwischen leer, und als ich meinen Blick losreiße vom Ozean, hat der Schlaf ihn verjüngt.

Erst Heimkehr konstituiert Heimat, so Krautmann damals; bewegt man sich niemals fort, bliebe sie etwas Dumpfes, über das sich das Nachdenken nicht lohnte.

Dies war meine zweite Heimkehr, seit ich reich war. Und obwohl die erste nicht lange zurücklag, ich mich an das meiste erinnern konnte – so war die Erinnerung an den Protagonisten doch verschwommen, und ich wusste nicht recht, wer das war, der das alles erlebt hatte. Das Meer und der Jubel, das muss genügen.

Krautmann spricht im Schlaf, und ich nehme Krautmanns Kopf und lege ihn bequemer hin, und ziehe die Erste-Klasse-Decke hoch, die ihm heruntergerutscht ist. Er hat zu viel vom kostenlosen Champagner getrunken. Ich hingegen leide bereits an der Krankheit der Reichen, die sich alles leisten können und keine Lust mehr dazu haben.

Nun kommt Europa in Sicht, mit der Gleichförmigkeit des Meeres ist es aus, und als ich die Landmasse unter mir sehe, mischt sich eine leichte Angst in den Jubel. Jubel oder Angst, ich muss mich entscheiden. Jubel.

Antäus, denke ich, während wir langsam fallen und gleich die Erde erreichen. Der Riese, dem frische Kräfte zuwuchsen, wann immer er seine Mutter, die Erde, berührte. So war er unbesiegbar. Doch Herakles kam, ließ ihn nicht mehr den Boden berühren und erwürgte ihn in der Luft.

Antäus, spreche ich vor mich hin, und Krautmann erwacht davon.

Schluss und Ende

56

Ich hatte mir nicht den Kopf zerbrochen, wie man mich in der Heimatstadt empfangen würde, mir keine Gedanken gemacht, wie alles weitergehen sollte, sondern nur meinem Jubel gefrönt, und mich mit einer Leichtfertigkeit der Zukunft ausgeliefert wie viele, die ohne eigenes Verdienst zu Reichtum gekommen sind.

Hass und Misstrauen schlugen mir entgegen, und ich hatte viel damit zu tun, Krautmann, meine Trophäe, zu überzeugen, dass das normal sei, wenn man heimkehre, dass die Stimmung bald umschlagen werde und man uns mit offenen Armen aufnehmen würde.

Spät in der Nacht waren wir angekommen, und in der „Krone" waren nur die Fürsten- und die Prinzen-Suite noch frei. Der Nachtportier war ein sehr alter Mann, groß und hager. Er musterte mich, als sei ich ihm vertraut gewesen und er hätte mich nur vergessen, und während ich den Meldezettel ausfüllte – Krautmann hatte in einem Sessel des Foyers Platz genommen und kämpfte mit dem Schlaf –, überzog Zornesröte das Gesicht des alten Mannes; dann war er wieder aufmerksam und freundlich. Ja, er musste bemerkt haben, dass mir sein Anflug von Zorn nicht entgangen war und er entschuldigte sich: Er habe mich mit jemandem verwechselt. Er habe mich verwechselt mit jemandem, der genau so heiße wie ich.

Das Licht war gedämpft im Foyer, über dem Empfangstresen brannte eine schwache Lampe, es war halb drei. Mit dem dösenden Krautmann und dem alten Nachtportier war mir, als wäre ich nur ganz kurz von hier fort gewesen.

Die Fürsten-Suite? Die Prinzen-Suite? rief ich laut, die seien genau das Richtige für uns!

Meine Stimme wurde vom gedämpften Licht, von den schweren Vorhängen vor den Fenstern fast verschluckt; das heisere Flüstern des Portiers hingegen, wie das Bühnenflüstern eines Schauspielers, war überdeutlich und schmerzte im Ohr.

Wer ist der Fürst? Wer ist der Prinz? Der alte Mann lächelte, die beiden Schlüsselkarten in je einer Hand, sie immer schneller von der einen in die andere wechselnd, wie Betrüger es machen auf der Straße beim Hütchenspiel. Mit einer kurzen Bewegung entriss ich ihm beide Karten und überraschte ihn so.

Ich bin der Fürst, ich bin der Prinz, sagte ich. Er stand da und sah auf seine leeren Hände, erstaunt und enttäuscht.

Dann sind Sie also doch der Bürgermeister, der uns zum Narren gehalten hat!

Ich schwieg. Er tat so, als habe er das Letzte nicht gesagt.

Später, dachte ich, werden wir beide diese Szene auf die späte Stunde, auf die Stunde zwischen Wolf und Hund, auf den Jetlag schieben. Ein verschlafener Page brachte uns und unser Gepäck zu den Suiten. Ich überließ

Krautmann die teurere, die Fürsten-Suite. Morler hat auf meine Kosten lange darin gewohnt.

Wenn es nicht gelänge, das alte Institutsgebäude von den Juristen zurückzukaufen, hatte ich beim Frühstück gedacht, und mein Blick war aus dem Fenster auf das Schloss gefallen, das hoch über uns lag, wird es dort oben neu entstehen.

Krautmann, wie fändest du das Schloss?

Aber Krautmann hat sich die Zeitung bringen lassen, hat den Lokalteil aufgeschlagen und sich darin vertieft; seufzt und kann es nicht fassen, wie lange er fort gewesen und was alles geschehen war.

Der kommissarische Bürgermeister solle bleiben, liest er halblaut aus einem Leserbrief vor, er sei ein guter Bürgermeister, nicht wie der andere, der die Stadt im Stich gelassen hat.

Die Kellnerin brachte frischen Kaffee.

Zuerst wolle er Gesellius aufsuchen.

Ob ich mitgehen solle? fragte ich.

Nein, er wolle ihn allein sprechen, antwortete Krautmann.

Das Schloss, wiederholte ich, wie fändest du das Schloss, Krautmann?

Ja, das Schloss sei gut, antwortete er. Ich merkte aber, er war nicht bei der Sache, sondern in Gedanken schon bei Gesellius.

Während unseres Gesprächs hatte ein überwältigender Kaffeegeruch den Frühstücksraum erfüllt; der Duft des teuersten, edelsten Kaffees, fast war mir dieser Geruch zu stark. Oft sind die besten Dinge zu stark, dachte ich, und man muss lernen, sie auszuhalten.

Krautmann war abrupt aufgestanden und hatte auf dem Weg hinaus bereits den halben Raum durchquert.

Er sitzt in der Bank am Schimpfeck! Er ist Bankdirektor! rief ich ihm nach. Er drehte sich um und nickte, strotzend vor Energie.

Die Kellnerin kam und goss mir Kaffee nach, und als ich mich bedankte, fragte sie mit einem Lächeln: Sind Sie der Bürgermeister, der verschwunden ist, der uns im Stich gelassen hat?

Ja, der sei ich, erwiderte ich in dem gleichen leichten Ton.

57

Ich hatte meine Mutter aus Amerika angerufen. Sie war erleichtert gewesen, dass ich nicht tot war. Damals, als ich sie angerufen hatte, hatte ich nicht vorgehabt, zurückzukehren; erst die Wiederentdeckung Krautmanns hatte mich dazu gebracht.

Ich ging die Altstadtgasse hinauf und sah das Museum vor mir liegen. Wie schön seine Fassade war, auch wenn zwei kleinere, unbedeutende Häuser es einkeilten und es nicht frei stand in einem Park, wie das andere.

Eine Gruppe Touristen trat aus der Tür, Asiaten, und dann meine Mutter. Man gab ihr Trinkgeld und bedankte sich.

Ich wartete, bis die Gruppe sich entfernt hatte. Wie klein meine Mutter war vor dem großen Haus. Einen Augenblick stellte ich mir vor, wie jetzt Krautmann bei Gesellius saß, vielleicht auf dem gleichen Platz, auf dem auch ich gesessen hatte, und wie sie sich unterhielten über mich und mein Projekt. Ein leichtes Gefühl wie von Nachmittag überfiel mich, und, um es zu verscheuchen, trat ich zu meiner Mutter und hielt ihr von hinten die Augen zu. Sie erkannte mich sofort, und wir umarmten uns.

Sie habe jetzt anderthalb Stunden frei bis zur nächsten Gruppe. Lass uns ins Haus gehen und dann erzählst du mir alles!

Sie griff nach meiner Hand, als sei ich noch klein, wo willst du denn hin? wollte ich rufen, dann fiel mir wieder ein, dass wir ja gegenüber wohnten.

Der Wohnzimmertisch war für zwei zum Kaffee gedeckt. Nein, sagte sie und stellte eine dritte Tasse hin, sie habe nicht mit meinem Auftauchen gerechnet, sie erwarte eine Freundin. Manchmal träfen sie sich und würden bei Kaffee und Kuchen über mich reden. Es sei Ingrid, meine frühere Frau.

Es klingelte und meine Mutter ging, um zu öffnen, kam aber nicht sofort zurück, sondern redete leise mit dem Ankömmling.

Wir begrüßten uns wie alte Freunde, und ich machte Ingrid Komplimente: Wie gut ihr das grüne Kleid stehe, wie gut zu ihrem dunklen Haar, das sie jetzt wieder länger trug als damals im „Völter“. Du wirbst ja um sie, dachte ich.

Warum ich abgereist, warum ich geflohen sei?

Ich setzte mich, um sie und meine Mutter zum Sitzen zu bewegen.

Ach, die Kandidatur, sagte ich, diese ganze Bürgermeistergeschichte sei doch nur ein Streich von Morler gewesen!

Sie schüttelten die Köpfe, wie leicht ich die Sache nahm, setzten sich aber.

Warum ich zurückgekommen sei und was ich hier wolle? fragte meine Mutter endlich.

Ich werde das Rad der Zeit zurückdrehen, antwortete ich. Ingrid, stell dir vor! Du bist ja selbst Assistentin am Institut gewesen. Krautmann, ich habe durch einen seltsamen Zufall Krautmann wiedergefunden.

Sie starrten mich ungläubig an.

Krautmann sei hier, ich hätte ihn zurückgebracht, gerade sitze er bei Gesellius in der Bank! Auch du könntest wieder mitmachen!

In groben Zügen skizzierte ich meinen Plan. Mein Vorschlag schien sie zu verjüngen. Ich hatte geendet und nahm die Stille, die eintrat, als Folge meiner Begeisterung.

Sie hätten immer gut über mich gesprochen, sagte endlich meine Mutter. Sie seien bereit, zu verzeihen, dass ich die Stadt und ihre Bürger im Stich gelassen hätte.

Mir war, als ginge ein leichter Menschenaffengeruch von mir aus, süßlich und fad.

Als ich nicht da gewesen sei, sagte meine Mutter, seien die Gespräche über mich und das Kaffeetrinken schöner gewesen.

Soll ich gehen? fragte ich.

Meine Mutter nahm meine Hand: Nein, nein, sie freue sich, dass ich da sei. Du doch auch, Ingrid?

Ja. Aber sie müsse nun gehen, antwortete meine frühere Frau.

Meine Mutter blickte aus dem Fenster. Vor dem Grissmannhaus versammelten sich Menschen.

Zum Abschied gab Ingrid mir die Hand.

Bergius sei auch wieder da, sagte sie. Ihr Händedruck war fest und hatte nichts Schwankendes, wie von jemand, der sich in seinem Körper wohl fühlt. Er unterrichte Latein und sei glücklich.

Auch für mich wird es Zeit, sagte meine Mutter. Und noch etwas, Georg: Wenn ein Gescheiterter reich und mächtig zurückkehrt, hat man Angst vor seiner Rache.

Ach, wieso Rache? rief ich.

Vom Fenster aus sah ich sie die Gruppe ins Grissmannhaus führen.

58

Vom Museum zum Rathaus ist es nicht weit. Das Grissmannhaus ist das ältere der beiden.

Ich hatte noch Zeit, erst in einer Stunde wollten Krautmann und ich uns im Hotel treffen. Gut, dachte ich, geh zum Marktplatz, sieh dir die Renaissancefassade des Rathauses an. Kaum hatte ich sie angeschaut, war ich auch schon eingetreten.

Zu wem ich wolle, rief mir der Pförtner aus seiner Loge nach.

Zum kommissarischen Bürgermeister, hörte ich mich sagen.

Dann müsse er meinen Ausweis sehen.

Ich ging zurück und zeigte ihn. Der Mann stutzte und griff zum Telefon. Es war ein Mann in meinem Alter, schon glatzköpfig; ein Pykniker, der leicht schwitzte. Du hingegen, dachte ich, kennst Erzengel.

Der Bürgermeister erwarte mich.

Ich stieg die Treppe hinauf in den ersten Stock. Hier hatte man mich ehren wollen, weil ich ein Kind vor dem Ertrinken gerettet hatte – ich jedoch hatte das nicht gewollt. Mit der Rücksichtslosigkeit des Geldmenschen hatte ich die Ehrung abgelehnt.

Der Flur war leer. Aber eine Frau stand in einer geöffneten Tür und winkte mir, und als ich näher trat – *fünf Minuten vor Erschaffung der Welt* – rief sie mich mit Namen an. Herr Grissmann? Herr Georg Grissmann?

Sie brauchen sich nicht zu fürchten, sagte ich, es ist ein Freundschaftsbesuch.

Wir alle lieben den Bürgermeister, tun Sie ihm nicht weh!

Sie lächelte, ein Lächeln aus einem alten amerikanischen Film, als man noch glaubte, durch Sex-Appeal das Schicksal lenken und kontrollieren zu können.

Sie ging vor mir her auf eine Tür zu, die offen stand.

Ich tue niemandem weh, sagte ich hinter ihrem Rücken.

Morler saß an seinem Schreibtisch, mit dem Schlimmsten rechnend und doch gelassen. Ja, so sah ein Bürgermeister aus. Von allen Bürgermeistern, deren Portraits an den Wänden hingen, kam Morler dem Bild des idealen Bürgermeisters am nächsten. Seine Masse strahlte Ruhe aus, sein ernster Gesichtsausdruck Autorität.

Ich wusste nicht, wie ich ihn begrüßen sollte.

Nun sei es also so weit, kam mir Morler zuvor.

Es wies auf einen Stuhl vor seinem Schreibtisch und ich setzte mich.

Hier habe er seine Bestimmung gefunden, sagte Morler, mehr zu sich als zu mir. Er sei für diesen Beruf geboren, nicht nur er, auch seine Mitarbeiter meinten das, die ganze Stadt. Nun sei ich zurückgekehrt und alles sei zu Ende.

Ich kannte Morler schon länger, und so bemerkte ich, dass er nur mit größter Mühe und Selbstkontrolle sein Bürgermeisterlächeln aufrechterhielt, dass er am liebsten in Tränen ausgebrochen wäre.

Ich will dein Amt nicht, sagte ich. Ich sei zurückgekommen, um das Institut zu gründen, an dem ich vor langer Zeit gearbeitet hätte.

Was nützt das? rief Morler. Nun, da ich hier sei, sei ich Bürgermeister, er als kommissarischer Bürgermeister durch das Gesetz gezwungen, Platz zu machen für mich. Legte ich das Amt aber nieder, würde eine Neuwahl angesetzt. Er jedoch, weil nicht Einwohner dieser Stadt, dürfe dazu nicht antreten.

Die letzten Sätze hatte der Bürgermeister laut gesprochen, und die Sekretärin streckte ihren Kopf zur Tür herein.

Ob alles in Ordnung sei, ob er Hilfe brauche?

Nein, wir seien alte Freunde, antwortete Morler bitter, und sie zog sich zurück.

Mir fiel ein, was Gesellius über mich gesagt hatte. Dass ich ein Störenfried sei, ein Unruhestifter, den keiner hier haben wolle.

Dann hasst du mich? fragte ich.

Morler fing an zu lachen, alle Würde war von ihm abgefallen.

Hass sei ein zu großes Wort, sagte Morler endlich. Ohne mich hätte er diesen Platz nie einnehmen können. Andererseits habe er meine Rückkehr gefürchtet.

Ich sah auf meine Uhr. Wie wenig Zeit vergangen war, seit ich das Rathaus betreten hatte!

Etwas kam über mich, und ich schaute in Morlers Gesicht, als sei es sehr fern, als betrachtete ich einen fernen Berggipfel, einen Sonnenuntergang. Plötzlich kannte ich die Zukunft. Nicht meine, nur Morlers, und ich stand vor der Entscheidung, sie auszusprechen oder nicht.

Du wirst Bürgermeister bleiben, sagte ich, der Stadtrat wird eine Ausnahmeregel beschließen. Du wirst Bürgermeister sein, doch dann wirst du krank.

Das Letzte, was ich gesagt hätte, habe er nicht verstanden, antwortete Morler.

Du wirst Bürgermeister sein, wiederholte ich.

Er nickte, die Anspannung fiel von ihm ab. Ich aber hatte das Ende der Prophezeiung bereits vergessen.

Morler, sagte ich mit ganz anderer Stimme, alles Seherische war daraus verschwunden, Morler, ich will wieder durch die Schulen, die Kindergärten, die Waisenhäuser ziehen. Und sammeln, was die kindlichen Seelen sich zur Erklärung der Welt geschaffen haben. Nur dazu würde das Institut neu gegründet. Hilf mir dabei! Es würde sich lohnen für ihn und die Stadt.

Gut, das wolle er tun, antwortete er.

Morler! Wohin wolltest du damals laufen?

Aber davon will der Bürgermeister nichts hören.

59

Alle machen mit. Sind bereit, wieder mitzumachen. Ich habe sie angesteckt mit meiner Begeisterung, mit meinem Plan: Gesellius, Ingrid, Krautmann, mich selbst. Morler verspricht uns jede Unterstützung. Armbruster wird zu uns stoßen, sobald seine Strafe um ist.

Und wenn auch über unserer Begeisterung etwas liegt wie ein Sfumato, eine leichte Trübung – nichts Ungewöhnliches bei zweiten Versuchen, hat man das Scheitern doch schon einmal erfahren – was soll's! Britta wird, wenn ich sie wiederfinde, unsere Kantine, die Mensa leiten.

Bei unseren Treffen – im Grünen Salon der „Krone" – lasse ich Krautmann reden. Vorher bespreche ich alles mit ihm. Vielleicht ist er manchmal zu Beginn seiner Ausführungen in Gedanken noch bei der Indianerin oder bei den Forellen – dann aber fängt er sich, wird enthusiastisch, macht die alten blitzartigen Witze.

Ich blicke in die Runde und bin glücklich. Ingrid gleicht nicht mehr der Frau, die ich im Café „Völter" abgewiesen habe; sie ist eine Amazone. Von Gesellius ist alles Bankdirektorenhafte abgefallen: Er strotzt vor geistiger Eleganz.

Wir wollen versuchen, sagt Krautmann, für unsere Neugründung das Grissmannhaus zu bekommen.

Das war nicht abgesprochen. Es ist Krautmanns Idee,

seine allein, und während der Kellner so leise wie möglich Kaffee und Wasser serviert und für Krautmann Bier, sehen mich alle an.

Ich antwortete nicht gleich. Der Widerstand der Stadt, des Bürgermeisters, war vielleicht mit Geld zu brechen. Aber das war es nicht, woran ich vor allem dachte. Dies war der Moment, in dem mir dämmerte, dass Reichtum nicht nur schaffen, sondern auch zerstören kann.

Ich blickte in ihre Gesichter und lächelte. Ja, vielleicht, sagte ich. Vor allem aber sollten wir mit unserem Projekt beginnen.

60

Der Stadtrat hat die Ausnahmeregel für Morler beschlossen. Er ist nun Bürgermeister. Ein ehemaliger Privatdetektiv leitet nun diese Stadt und er macht es gut. Erpressen kann man ihn nicht, er hat sein schäbiges Vorleben schonungslos offengelegt. Vielleicht ist Morler der große Gewinner meines Reichtums.

Am nächsten Tag gaben wir unsere Pressekonferenz. Gründungsdirektor Krautmann führte das große Wort, neben ihm auf dem Podium hatte Gesellius Platz genommen, „seine rechte Hand und früherer Bankdirektor". Ich selbst war nicht anwesend, sondern saß im „Deutschen Haus" beim Bier. Aus Ingrids Berichten und aus der Zeitung erfuhr ich, dass Krautmann sich gut geschlagen hatte.

Eine Passage des Zeitungsartikels hatte mir besonders gut gefallen. Auf die Frage, warum er damals verschwunden sei und jetzt auch der neue, sowie der ehemalige Bürgermeister kurzfristig verschwunden gewesen waren, berief er sich auf den Zufall; wie überhaupt die Zufallsforschung einer unserer Schwerpunkte und Stärken sei.

Du könntest glücklich werden, hatte ich beim Bier im „Deutschen Haus" gedacht. Nun, nach der Zeitungslektüre und Ingrids Bericht, dachte ich es wieder.

Ich habe Armbruster besucht. Ich musste dazu in die Nachbarstadt fahren, dort ist das Strafgefängnis.

Er denkt sehr viel, man sieht es ihm an. Der Kopf, schon zu seinen Zeiten als Hochschullehrer kantig, groß, ist nun, da er mager geworden ist, noch deutlicher die Dominante. Alles an ihm ist magerer geworden, Nase und Augen wirken größer, und es kommt mir vor, als stünde eine Metamorphose bevor: Zum Eulenmenschen oder zum echten Philosophen.

Nun, da er in Strafhaft ist, steht kein Beamter neben uns, während wir reden.

Als ich das Besuchszimmer betrat, saß er in Sträflingskleidung bereits auf seinem Stuhl. Seine neuen Eulenaugen sahen mich scharf an. Ja, sagte er ohne jeden Gruß, so habe er sich die Wirkung des Reichtums auf mein Aussehen und Wesen vorgestellt.

Ich brannte darauf zu erfahren, was er genau damit meinte, wie ich mich denn verändert hätte, war aber höflich genug, mich zuerst nach seiner Lage und seinem Befinden zu erkundigen.

Er bekam wohl selten Besuch, und so sprudelte es sogleich aus ihm heraus: An der Ästhetik arbeite er zurzeit nicht mehr; was ihn interessiere, sei die Phänomenologie des Gefangenseins. Und so werde sein nächstes Hauptwerk heißen: „Phänomenologie des Gefangenseins“. Das Gefangensein in all seinen Erscheinungsformen, all seinen Spielarten wolle er darin beschreiben, und da die ganze Welt letztlich gefangen sei, liefe es wohl auf eine Beschreibung der Welt hinaus.

Er lächelte, traurig und größenwahnsinnig, und obwohl mir sein Grundgedanke sofort einleuchtete, tat er mir doch ein wenig leid. Schon immer hatten mir die ganz radikalen Denker leidgetan.

Es war warm. Die Sonne schien zum vergitterten Fenster herein, eine fröhliche Vormittagssonne, und mit einem Mal war es mir gleichgültig, was Armbruster mir über meine Veränderung durch Reichtum zu sagen hatte.

Und du, Georg?

Wie wär's, Armbruster? rief ich, denn die Besuchszeit ging zu Ende, ich sah es an der großen Uhr an der Wand, wie wär's: „Heimat und Gefangensein"! Wenn du entlassen wirst, komm ans Institut!

Während er ins Licht blinzelte, die Augen vor den Sonnenstrahlen schloss, erzählte ich schnell von meinen Plänen. Er hieß alles gut. Nur dass das Grissmannhaus zum neuen Institut werden sollte, lehnte er ab:

Ihr erforscht die Tradition und wollt Tradition zerstören!

Ach, Armbruster, du formulierst das so fein, schon prägst du ein Bonmot; aber die Geschliffenheit eines Satzes sagt noch nichts über seine Richtigkeit aus. Wie schwach, wie ohnmächtig war doch der Geist, die Philosophie, gegenüber bekannten Tatsachen!

Ich blickte auf die Gefängnisuhr. Unsere Zeit war um. Ich stand auf.

Sie geht vor, sagte er. Jeder weiß es, keiner stellt sie. Fünf Minuten haben wir noch.

Wir schwiegen und saßen beieinander, und der Justizbeamte kam, ein großer schwerer Mann mit gutmütigem Gesicht.

Armbruster erhob sich und stand mir gegenüber. Wir gaben uns die Hand, er lächelte ein zufriedenes Lächeln. Das Lächeln eines Idioten, dachte ich. Ich beneidete ihn.

Einem Außenstehenden wären wir wohl wie Menschen erschienen, die auf sehr lange Zeit Abschied nehmen.

Morler, meine Wahl ist getroffen. Ich will das alte Institutsgebäude.

Morler wand sich wie ein Aal. Da säßen die Wirtschaftsjuristen drin. Dafür sei die Universität, nicht die Stadt zuständig.

Dann solle er, sagte ich und ließ nichts anderes gelten, an die Zuständigen herantreten und viel Geld anbieten.

61

Ich hatte schon früher über das Verhältnis von Geld und Gewalt nachgedacht. Und während mir früher ein nicht gänzlich aufzuklärender Zusammenhang zwischen Geld und Gewalt zu bestehen schien, so stellte ich jetzt Gedankenspiele an, wie ich Gewalt mit meinem Geld vermeiden könnte. Daran musste ich später denken.

Wir stehen auf einer Anhöhe inmitten der Stadt. Krautmann, Gesellius, Ingrid und ich. Von unserem Feldherrnhügel blicken wir hinunter auf ein wilhelminisches Backsteingebäude. Es weht ein kalter Wind. Aber vor dem Wind schützt uns das Untersuchungsgefängnis, das in unserem Rücken liegt.

Morler ist nicht bei uns, und ich habe die Ahnung, dass er nicht kommen wird. Er muss an seine Beliebtheit denken.

Noch ist es früh, die Besetzer schlafen, unbesiegbar in ihren verwöhnten Träumen. Studenten und Studentinnen schlafen dort unten in ihren Schlafsäcken. In unserem Haus. Sie wollen Wirtschaftsjuristen werden und später viel Geld verdienen.

Wieso wollen sie nicht weichen? Sie könnten in neue, größere, hellere Räume ziehen, die besser passten zu Karriere und Beruf. Das haben sie mit Zähigkeit, mit der Schlauheit von Wirtschaftsjuristen von mir gefordert und bekommen. Nun wollen sie es nicht mehr.

Das hässliche Gebäude dort unten haben wir geliebt und möchten es wieder lieben; aber auch andere haben es liebgewonnen, führen das Wort Heimat dafür im Mund. All ihre Forderungen habe ich erfüllt; umsonst. Dass es nun mir gehört, schert sie wenig. Ja, weil es mir gehört, hätten sie ein Anrecht darauf.

Krautmann holt einen silbernen Flachmann hervor. Er nimmt einen Schluck und bietet auch uns an. Nur Gesellius trinkt. Das alles registriere ich genau.

Die Sonne geht auf. Polizeifahrzeuge kommen.

Sie fahren langsam, wie um mich zu quälen. Fahrt schneller, denke ich. Blaulicht mischt sich mit den ersten Sonnenstrahlen.

Nun sind die eben noch dunklen Fenster im ersten Stock erleuchtet. Krautmanns Büro war dort. Nun merken sie es, denke ich, nun ziehen sie mit dem typischen Geräusch die Reißverschlüsse ihrer Schlafsäcke auf. Nun springen sie heraus und glauben, alle Welt würde sie lieben. Aber manche – nicht ich – hassen sie. Das weiß die Jugend noch nicht.

Die Polizeiansage kommt, dass alles rechtens ist, eine Frauenstimme, hoch und bestimmt. Dass sie das Gebäude freiwillig aufgeben sollen.

Gleich werden sie Augen machen. Denn eins muss klar sein: Gleich sitzen die Polizisten ab, bringen die Rammböcke in Stellung gegen die Barrikade am Eingang, und es werden, ob die Besetzer es glauben oder nicht, die Räumungsgeräte zum Einsatz kommen.

Der dunkle mächtige Rammton. Und nun doch

Sirenen; die Martinshörner und die Rammstöße, weit hörbar in der dünnen Morgenluft.

Wozu sind wir hergekommen?

Wir sind Zeugen, antwortet Krautmann auf Ingrids Frage. Auch das sei Heimat, und wir seien Zeugen.

Er hat ein Fernglas. Nur er von uns vieren hat an ein Fernglas gedacht.

Licht nun in allen Fenstern, und in der dünnen Luft auch Musik, Mutmachmusik.

Jetzt dringen sie ein, sagt Gesellius.

Krautmann reicht mir sein Glas. Und ich sehe in den erleuchteten Fenstern, wie Studentinnen ihre Brüste bedecken. Ich aber, der Besitzer, sehe ihre nackten Brüste; wenn auch nur durch das Glas.

Wie viele Polizistinnen dort unten sind!

Sie haben die Sirenen abgeschaltet, nur die Studentenmusik ist noch zu hören. Dann sind die Beamten drin. Die Musik setzt aus.

Sie werden sie hinaustragen, sagt Krautmann, denn er kennt die Zukunft.

Wie immer, wie damals, glauben wir ihm. Und doch hat er alle Forellen verloren und uns damals im Stich gelassen. Ach, denke ich, dort ist auch die Journalistin, die dich interviewt hat nach der Rettung des Kindes.

Sie haben sich auf den Boden gesetzt und untergehakt, wir sehen es auch ohne Glas, aber nur Krautmann, der das Fernrohr hat, kann die Gesichter erkennen.

Sie tragen sie, sagt Krautmann und lässt den Flachmann herumgehen.

Jetzt trinken auch Ingrid und ich den stechenden, dann weichen Birnenbrand.

Ganz hell ist das Haus, in dem wir so viele Erlebnisse hatten. Nun trägt man die ersten durch die geborstene Tür ins Freie. Sie machen sich schwer. Wie Maden so schlaff, wie Tote, hängen sie in den Beamtenarmen. Manche von ihnen werden später reich sein; wenn auch nicht so reich wie ich. Wisst ihr noch, werden sie sagen, das war unsere wilde Zeit.

Wir sehen gut, aber Krautmann mit seinem Glas sieht alles. Und nun höre ich ihn leise pfeifen, während er durch das Glas schaut: Das Beatles-Lied vom „Fool on the Hill".

Nun habe, sagt Krautmann, ein herkulischer Student eine Polizistin zu Boden gestoßen; versehentlich, so sei es ihm vorgekommen. Nun sei sie aufgestanden und schlage mit dem Knüppel auf seine Schultern, seinen Nacken.

Eine Weile schauen wir noch, doch es sind noch Studenten im Haus, als wir gehen. Gesellius bleibt. Ihm wird man, wenn es vorüber ist, den Schlüssel übergeben; den Schlüssel zu der geborstenen Tür. Er bringt ihn dann mir.

Wir anderen aber zerstreuen uns: Krautmann will im „Völter" den ersten Kaffee trinken, Ingrid zurück zu Bergius, ich, um Schlaf nachzuholen, zurück ins Hotel.

Stunden später erwachte ich und wusste nicht, wo ich war. Dies ist ein Hotelzimmer, dachte ich. Noch ehe mir einfiel, wo ich mich befand, wusste ich, dass ich reich war. Dann erst fiel mir der Name der Stadt ein. Ich brauchte nicht auf die Uhr zu sehen: Das Licht, das durch einen Spalt der Vorhänge drang, erkannte ich sofort: Es war Nachmittag. Aber es gab etwas Neues. Er hatte keine Gewalt über mich.

62

In Studentenkreisen war ich nun verhasst, und um die Zukunft des Instituts nicht zu behindern, hielt ich mich im Hintergrund und trat nicht mehr öffentlich auf.

Auch im Hotel „Krone“ wohnte ich nicht mehr, seit Unbekannte nach der Räumung Karikaturen von mir an die Wand gesprüht hatten; im Hotelgarten brannte nachts eine übermannsgroße Puppe.

Ich war wieder zu meiner Mutter gezogen, und ganz anders als bei meinem letzten Aufenthalt, als ich beliebt war, war sie nun, da man mich hasste, plötzlich stolz auf mich.

Wenn sie zum Beispiel beim Metzger oder im Treppenhaus auf mich angesprochen wird, prahlt sie vor den Leuten mit ihrem bedeutenden Sohn: Wie ich mir ein ungeheures Vermögen verschafft hätte, wie ich das Institut neu gegründet hätte, wie ich mit Krautmann eine Koryphäe, den führenden Kopf der Heimatforschung in die Stadt zurückgebracht hätte; wie ich zusammen mit Krautmann die Idee zu den beiden Forschungsschwerpunkten eingebracht hätte: „Heimat und Unglück“ und „Heimat und Zufall“.

Du brauchst die Führungen nicht länger zu machen, sage ich ihr, du kannst in irgendeine Villa auf dem schönsten Hügel der Stadt ziehen. Dann schüttelt sie erstaunt den Kopf – was mir einfiele! Sie sei mit allem, so wie es sei, zufrieden.

Aber aus der Familie Grissmann habe sie sich doch nie viel gemacht!

Das habe sich geändert, seit durch mich die Familie ein wenig vom vergangenen Glanz zurückgewonnen habe, antwortet sie – und an einem Institut, das mir so viel verdanke, könne ich doch sicher Professor werden.

Und sie nimmt meine Hand und drückt sie; und nur weil ich reich bin, kann ich mich des Drucks erwehren, den ihr Herzenswunsch auf mich ausübt.

Noch ist die Räumung nicht lange her, und zu Krautmanns Vorlesungen strömen die neuen Studenten. Besonders zu „Heimat und Zufall", „Heimat und Unglück" interessiert sie viel weniger. Und wie so oft verstehe ich die Menschen nicht: Ist doch die eine Vorlesung sicherlich gut, sehr gut, aber doch kalter Kaffee; die andere hingegen von einer Brillanz und Tiefe, die Krautmann ohne sein Scheitern in Amerika niemals hätte erreichen können.

Und ich? Morgen Vormittag bin ich bei einer Grundschule angemeldet, morgen Nachmittag gehe ich ins Waisenhaus.

63

Es war meine alte Grundschule. In den Achtzigerjahren hatte ich hier die Schule besucht. Zur Zeit meiner ersten Befragungen vor fünfzehn Jahren hatte ich sie gemieden, hatte mich aber auch nicht daran erinnern können, je in der Affenschule einen Kinderspruch gehört zu haben. Mathias Christian Laffe, nach diesem Theologen und Naturforscher aus dem frühen neunzehnten Jahrhundert ist sie benannt, und auch die Straße heißt nach ihm. Alle Grundschüler sagten Affenschule. Erst als ich mich wegen der Führungen näher mit der Geschichte der Stadt befasste, erfuhr ich etwas über ihn. Dass er der Widersacher eines meiner Vorfahren gewesen war, mit Hohn und berechtigtem Spott jede Veröffentlichung dieses Grissmann in den Schmutz gezogen hatte.

Genug, ich stand vor dem Gebäude aus den 70er-Jahren. Links davon erkannte ich den Schulhof, auf dem die neue Turnhalle gebaut werden soll. Wenn ich die Gesamtkosten übernähme, hatte Morler mir zu verstehen gegeben, könne sie nach mir heißen. Mein Verhältnis zu meiner Familie sei zwiespältig, hatte ich geantwortet, ich würde nur die Hälfte geben und mein Name solle nicht erwähnt werden.

Ich blickte auf meine Uhr, eine billige Quarzuhr, die ich trug, weil ich mir jede Uhr leisten konnte. Es war halb zehn. Jetzt schon, lange vor zehn, dachte ich, strömen die ersten Hörer in den Vorlesungssaal, um einen Platz zu ergattern für „Heimat und Zufall".

Es ist Frühling, aber kalt. Ich bin einsam.

Ich stieß die Tür zum Hof auf und ging mit kleinen Schritten, wie ich sie als Kind, als Schüler gemacht hatte, auf den Eingang zu. Sollen sie durch die Fenster doch sehen, wie ein Großer mit so kleinen Schritten ging! Sie würden lachen.

Morler hatte mich avisiert. Die Rektorin war etwas jünger und nur wenig kleiner als ich, hatte kurzgeschnittenes blondes Haar und energische Bewegungen, die Entschlossenheit und Ehrgeiz verrieten. Eine dieser Frauen, dachte ich, die sowohl erfolgreich als auch attraktiv sind, die schon am Morgen, und ich blickte auf ihre Füße hinunter, hochhackige Schuhe tragen.

Und Sie werden sich an die Abmachungen halten?

Wir waren ins Rektorzimmer im ersten Stock gegangen, das ich noch von früher kannte; ich hatte öfter zum Rektor gemusst. Die Möbel jedoch waren jetzt modern.

Ja, entgegnete ich. So wie abgemacht würde ich vorgehen.

Drei Kinder hätten sich gemeldet, die bereit und in der Lage seien, mir Sprüche mitzuteilen; alles Mädchen, kein einziger Junge sei dabei. Keines dürfe ich länger als acht Minuten befragen. Wenn sie sich schämten, dürfe ich nicht nachbohren, sondern müsse sie gehen lassen. Man habe den Eltern mitgeteilt, dass ich die

Schule beim Bau der dringend benötigten Turnhalle unterstütze, dass also, wenn ich die Kinder interviewen dürfe, es der Gemeinschaft zugute käme. Die Treffen würden hier in ihrem Büro stattfinden, und zwar stets in Gegenwart einer Lehrkraft, die sich aber in einigem Abstand halten würde. Womöglich schäme das Kind sich sonst. Es ginge ja, die Rektorin lächelte mich an, oft oder fast immer um heikle Themen.

Wir hatten am Tisch Platz genommen, die Rektorin trommelte leicht auf die Tischplatte, und nun erkannte ich, dass es mein Büchlein war, auf das sie trommelte – sie musste es sich irgendwoher besorgt haben.

Gleich sei große Pause. Wenn ich wolle, könne ich da schon mit den Befragungen beginnen.

Seit ich reich bin, macht es mir immer weniger aus, zu schweigen, und so schwieg ich.

Sie haben eine interessante Uhr.

Ja, antwortete ich höflich, eine ganz billige, von „Wollwort", sieben fünfzig, Batterie inklusive.

Sie lachte und hatte die Beine übereinandergeschlagen.

Sie wisse auch noch Kindersprüche. In meinem Buch seien diese noch nicht enthalten. Auf was für Ideen Kinder bezüglich der Fortpflanzung des Menschen kämen! Beim Sexualkundeunterricht stelle sie das immer wieder fest.

Bei den letzten Sätzen hatte sie mich nicht angesehen, sondern auf ihre Armbanduhr geschaut, eine Schweizer Herrenuhr, eine teure Marke.

Sie sieht auf die Uhr, dachte ich leichthin, ob noch

genügend Zeit ist, mit einem sehr reichen Mann eine Nummer zu schieben …

Es klopfte an die Tür, und die Sekretärin schob ein Mädchen von etwa sieben Jahren in das Zimmer. Im selben Augenblick ging die Klingel zur großen Pause.

Was für helles Haar das Kind hatte! Welch helle Haut! Seine Augen konnte ich nicht sehen, es trug eine dunkle Brille.

Es heiße Lotta, sagte das Kind und gab mir die Hand. Dann wandte es sich an die Rektorin: Hier bin ich, Frau Niedermeier.

Die Rektorin schrak auf, wie aus einer Träumerei gerissen. Das sei der Heimatforscher Dr. Grissmann, ein Wissenschaftler.

Sie stand auf und ging in die entfernteste Ecke des Zimmers, damit sie nicht mithören konnte.

Das Kind stand nun vor mir, ich selbst hatte meinen Stuhl ihm zugedreht und hielt mein Mobiltelefon zwischen mich und das Mädchen.

Es gehe darum, sagte ich, aufzubewahren, was Kinder sich ausgedacht hätten; was sie sich vorstellten unter der Welt und dem Leben.

Die Sicherheit, mit der das Mädchen sich benahm, erinnerte mich an jemand; ich konnte nicht sagen, an wen.

Banane, Zitrone, an der Ecke steht ein Mann
Banane, Zitrone, er lockt die Weiber an
Banane, Zitrone, er nimmt sie mit nach Haus
Banane, Zitrone, er zieht sie nackend aus …

Sie machte eine Pause und sah mir ins Gesicht: Eine Kunstpause, Profis machen sie, um die Bedeutung des Kommenden hervorzuheben.

Weiter wisse sie nicht. Sie könne aber singen und tanzen und sei schon im Fernsehen aufgetreten.

„Sweet dreams are made of this …"

Ihre helle Kinderstimme ganz anders als die traurig-verruchte von Annie Lennox, fröhlich und optimistisch, weil das Mädchen den Text nicht verstand.

Danke, jetzt ist es genug, sagte die Rektorin. Wenn du keinen weiteren Spruch kennst, darfst du jetzt in die Pause.

Das Mädchen jedoch wollte nicht aufhören, hatte sich in Positur gestellt und sang weiter, tanzte auch, ganz wie vor einem großen Publikum.

Endlich wurde die Sekretärin gerufen, damit sie das Kind hinausführe. Das Mädchen wehrte sich, und als die Sekretärin es an der Hand nahm und hinauszerrte, sang es noch immer.

Währenddessen war mir eingefallen, an wen mich ihr Benehmen erinnert hatte: Helenas Sohn. Vielleicht, dachte ich, werden er und dieses Mädchen einmal im Fernsehen aufeinandertreffen, erbitterte Konkurrenten …

Banane, Zitrone. Es tue ihr leid, sagte die Rektorin, als das Kind fort war, viel sei für mich ja nicht herausgekommen. Immerhin aber, dass dieser Kinderspruch noch lebendig sei. Aber draußen warteten noch zwei weitere Mädchen, sagte sie im Rektorinnenton.

Das nächste Mädchen, jünger noch als das erste, hatte gelogen. Es kenne gar keine Sprüche, gestand es, die anderen Mädchen verstummten, wenn es dazu käme. Die Sprüche seien geheim, werde ihm dann gesagt.

Das dritte Mädchen war eine kleine Kurdin. Sie wisse Verse, sagte sie, und, um sie nicht zu enttäuschen, nahm ich auf, was sie auf Kurdisch sagte. Sie lächelte verschmitzt, die fremde Sprache, die ich nicht verstand, schien mir gut zu Kinderversen zu passen.

Die Pausenklingel ging, das Mädchen schrak zusammen und lief hinaus.

Das war nicht viel, sagte die Rektorin. Mehr hätte sie nicht zu bieten. Ob ich enttäuscht sei?

64

Am Nachmittag im Waisenhaus erging es mir nicht besser. Die sieben Waisen, die sich gemeldet hatten, wussten nichts oder nichts Neues. Die meisten nur wieder: *Banane, Zitrone* … Ja, sagte ich dennoch, du hast mir sehr geholfen, danke. Wie leicht und ohne Risiko hätte ich meinem Ärger Ausdruck geben können! Auf mein Angebot, den verwahrlosten Spielplatz hinter dem Haus zu modernisieren, ging man begeistert ein.

Ich solle nur wiederkommen, sagte die Leiterin beim Abschied. Vielleicht seien das nächste Mal auch die Verstockten zur Mitarbeit bereit. Und gerade die Verstockten kennten am ehesten solche Sprüche.

Menschen begegnen mir und ziehen wie Schatten an mir vorüber.

Auf dem Weg zu meiner Mutter fiel mir ein, was die Athener über Paulus geäußert hatten, als er ihnen das Christentum predigte: Was will uns dieser Lotterbube sagen?

Am Abend kam das Institut in der „Krone" zusammen, um zu feiern.

Als ich die Wohnung verließ, begleitete mich meine Mutter zur Tür und hielt mich am Ärmel zurück, um mich anzusehen; ja, machte sogar das Flurlicht an, um in meinem Gesicht zu lesen. Sie sah besorgt aus, und ich bemerkte, als mein Gesicht diese Sorge spiegelte, eine gewisse Trauer.

Bist du unglücklich?

Nein, alles sei bestens, erwiderte ich und lachte, und durch das Wunder der Kommunikation entspannte sich ihr Gesicht. Was wusste sie schon von meinen Gefühlen, meinen Stimmungen! Ich selbst begriff sie ja nicht.

Ich hatte mir vorgenommen, bei unserer Feier nicht schweigsam zu sein und war es doch. Wie ein durchsichtiger Rauch saß ich unter den Feiernden. In der „Krone“ hatte sich nichts verändert; nur wir, dachte ich, sind den Strom der Zeit weiter hinuntergeschwommen.

Krautmann war damals hier Stammkunde gewesen. Ganz allein, so hatten wir Assistenten herausgefunden, war er abends hierher gegangen, hatte Kapaun bestellt, er allein am Tisch.

Was ist, Georg, du Spross eines uralten, heruntergekommenen Geschlechts? Haben die Kinder keine Sprüche gewusst?

Ohne meine Antwort abzuwarten, goss er Ingrid Wein nach.

Nur sehr wenige und bereits bekannte, sagte ich zu Gesellius. Krautmann hörte mir ja nicht zu. Gesellius nickte und versuchte, ein einfühlsames Gesicht zu machen. Aber dahinter lag die überschäumende Lebensfreude, mit der Krautmann ihn angesteckt hatte.

Ich wollte kurz allein sein.

Als ich von der Toilette zurückkam, stand Krautmann auf und fiel mir um den Hals: Stell dir vor, Georg, das habe ich noch niemandem erzählt! Der Kultusminister sei heute in der Vorlesung gewesen, sei begeistert, und habe dem Institut viel Staatsgeld versprochen. Wir sind reich und brauchen dein Geld bald nicht mehr!

Außer Rand und Band war Krautmann nun geraten, umarmte Gesellius, küsste Ingrid, steckte ihr sogar die Zunge in den Mund. (Nun gut, sie hatten einmal eine kurze Affäre gehabt.)

Dann wurde er ruhiger. Der Überschwang hatte ihn erschöpft. Alle hatten wieder Platz genommen, sahen sich nicht an und tranken.

Das laute und das stille Glück, dachte ich. Mir selbst aber fielen die Verstockten ein, die ich gar nicht gesehen hatte. Die Verstockten, dachte ich, wahrscheinlich haben sie Recht. Warum soll man alles weitersagen? Vielleicht ist es letztlich plebejisch, sich mitteilen zu wollen. Bei diesem Gedanken hob sich meine Stimmung. Plötzlich freute ich mich wieder meines Reichtums. Ein Reicher kann jederzeit aufstehen und gehen. Alles Gute, Krautmann, alles Gute Gesellius, alles Gute, Ingrid, alles Gute, Armbruster, und alles Gute, Mutter! Und auch dir, fast hätte ich dich vergessen, auch dir, Morler, alles Gute!

Und zurückkehren, wenn er es will.

Unser Essen kam, und obwohl ich eben noch keinerlei Appetit verspürt hatte, aß ich nun gierig wie alle.

65

Ach, auch dir, Helena, alles Gute und selbst deinem widerwärtigen Sohn.

66

Es ist für alles gesorgt.

67

Die Heimat ist nicht nur Ort und Zeit. Sie kann auch ein Zustand sein. Selbst Krautmann ist darauf noch nicht gekommen.

68

Einmal noch bin ich in der „Krone“ gewesen, habe an dem Tisch gesessen, an dem einmal Krautmann gesessen hatte, und später Bergius und die anderen, und noch später wir vom Institut.

Ich war in Gedanken gewesen und hatte beim Nachdenken über Vergangenheit und Zukunft mein volles Weinglas umgestoßen. Sofort war der junge Bursche, der Kellner, zur Stelle, hatte den Tisch gesäubert, und mir ein neues, volles Weinglas hingestellt. Vom Nachmittag keine Spur. Der Wein funkelte im Kerzenlicht, unsagbar schön. Und so stieß ich das Glas noch einmal um, absichtlich. Vom Nachmittag keine Spur.

69

Eine Woche später brannten gleichzeitig, jedoch zu unterschiedlichen Uhrzeiten, zwei identische Gebäude vollständig ab. Das eine in Europa bei Nacht, das andere in Amerika am Tag. Niemand kam zu Schaden.

Indianer, so hieß es, seien in der Nähe der Brandstätten gewesen. Ich hörte auf dem Flughafen davon.

70

Der Blick geht über das Meer. Die Schaumkronen sind von hier oben gut zu erkennen. Ihr Weiß im Sonnenlicht schmerzhaft hell. Lang jedoch ertrage ich diese Helligkeit nicht, und so gehe ich zur Landseite des Stockwerks und schaue über das grüne, fruchtbare Land hinweg in die Wüste.

Heute habe ich die erste Spritze bekommen.

Bald werde ich nicht mehr schreiben wollen. Je stärker das Glücksgefühl, desto mehr fordere es alle Aufmerksamkeit. Alles deute darauf hin, so der Arzt, dass der Träger des Glücks sich hinter dem Gefühl verliere; verschlungen werde vom eigenen Gefühl. Er wisse, er solle das nicht sagen, sein Kollege mache bereits Zeichen. Aber er sage es doch, weil es ihn zutiefst bewege: Ich sei ein Astronaut, den er unendlich beneide. Selbst wenn ich nicht zurückkehren sollte.

Drei Tage bekomme ich die reduzierte Dosis, um zu sehen, ob ich es vertrage.

Fünf Minuten vor Erschaffung der Welt
Ging ich mal über ein Kartoffelfeld …

Jetzt, am zweiten Tag, verstehe ich den Sinn dieser Worte plötzlich. Wie klar und schön sie sind! und wundere mich, dass ich sie nicht früher begriffen habe. Aber als die Ärzte kommen, und auch ein Erzengel ist dabei, und ich ihn freudig begrüße, um ihm den tieferen Sinn des Verses zu deuten, will ich es nicht mehr, und ich weiß auch warum: Du willst es nicht, du brauchst es nicht mehr. Und so plaudern wir, als sei nichts gewesen. Es ist ein Schatz, den man nicht teilen kann.

Man merke mir gar nichts an.

Doch, antworte ich dem Erzengel, es ist da.

71

Morgen, das weiß ich, wird es zu spät dafür sein. Jetzt aber interessiert mich noch eine Frage. Und ich will sie beantwortet haben, ehe mir morgen die Antwort gleichgültig ist:

Wohin wäre Morler gekommen? Wohin hatte er gewollt? Wo wäre er jetzt, hätte ich ihn nicht aufgehalten?

Man soll den Learjet bereithalten, und vor Ort einen Helikopter.

72

Die Stelle war schnell gefunden, auch wenn es ein unwahrscheinlicher Zufall war, dass ich die Straße und, als wir sie entlangflogen, auch die Stelle wiedererkannte. Ich ließ den Hubschrauberpiloten landen und stieg aus. Auch die Jahreszeit war ähnlich: So und nicht anders hatte damals die Luzerne oder der Klee gestanden. Die Sonne schien. Hatte sie auch damals geschienen? Egal!

„Fünf Minuten vor Erschaffung der Welt …“

Ich wollte nun losgehen, hielt aber inne und wandte mich an den Piloten. Eine Scham war über mich gekommen, so, als müsste ich das, was ich wollte, heimlich und unbeobachtet tun. Er solle mich in zwei Stunden abholen. Als ich ihn nicht mehr hörte, machte ich mich auf den Weg.

Bald war, als ich mich umdrehte, die Straße hinter einem sanften Hügel verschwunden. Lerchen sangen, sonst war es still. Ich hätte singen mögen. Wenn dir etwas Passendes einfällt, singst du, dachte ich. Ich war schnell gegangen, nun, wo ich mir nichts Schöneres vorstellen konnte als hier zu gehen, ging ich langsamer.

Die Zeit flog. Immer weiter dehnte sich das Feld vor mir aus. Ich suchte eine einfache Melodie, bei der ich die Töne traf und mich nicht versang. Ein altes Beatles-Lied. Dann ein zweites und drittes. Mein Vorrat würde noch lange reichen. Längst war ich viel weiter gegangen als damals Morler. Etwas in der Ferne hob sich ab vom Grün der Felder. Ein Farmhaus wohl, und mir fielen die beiden Gebäude ein, die ich hatte niederbrennen lassen. Eine Zahl fiel mir ein. Vierzig Schritte werde ich noch gehen.

ISBN: 978-3-96258-113-8

Erste Auflage 2022

PalmArtPress
Verlegerin Catharine J. Nicely
Pfalzburger Str. 69, 10719 Berlin
www.palmartpress.com

Lektorat: Genovefa Brugger, Veronika Schmidt
Gestaltung: NicelyMedia
Druck: JBconcept
Hergestellt in Europa

Ganz im Sinne der Nachhaltigkeit wurde
diese Publikation auf FSC-zertifiziertem Papier
klimaneutral gedruckt und garantiert
eine weltweite nachhaltige Waldbewirtschaftung.

Aus dem Programm von PalmArtPress

Wolf Christian Schröder
Die Weißweintrinker
ISBN: 978-3-96258-064-3
Roman, 220 Seiten, Hardcover, Deutsch

Axel Barner
Lennings Reise
ISBN: 978-3-96258-108-4
Roman, 228 Seiten, Hardcover, Deutsch

Frank Hahn
Brennendes Treibeis
ISBN: 978-3-96258-118-3
Roman, 380 Seiten, Hardcover, Deutsch

Leopold Federmair
Der unsichtbare Thron
ISBN: 978-3-96258-105-3
Erzählungen, 300 Seiten, Hardcover, Deutsch

Karin Reschke
Alles im Lot
ISBN: 978-3-96258-097-1
Kurzgeschichten, 225 Seiten, Hardcover, Deutsch

Peter Wortsman
Geistertanz in Berlin – *Eine Rhapsodie in Grau*
ISBN: 978-3-96258-034-6
Reisememoir, 164 Seiten, mit farb. Fotos, Hardcover, Deutsch

Volker Kaminski
HERZHAND
ISBN: 978-3-96258-076-6
Roman, 220 Seiten, Hardcover, Deutsch

Matthias Buth
Im Zwischenland – *Rhapsodien*
ISBN: 978-3-96258-102-2
Prosa-Poesie, 200 Seiten, Hardcover, Deutsch

Fawzi Boubia
Von Deutschland lernen – Goethe und Hegel
ISBN: 978-3-96258-086-5
Philosophie, 314 Seiten, Hardcover, Deutsch

Jennifer Kwon Dobbs
Vernehmungsraum – Aufzeichnungen einer Vermissten
ISBN: 978-3-96258-115-2
Lyrik, 100 Seiten, Hardcover, Deutsch

Ilse Ritter
Weit sehe ich, weit in die Welten All – *Götterlieder der Ádda*
ISBN: 978-3-96258-074-2
Lyrik, 120 Seiten, Hardcover, Deutsch

Ulrich Horstmann
Schwermutmacher
ISBN: 978-3-96258-095-7
Gedichte/Aphorismen, 144 Seiten, Hardcover, Deutsch

Tom Drake Bennett
Post! *Kunstkarten/ArtCards*
ISBN: 978-3-96258-043-8
Kunst, Hsg. S. Badstübner-Gröger, 160 Seiten, 80 farb. Abb.
Hardcover, Deutsch/Englisch

Ingolf Brökel
Existenzminimum
ISBN: 978-3-96258-119-0
Lyrik, 116 Seiten, Hardcover, Deutsch

Wolfgang Kubin
102 Sonette
ISBN: 978-3-96258-104-6
Gedichte, 132 Seiten, Hardcover, Deutsch

Carmen-Francesca Banciu
Fleeing Father / Vaterflucht
ISBN: 978-3-96258-048-3
Roman, 280 Seiten, Klappenbroschur, Deutsch/Englisch

Marko Martin
Die Unschuldigen von Ipanema
ISBN: 978-3-96258-075-9
Erzählungen, 380 Seiten, Hardcover, Deutsch

Fritz Bremer
Das Ungewisse ist Konkret
ISBN: 978-3-96258-112-1
Gedichte, 160 Seiten, Hardcover, Deutsch

Wolf Christian Schröder wurde in Bremen geboren. Kindheit und Jugend verbrachte er in Kiel und Tübingen, später in England. Danach Studium der Slawistik an der Freien Universität Berlin. Dramenübersetzungen aus dem Russischen und Englischen. Erster Roman: *Dronte, eine Geschichte aus der Freizeit.* Schreiben eigener Bühnenstücke, Auftrag für das Hamburger Schauspielhaus. Weitere Stücke in Hamburg, Hannover, Münster, Aachen und Konstanz uraufgeführt. Libretto zum Musical *Die Liebe* im Ballhaus Ost, Berlin. Performance im Literaturhaus Berlin zur Romanvorstellung *Harthaus.* Zuletzt erschien 2020 bei PalmArtPress sein Roman *Die Weissweintrinker.* Alfred-Döblin-Stipendium; Arbeitsstipendium Künstlerhaus Villa Waldberta, Starnberger See.